莺啼序·贺《红河谷中忆家国》出版

（依吴文英体）

樊运宽

江声咽涛卷雪，剑光寒外敌。硝烟里、铁厂巍巍，暗涌豪气千尺。永难忘，红岩黑洞，森森豁开深玄室。更峰峦腹地，心灯透穿罗幂。

挽雾榕荫，桂系故事。恰炊香散逸。正巷陌三碗争加，叹七星抱胸臆。将军魂，岩扉袅续。八百士、铮铮梁脊。月牙池，犹在高坛，蕙兰新植。

从来胜境，栖泊诗魂，竟茅屋告急。百代读断心肝膈。吐翠松柏，锦水烟波，尘封巷陌，家春秋壁。弦歌黉舍，亲自开创将军手。似甘霖、枝蕊堪攀摘。科甲巷口，苔痕石碣芳名，仁济凯风曾历。

云山碧翠，护魂黄花，黄埔多勋绩。细捡点、当年光焰，已化雕戈。十三行旁，荆棘犹泣。长街榨粉，书声隐约，梁公家宅迎故旧。康梁谋、余响终无毕。长怀桑梓芳春，海阔天遥，日光遍及。

樊运宽，字路遥，号岜崂樵子，广西师范大学教授，曾发表《陶渊明的自然美观》《叶梦得诗学理论初探》等学术论文，出版专著《中国古代山水田园诗精选点评》《石林诗话选释》，合著《中国历代名诗分类大曲》《今注今译昭明文选》《魏晋南北朝诗歌选注》等作品。曾在广州《诗词报》、北京《当代文人》等刊物发表诗作。出版诗集《竹韵泉声集》、《闲逸新声》，主编《王城诗苑拾韵》（注评共三卷）等。

壹嘉个人史系列

红河谷中忆家国

何倩 ◎ 著

1 Plus Books

壹嘉出版
1 Plus Books
https://1plusbooks.com

书名：红河谷中忆家国
作者：何倩
封面题字：李梓铭
题词：樊运宽
© 何倩 2025

2025 1 Plus Books　壹嘉出版
Paperback Edition
Published and Printed in the United States of America

ISBN: 978-1-966814-25-2
出版人：刘雁
封面设计：郭亚红
定价：$24.99
San Francisco, USA , 2025
https://1plusbooks.com
email: 1plus@1plusbooks.com

目 录

桂林篇

成都篇

广州篇

序一：我们共同的心愿与乡愁

刘丽华

收到《红河谷中忆家国：一个海外游子的回忆》书稿后，我几乎是一口气读完，掩卷回味，仍有很多未尽之意。

结识何倩，始于网络。那是 2005 年，我还在德国苦读，偶尔上网东逛西逛放松一下，机缘巧合地遇到了何倩妹妹，当时就被她的见识和文字功底深深吸引。那时的友谊从线上延伸到了线下。十年前她从多伦多回广州探亲时我们才第一次见面，竟一见如故。分隔万里也没有距离感，我们是一生的朋友了。

还是网友时，我就和她说过，你家的故事要写出来啊，我喜欢看，会有很多人喜欢看的。没想到二十年后，她在繁忙的工作和生活之余，几乎是一口气出了三本书——《百年家国：唐家故事》（广西师大出版社新民说，2021 年）、《西江逝水》（美国壹嘉出版社，2023 年）和即将面世的本书。蒙何倩厚爱，前两本都获赠书，也在第一时间读到了本书的文稿。

沿着本身的生活足迹，她从重庆、桂林、成都、广州，一栋楼、一座碑、一个院落地写开来，看似普通的一砖一瓦中，蕴藏着尘封的历史细节。七百年历史的明代王城（桂林靖江王城），戊戌变法的策源地（广州万木草堂），黄花岗起义指挥部（广州越华路），抗战时期的中国最大兵工厂（重庆刘家台），也从被尘封的过往中，拂出了铮铮铁骨、沧桑往事，以及心系家国的故人。那些曾经鲜活的生命，那些侠肝义胆的赤诚付出，得以被我们一窥。王瓒绪，阚维雍，还有很多人，他们的名字不应该被遗忘。而这些看似寻常的街巷，也浸入了生活的点滴，勾连着今人和故人，慈爱的胡婆婆，博学的外公，相濡以沫的阿华，浓浓的亲情和深厚的家国情怀跃然纸上。

书中那个有家族血脉支撑，被灵山秀水滋养的女娃，而今用纸笔回馈故国山川，走到哪里都有回望千年的眼力和笔力。无论是文史爱好者，还是旅游达人，相信都将开卷受益。

2025 年 4 月 23 日于广州

刘丽华，德国图宾根大学（University of Tubingen）环境地质学博士，中国科学院广州能源研究所研究员、博士生导师，长期从事海洋地质地球化学方面的研究，曾作为唯一的女科学家参加中国大洋科考第 49 航次第五航段的科学考察工作。

序二：构建记忆之场

樊 林

　　拿到《红河谷中忆家国：一个海外游子的回忆》书稿，想起何倩的上一本书《西江逝水》北美发布会前我们的相识、对话。天下桂林人都有一些地方密码，一旦相遇，自动对接。后来越聊越深，那是因为我们有共同的成长节律，在大时代的洪流中力争上游，也谨慎地保持着成为一股清泉，我们还拥有共同的儿时故园，那里是曾经的明代王城，民国省政府、大学所在地，是我们登山摘花打球做作业的地方，现在成了常常因为没有桂林身份证就无法免费进入的 5A 景区。对于地方和历史，我们既有从书本上获得的共同集体记忆，也选择性地建构了一些自我的记忆之场，我称其为"在河之洲"。

　　通过写作完成自己的，也是家族的，更属于共同历史的记忆拼图，是何倩长时间致力的事情，我非常佩服她挖掘历史材料的能力和执着，更尊敬背后的热爱和真心。读了《红河谷中忆家国》的书稿，一直在准备应承了她的写作，内心深处涌动的暗流往往由于过于感性而无法达成文字。如何让我的看法具身化而又不至于太过弥漫，才能对应她的写作动机和成果，始终是我对自己提出的问题。

　　直到月初，我在德国东部游荡，到达德累斯顿的当天下午，看完老大师馆的绘画沿着老铁路回到酒店，办理入住的时候，前台小姐拿起一张地图，指着粉红色的区域告诉我：在卡罗拉桥施工现场发现了重达 250 公斤，属于二战时期的英国炸弹，明天要疏散现场周围 1000 米内的人员，大约涉及老城里的 17000 人，城里的博物馆明天都闭馆。猛然惊觉，这是我对何倩撰写的家族历史与时代风云相互交织的文字最有感触的点。如果说，当年的无差别轰炸——这里对于其复杂意义暂不展开讨论——带给德累斯顿的痛等同于世界上所有经历过战争的地方的痛，我们的生命中那些自古以来不同时间段的文化基因也是一致的，尤其是关于桂林的部分。

到五傍晚，我在易北河畔望向对岸。夏季露天音乐会的人群举杯欢聚的地方，离卡罗拉桥施工现场仅仅百步之遥，我意识到自己与历史某一个时刻的迎面相逢。何倩的使命感更强。成为文化史家、记忆学者，不一定是她写作的初衷，但她将书写作为文化记忆的媒介，找到了叙事结构在回忆、记录真实事件时所发挥的作用，用数本不同文体的书将近现代中国演变中的家族、父辈的大我、小我的故事汇聚成在历史中熠熠发光的活力之场。这种写作的当代性在于拆解并且补充了关于历史的那些纪念碑式的写作，背离说教，凸显新的时间段中浮现出来的历史判断和文化价值。

《记忆记忆》在我去年读过的中文出版物中是最贴合心思的一本，这本当代俄语世界著名诗人玛丽亚·斯捷潘诺娃的新类型小说，在追溯和思辨中勾勒了 20 世纪的大风云和小浪花，这何尝不是我们这个年纪的人都向往完成的事情？

樊林
2025 年 8 月于桂林叠彩山南麓

樊林，出生成长于桂林，1990 年夏毕业于中山大学汉语言文学系，获本科学位；1993 年夏毕业于广州美术学院，获硕士学位。1993 年至今工作于广州美术学院，现为艺术与人文学院教授。

前　言

《红河谷》，是一首中国人大都知道的加拿大民歌。

第一次唱，应该是读小学的时候，在故乡重庆。那时，当然想不到，很多年后，会来到加拿大多伦多的红河谷附近，从此定居于此。

红河谷是加拿大也是北美洲最大的城市公园，占地47平方公里，从安大略湖沿岸向北穿越士嘉堡和万锦，一路都是野生的河谷、溪流、密林、幽径、草原，自然风貌绝佳。对于自幼酷爱中国传统文化的我来说，这是一片有如归隐山林的精神乐土。行走其间的时候，尤其是在加拿大最美的秋季，真的会有"山川异域，风月同天"的感觉，从"袅袅兮秋风，洞庭波兮木叶下""红叶黄花秋意晚"到"铁马秋风塞北"，从"雨洗秋山净，林光澹碧滋""霜叶满阶红"到"寒林转苍然"，都仿佛是古诗词中的那个华夏故国……

在这样的氛围中，是最容易忆起旧游的。独步谷中时，在那份四野无声的寂静中，在清风里、夕阳下、明月夜、落花时，常常会想起在故国度过的二十多年岁月。在重庆，在桂林，在成都，在广州，都或多或少地遇到过一些和从小热爱的中国历史相关的景观、人物，或其亲友、后人。想想，如能一一记录下来，也不是全无意义吧。如果说，真实的历史是由一片片拼图组成，那么，每个人的历史，也都是国家和民族历史的一部分。我们，都可以描绘出自己的那片拼图，作为历史的组成部分。

于是，在完成《百年家国：唐家故事》（广西师大出版社新民说 2021 年 9 月出版）和《西江逝水》（美国壹嘉出版社 2023 年 10 月出版）后，我决定以独立成篇的散文形式写出这些所见、所思，以《红河谷中忆家国：一个海外游子的回忆》名之，算是我的那片拼图吧。自 2020 年 3 月动笔，断断续续地写，2022 年 9 月完成初稿。其后因工作日益繁忙，一直无暇修改。2023 年因《西江逝水》与壹嘉出版社刘雁社长结缘，意气相投，合作愉快，谈起此书时，发现正适合致力于历史的个人记录的"壹嘉个人史"丛书，乃决定在 2024 年挤出一些周末的时间进行修改，再交给壹嘉出版。而今，总算改毕，可以面世了。

感谢丽华姐、樊林姐在繁忙的研究与教学工作中拨冗为此书作序。感谢梓铭兄再次挥毫为拙著题写书名。感谢樊运宽伯伯巧集书中章名填《莺啼序》长词以贺此书出版。我心铭感。

本书献给我的父母。感谢他们给予我的、读千卷书并行千里路的童年和少年时光。而今回首，那真的是一生的财富。

何倩
2025 年 8 月
于多伦多听松庐

2

重庆篇

嘉陵江边的刘家台，抗战中国的最大兵工厂

我是在重庆的嘉陵江边出生的。

"文革"前考入大学、分别于 1969 年和 1970 年毕业于上海"华东纺织工学院"（后改名为"中国纺织大学"，现名"东华大学"）的父亲何君孝和母亲唐桥星，当时都在江北的远大织布厂工作。父亲是厂办的秘书，母亲在车间做纺织女工。

那时的人都一心扑在工作上，孩子一般都请人带。还在襁褓中的我，就这样来到了同厂的一位老工人——胡邦书婆婆家。

当时的中国，全民所有制的国营工厂属于稳定的"铁饭碗"，一家人往往在同一个工厂工作。胡婆婆和她的丈夫罗树云，以及两个女儿罗世蓉、罗世媛，都是远大织布厂的工人。他们一家四口住在刘家台喜乐溪正街的一栋红砖平房中的两间小屋里，与几家同厂的邻居共用厨房——厨房的地是煤球铺成的，地上砌着每家各自的瓦质大水缸和砖质灶台。

那时几乎每家每户的生活都很清苦，买东西都得凭粮票、布票、油票，年轻人结婚时流行的"三大件"也就是收音机、自行车、电风扇（电视机票是极难得的），但社会风气好，邻居之间友善、信任，每到夏夜，家家夜不闭户，都在平房前面的石砌平台摊开各家的竹床或凉椅，摇着蒲扇，乘凉夜话。当年那小小的竹床，那澄澈的星空，那夏夜的笑语，至今，都在我的记忆中闪烁……

胡婆婆一直是远大织布厂的先进工作者。为了让两个在农村当知青的女儿回城就业，当时还不到五十岁的夫妇俩都办了提前

退休。退休后，出身"根正苗红"的她，被委任为居委会代表。

胡婆婆和附近居民的关系很好，不时会有一些人来家打麻将。有一次，她买了一条当时价格不菲的团鱼煮汤，也送给邻居分享。她也常去几十米之外的居委会开会，隔一阵也会有穿白色警服、蓝色警裤，戴蓝色警帽的户籍警来家联络。当时常来的是一位四十多岁的户籍警，胡婆婆叫他"尤户籍"，应该是姓尤吧。还有一位三十多岁的女户籍警也来过，婆婆还让我带她去厂里的公共澡堂洗澡——那时，一般人家都没有洗澡的设备，都是去澡堂买澡票洗澡，通常每周一次。

胡婆婆长得很胖，所以厂里的人都叫她"胖子妈"或"胖婆婆"。我则叫她"婆婆"（四川人称祖母为"婆婆"）。纯朴、善良的婆婆，对我这个没有血缘关系的孩子，比对亲孙女还好——我发 40 度高烧时，她两天两夜不眠不休地守在我身边；我父母每月付的 15 元保育费，她反过来又花在我身上；我极嗜糖，她遂用瓦罐储满当时流行的冰糖供我索食；她会顶着她的小女儿的不满，将一些好吃的东西偷偷地塞给我……她是这个世界上第一个让我明白什么是"无条件的爱"的人。她对我的爱，让全厂的人都感动，也让我父母由衷尊敬、视如亲人。二十世纪九十年代，婆婆去世，已调到成都多年的我母亲，听到还在厂里工作的好友唐晚秋孃孃（我称她"晚秋"）传来的消息，特地送了一封厚厚的丧仪。

儿时记忆中最美的画面，是两三岁的时候，爷爷把小小的我放在他的两肩上，从喜乐溪一路走到刘家台江边，一同观赏江水、渔船、沙滩、巨石，以及彩霞满天。那时，每到黄昏，落日就又大、又圆、又亮，镶着一圈金边，把满天的云霞染成了绚烂发亮、光芒耀眼的颜色……江上那些以舟为家的"疍民"（即"水上人家"，也称"疍家"），在金灿灿的夕阳下撒出渔网，手上也抖落着一缕霞光……汹涌的波涛一次又一次地冲击江岸，随之而来的鹅卵石，就留在了巨石成堆的河滩上，散落在黄色的沙间，供我们小孩子慢慢拾捡……这一切是如此的美，以致于我们祖孙常常会一直等到落日沉江，才恋恋不舍地离去。

四五岁的时候，我已经会自己蹦蹦跳跳地在厂区里玩耍，就独自去江边了。

当年的嘉陵江边，曾有一个圆圆脸的小女孩，穿着"的确良"的连衣裙，提着塑料凉鞋，奔跑在江水、沙滩、巨石、渔舟、落日、晚霞之间……那一片长长的沙滩上，曾留下她无数的脚印，深深浅浅，高高低低，仿佛可以通到世界的尽头……她那快乐的笑声，曾伴着那奔流不息的嘉陵江水，日复一日，年复一年……那是我永远怀念的金色童年。

当年的刘家台岸边，还有一尊残旧的大炮。那份肃杀之气，曾给童年的我留下极深刻的印象。听老年人说，这大炮是"抗战"时期遗留下来的，属于21兵工厂，也就是和远大织布厂一门之隔的邻居、在重庆家喻户晓的长安机器厂（现在的中国长安集团股份有限公司）。河滩上还散落着一些废钢铁，也是21兵工厂留下来的。六七岁时的夏天，我曾跟着一些大孩子去捡废钢铁，拿去刘家台街上的废品回收店卖掉，然后买冰棒和酸梅汤。

刘家台是当时重庆江北一个比较热闹的地方，仅次于江北区政府所在的江北公园一带，但其实也就是一条街而已，有路边菜摊、露天影院、小型百货商店、茶馆、废品回收店、小人书摊等。我小时候去得最多的是小人书摊。一分钱看一本，经常一看就是半天。这条街叫"刘家台路"，过了路边菜市，就叫"喜乐溪正街"。

就如重庆的很多街道一样，喜乐溪正街是蜿蜒而上的，两旁也有一些小店，有卖糍粑的，卖云片糕核桃酥等甜点的，卖卫生

儿时在重庆嘉陵江边
的刘家台（江北）

刘家台渡轮码头（即
当年的"簸箕石码头"
现名"鎏嘉码头"）

纸等日用品的，也有理发的，都是我儿时常去之地。那炸得金黄的糯米糍粑，圆饼状的核桃酥，都是我当时嗜食之物，价格也很便宜，五分钱而已。父亲曾回忆说，当时每到夏天，刘家台街上总有水蜜桃卖，也就是五分钱一斤，两元钱就可以买满满一书包。

当年工人阶级是领导阶级，婆婆和爷爷这些退休老工人的工资比我大学毕业的父母高。婆婆每月50元。爷爷每月59元，是周围人中工资最高的一个。他们对"毛主席"的感情很深。四岁时，婆婆捉着我的手，教我写"毛主席万岁"。她用朴素的语言说起共产党对她的恩情，说自己六岁就从璧山老家来重庆做童工，不识一字，是共产党办了扫盲班，才粗通笔墨。20世纪20年代出生的婆婆和爷爷，也保留着中国传统的对读书人的尊敬，总是赞扬我的父母是"我们厂两个最正宗的大学生，从来不说脏话，对人有礼貌"。

当时的远大织布厂有两千多名职工，都住在喜乐溪一带的一些平房和马儿湾、黄泥村的几栋楼房里。这其间，有一些抗战遗留下来的防空洞，也有一些小山坡。厂区的主要部分是三个车间（一车间、二车间、三车间）、厂部各科和医务室（位于同一栋两层办公楼）、厂办小学和幼儿园。二车间外是远大厂的后门，出去就是长安厂。

胡婆婆的妹妹和妹夫都是长安厂的老工人。

因着这层关系，她常带着我去长安厂"走亲戚"。作为大型军工厂的长安厂，有好几个分厂，职工过万，还有规模很大的医院和电影院。长安厂的待遇特别好。胡婆婆的妹妹妹夫一家住在一栋黑砖小楼的一楼，有一个小小的院子，邻居都是长安厂的老工人，常常会在一起聊天。

"21兵工厂""李承干"，是这些老工人闲聊时常常会提到的。

"21 兵工厂"，就是长安厂的前身、抗日战争中大后方最大的兵工厂——国民政府军政部兵工署第 21 兵工厂（前身为金陵兵工厂，亦即李鸿章于 1862 年创办的金陵机器制造局）。"李承干"，就是有"兵工界国宝"之称的 21 兵工厂厂长李承干中将。

听老工人们说，李承干是一个非常能干、清廉、正直的人，极受 21 兵工厂同仁的爱戴。

他出自长沙乡绅之家，因学业优秀，被湖广总督张之洞亲自选派赴日留学，毕业于东京帝国大学。他初为金陵兵工厂的工务处长，1929 年出任厂长时，工人们放鞭炮并夹道欢迎。在他的带领下，金陵兵工厂成为全国三大兵工厂之一（另两个是汉阳兵工厂和巩县兵工厂）。

1937 年 11 月，淞沪战事吃紧，国民政府下令所有兵工厂西迁。李承干接到西迁令后，立即派人飞往重庆，购买了江北刘家台已停办的裕蜀丝厂 20 亩基地作为新的厂址。

在李承干指挥下，金陵兵工厂只用了半个月就将四千三百吨的重要设备和材料拆卸完毕并装箱运出。在当时炮火纷飞的危险环境下，全厂员工没有一人擅离职守，全部到厂参加搬迁工作。身为一厂之长的李承干，日夜操劳，竟累到双眼深陷，声音嘶哑，不得不以手代言。

12 月 1 日，南京已危在旦夕，李承干仍坚持到厂区作最后巡视。他含泪带着员工们对金陵兵工厂的大门深鞠三躬，坚定地说："南京，我们还会回来的！"

1938 年 2 月下旬，金陵兵工厂在战火硝烟中抵达重庆江北簸箕石码头。

在李承干的带领下，员工们一边修厂房，一边安装机器，赶在 2 月底之前完成了重机枪分厂、炮弹分厂、工具分厂、机修分厂等生产车间的修建，于 3 月 1 日顺利复工。

簸箕石码头，就是我们家在重庆时常去的刘家台轮渡码头。

父亲从远大织布厂调到重庆市工业交通部工作后，每天清晨都从这里搭渡轮去"河对门"（当时叫"市中区"，后名"渝中区"）上班，黄昏再从"河对门"搭渡轮回来，可谓披星戴月。

童年时代的我和弟弟也曾经无数次地跟着大人从这里搭渡轮进城。

据刘家台的老人说，刘家台早在明清时期就是嘉陵江北岸的一个大码头，是川北地区的物资进入重庆主城的必经口岸，与嘉陵江对岸的大溪沟、临江门码头比邻通渡。

那时，刘家台有一个被当地人叫做杀牛场的屠宰场。纤夫脚力们常将屠宰场丢弃江中的牲口内脏打捞起来，清洗干净，在河滩上捡石、架火、支锅，配上他们自己发明的辛辣汤料，煮成一大锅。久而久之，这种大杂烩火锅渐渐成为嘉陵江河滩上的一景，也是后来驰名全中国的"重庆火锅"的雏形。

从码头通向刘家台路的阶梯很长，有几百级。我小的时候，这段石阶右侧近刘家台路的地方有一个茶馆，罗爷爷常在那里喝盖碗茶、听评书。我有时也会跟他一起去，《说岳》《杨家将》《说唐》，都是那时听到的。

而我童年时常奔跑的嘉陵江河滩，就是当年李承干厂长率领金陵兵工厂的工友们于 1938 年 3 月 1 日在重庆举行复工庆祝大会的"簸箕石沙滩"。

据老工人们回忆，金陵兵工厂在西迁途中，正逢三峡的枯水期，只能走木船。木船主要靠纤夫拉纤。为了让兵工厂的物资能早日到达重庆，除了雇佣当地的纤夫，员工们还自愿组成了纤夫队，与当地纤夫轮班拉纤。

兵工厂初到重庆的条件也是极其简陋的。

五百多位单身员工，全部挤在裕蜀丝厂近江边的一个旧仓库楼上。身为厂长的李承干也和大家一起垫谷草、睡地板。

在这样的艰苦环境中，为了尽快支援前线的武器弹药，有的机器刚搬下船即在岸边就地生产，同时建设厂房。

当时国民政府的大部分机构还在武汉等候西迁，兵工署所辖的数十家兵工厂也大都还在迁往大后方的途中，西迁复工的工厂只有金陵兵工厂一家。兵工署署长俞大维中将为此专程来厂视察，刚到嘉陵江边就听到几台大型汽锤"砰砰砰"的撞击声，在厂里的靶场上看到正在进行测试性射击的新枪，才确信李承干创造了一个西迁复工的奇迹。

为战时保密，兵工署所辖工厂全部改用数字命名。内迁重庆的金陵兵工厂因而改名为"军政部兵工署第21兵工厂"。

复工后仅一个月，21兵工厂就造出了四十挺重机枪，从簸箕石码头运到前线。

当年的簸箕石码头有一个大弯，水流平缓，而且水很深，便于火轮停靠。抗战期间，21兵工厂制造的无数武器弹药，都是在这里装船，然后运到抗日前线。

当年的簸箕石码头和沙滩，也是21兵工厂的员工们进城的必经之路。

抗战时期，每逢礼拜天，重庆市区电影院的第一场电影都是为士兵放映的。21兵工厂的工人享受与军人同等待遇，只要佩戴兵工厂的厂徽就可免费看这种劳军电影。

于是，每到周日，21兵工厂的员工就会涌向簸箕石，搭船进城。船到对岸后，还得爬一段长长的石阶，才能进入市区。

直到我小时候，远大织布厂的员工和家属进城依然是走同一条路。至今都记得，爬完那段长长的石阶，从大人到小孩都难免气喘吁吁。

当年，有些带着太太一起进城的 21 兵工厂员工会雇滑竿走这段长长的石阶。他们最怕遇到同路进城的厂长李承干，因为他会用他随身携带的手杖去打他们的脚，说："你没长脚吗？"

不过，怕归怕，同仁们对李承干是非常尊敬的。

老工人都记得，李承干厂长总是穿一身蓝色或灰色的中山服。他每月的收入，除了留一小部分自用，其余的都密封成若干小份，奖给工作成绩最佳的员工。他将所有的时间、精力都奉献给了兵工厂，一直单身。问其原因，他常以"匈奴未灭，何以家为"回答。他住单身宿舍，和工人们一起吃食堂。后来条件好一些了，也只是住在和办公室相连的一间房里，也就是一张木板床和极其普通的桌椅罢了。他担任厂长十七年，军衔由少将升至中将，离任之时的全部财产就是几个装衣服和书籍的旧肥皂箱而已。

爱厂如家的李承干，还亲自策划编写了 21 兵工厂的厂歌。

为了激励士气，他特地请了他在东京帝国大学时的同学、著名诗人郭沫若作词：

> 战以止战，兵以弭兵，正义的剑是为保卫和平。
> 创造犀利的武器，争取国防的安宁，光荣的历史肇自金
> 陵……我们有金石般的至诚，我们有熔炉般的热烈，我们
> 有钢铁般的坚韧……同志们，猛进！……

据史料记载，抗战后期，21 兵工厂已成为大后方最大的兵工厂，有 11 个分厂，机器设备 4754 台，员工 15200 人，可生产除重炮之外的所有步兵武器。各战区的前线官兵使用的武器，有一半是 21 兵工厂生产的。当时，一个标准步兵师的人员编制为

10000 ～ 12000 人，步枪 7000 ～ 8000 支，轻重机枪约 400 挺，迫击炮、山炮约 300 门。而 21 兵工厂每月生产步枪 8000 支、捷克式轻机枪 250 挺、马克沁重机枪 500 挺、八二迫击炮 230 门，单是步枪，每个月的产量即可装备一个师。

当年的 21 兵工厂，是真正的国之利器。

抗战胜利后，作为国民政府主席的蒋介石曾评价说：八年浴血抗日战争，艰苦备尝，我们的兵工厂支援了十大战区，三百二十万部队所需的武器、弹药供应，俞大维（注：抗战时期的国民政府军政部兵工署署长）领导的兵工厂，尤其是第 21 兵工厂李承干厂长及全体员工们，对国家的贡献是无法估计的。

被誉为中国"兵工之父"的俞大维，是一位留德的弹道学专家，在九一八事变后出任军政部兵工署署长，在国难危局中维持并发展中国的兵工制造，直到抗战胜利。他曾说："对日战争爆发，大小战役之不利消息频传，无日、无时、无地无之。可告慰者，战况再不利于我，却从无一人抱怨说："枪炮弹药没有了"。这是当时连日军都不得不称赞的"了不起的（中国）兵工制造业"。

如今，还有多少人知道这段历史？

兵工之村黄泥村，旧时富户的孙家花园

我记忆中的第一个家，位于离刘家台轮渡码头不远的马儿湾。

那是一幢二十世纪七十年代建造的四层灰砖楼房，住的都是远大织布厂的工人和技术人员。每层楼都有好几户人家，楼梯口是一个洗衣服的公共水槽。楼前一块水泥铺的平地和楼后的一片小山坡就是我们小孩子玩耍的天地了。

那个年代还没有私家卫生间，所有住户都使用附近的一处公用厕所。我还记得，公厕位于回家时必须爬的那条又长又高的石阶旁，味道相当重，每次经过都得掩鼻。

当时的住房是按工龄和人头来分配的。工人家庭因为孩子多，分配的住房通常会大一些。我们家在三楼右边的尽头，是一间大约十五平米的小屋，与一家老工人邻居合用厨房，有各自的灶台和水缸。他们家有五口人，住两间屋，和我们家相处得很好。我还记得，他们家原来在门口建了一个鹅栏，养了一只大白鹅。当时才四五岁的我，被大白鹅的叫声吓得不敢回家，他们家就把鹅宰了。

那时，我的父亲已被调到重庆市工业交通部（后改名重庆市经济委员会）任秘书，母亲则是远大织布厂的技术员。

出生于广西桂林一个世代书宦的大家族的母亲，是一个聪明能干、性格坚毅、能吃苦的人。在那个荒谬的年代，作为当年中国的最高纺织学府——上海华东纺织工学院（五年制）的毕业生，母亲和她的很多"出身不好"的同学一样，是从工人起步的。

母亲回忆说，她和她的几个同学本来被分配到内江市下面的资阳县。他们到内江后，联系了内江棉纺厂，该厂很愿意接收他们这几个大学生，他们才得以留在内棉。

在内棉工作时，母亲和她在学校时就认识的、一个也在四川的高一届同学（即当时在重庆远大织布厂工作的我父亲）开始通信，第二年就结了婚。

母亲曾说，当年父亲和她这种出身的人结婚，是需要勇气的。顶着"反动学术权威的狗崽子"头衔的她，当时独自在举目无亲的四川内江做三班倒的纺织女工，平时还得看造反派的白眼，就连怀着我的那十个月都是在隆隆的机器运作声中度过的。她当时的一位工友刘阿姨后来告诉我："那时你爸爸在外地，没办法照顾你妈妈。她出身不好，所以孕期也不给假，挺着大肚子也得干活，累了也就能坐在机器旁的麻袋上歇一会儿，还得提心吊胆地怕那帮造反派出来找麻烦。我在旁边看着都想哭，而她竟没有一滴眼泪……"

直到我出生后，母亲才因"照顾夫妻关系"的政策调到重庆远大织布厂做女工，仍然在车间三班倒。

幸运的是，她在这里等到了"文革"结束后的宽松气氛和个人事业的起步。

据远大织布厂的老人说，有一次上级派人来视察，现场考问，一大群女工中，就是她一个人答出来了。厂里因而将她从车间调到技术科做技术员，之后成为技术科副科长。

进入八十年代后，整个社会的生活水平都在提高。

远大织布厂在五里店附近的黄泥村建了几幢新的职工住宅。作为厂里的技术骨干，母亲被任命为主管生产的副厂长，分到了一套新房，我家就从马儿湾搬了过来。

黄泥村是一个兵工村，有不少红砖的老平房，住的都是长安机器厂的职工和家属，也间杂着一些农舍和农田。其中有一块地方是属于远大织布厂的。远大厂的幼儿园、子弟小学都在这里，我就是在这里上的幼儿园和小学一、二年级。

我读小学三年级时，远大厂将子弟小学迁到喜乐溪，在此新建了几幢灰砖楼房，中间是一个约半个足球场大的坝子。

这几栋新楼都是由重庆市建筑设计院的技术人员来厂专门设计、建造的。那些技术人员就住在厂里，还和我们一起在食堂排队打饭。当时的工厂都像个小社会，幼儿园、小学、医务室、食堂、小卖店，什么都有。在小卖店可以买到猪肉，食堂还卖当时刚流行的烤面包机烤的面包。整个工厂也像一个大集体，从厂长到车间主任都和工人打成一片。记得母亲当时去广州出差，走之前总会收到一些青年女工写的、夹在人民币里的小纸条，都是请"唐厂长"帮买折叠伞、小计算器等新奇玩意儿。

我们的新家就在左边的第一栋。这是一个独立的套间，进门是一间不大的长方形厨房，然后是我和弟弟住的大房间，大约有十五六平米，兼作客厅；其后是父母住的小房间，连着一个小阳台。当时仍然流行"自己动手、丰衣足食"，厨房的灶台是动手能力很强的妈妈和从小带我的老工人罗爷爷一起砌的。墙也是妈妈刷的。她买了一桶深绿色的油漆，将每个房间的墙都刷了半墙那么高。

住了大约一年后，厂里又为我们每户都加建了小阳台、厨房和厕所，我们原来的厨房就拆除了灶台，变为客厅了。

八十年代是中国人普遍开始追求美好生活的时代。

搬入新居后，爸爸从市中区买回一对木扶手、格子布面罩的单人沙发，一路由刘家台江边扛到家。当时也开始流行日本电器。我们家的第一台电视是一部十四寸的日本"松下"黑白电视。

那时买电视还需凭票供应，价格也贵，花了 450 元，我们家省吃俭用整整两年才还清。当时有电视的人家不多，整层楼的邻居都在晚饭后搬小凳子来我家看电视，一片欢声笑语。

八十年代是一个万象更新、充满希望的时代，更是一个崇尚知识、崇尚读书的时代。

就在孙家花园的家里，当年才七八岁的我，偷读了很多父母房间里的"大人的书"。这其中，总是厚厚一本的《新华文摘》登出的历史剧本《秦王李世民》、台湾作家高阳的历史小说《慈禧前传》、旅美历史学家唐德刚的《李宗仁回忆录》，开启了我对历史的兴趣，奠定了这一生对中国历史的由衷热爱……

《水浒传》也是这时读的。那是七岁那年的一个炎热的午后，母亲花了一个中午的时间把家里没用的旧书刊整理出来，满满地堆了一地，然后下楼去叫那个定期上门收废报纸的人上来运走。

位于孙家花园的童年旧居

我被母亲唤来一起帮忙清理。本来是不大情愿的，不想却得了意外之喜——那一大堆的书刊之中，居然有一部《水浒传》，一部我早就想看而母亲一直不许可的"大人的书"，保存得还很完好，但或许因为是"文革"时的版本，所以母亲要把它处理掉。就在母亲下楼那一眨眼的功夫，我偷偷地把这套书藏进了自己的房间。第一页上的内容，到今天都记得清清楚楚——抬头是大大的"毛主席语录"，字体为红色。然后是一行小字："水浒这部书，好就好在投降。"这句话，我当然是看不懂的，感觉就四个字——莫名其妙。倒是没有影响阅读的心情，马上开始了如饥似渴的囫囵吞枣似的阅读。读完后转给了弟弟。

　　受《水浒传》里的好汉们"熟牛肉下酒"的潇洒和豪气所感，我和弟弟要求父亲买了熟牛肉回来。紫红色的，片状，满满一盘，看去很美味。酒呢？这就为难点儿。父母不允许小孩子饮酒，我们只好拿汽水充数了。那天家里没有存货，于是打开胖胖的瓷猫存钱罐，数出一叠银毫子，跑到附近的小卖部买回一瓶重庆出产的"天府可乐"。接下来，我们一边想象着当年梁山好汉的作派，一边夹起一片熟牛肉塞进嘴里，同时喝下一大口的天府可乐。只可惜，那滋味可真不怎么样。于是乎改为以白饭送熟牛肉了，倒是真的很好吃。

　　在读书的快乐之外，还有自然真趣。我们家这幢楼的后面有一片山坡。当年，我和小伙伴们在此摘过牵牛花，斗过"官司"草，采过凤仙花染指甲，放过自己用竹签和旧报纸糊的风筝（用缠白棉线的木头摇动机牵引），还奔跑过后山的菜地、果园，逃过农家的大狗追逐……

　　这几幢灰砖楼房现名"远大新村"。

　　鲜为人知的是，这个地方最初的名字是"孙家花园"，本是一家姓孙的富户的宅院，坐落在一片有田有林的山坡（就是我家后面的山坡）下，占地广阔，西边就是从五里店上面的山麓一路潺潺奔流而来的喜乐溪。据当地的老人说，孙家花园的主人非常有钱，原是宝元通百货（公私合营后成为"重庆百货大楼"，我小时候，重庆人叫它"三八商店"）的股东，"文革"时期他家曾被抄出来不少金银珠宝。我小时候跟着邻家姐姐们踢毽子，做毽子的铜钱是不知哪里来的"咸丰通宝""同治通宝"，可能就是来自孙家吧。

说起来，重庆很流行这种以姓氏开头的地名：曾家岩、杨家坪、刘家台、肖家湾、郭家沱、张家花园、孙家花园、黄山、汪山……老辈传说，重庆的地名，大都是明代形成的。明代以前，重庆人口不多，经济也落后，到明代之后，才逐渐发展起来，出现了一些世家大族。明代重庆城里有蹇、刘、牟、曹四姓世家，他们的住宅通常占地数亩，形成街道，遂有蹇家桥、刘家台、曹家巷等地名。张家花园、孙家花园、黄山、汪山这类地名，则大多因富户的私产而得名。还有些地名是因"湖广填四川"而来，比如杨家坪、肖家湾、冉家坝、郭家沱。明末清初，四川经过连年战乱后人口锐减。到了清康熙年间，遂有大规模的湖广移民迁入，史称"湖广填四川"。当年的移民只要在选中的荒地上插一圈竹竿围起来，即算是自家的田产，还可享受免税赋三年的优待。如此，一家一户便可据有一大片地。这片地原来的地名因原主人消失而不可考，通常便以新占据此地的这家人的姓氏来命名。

也在江北的郭家沱，是望江机器厂（即抗战时期的兵工署第50兵工厂）的所在地。来自广东的50兵工厂，内迁重庆恢复生产后，当年（1939）就造出86门150毫米迫击炮、炮弹41800发；1941年研制出中国第一门37战防炮并大量生产60迫击炮。

据望江机器厂的老工人回忆，当年50兵工厂的厂长江杓是上海人，毕业于德国柏林工业大学，"本事大，脾气也大"，每晚都骑脚踏车到各个车间转，只要看见谁不认真干活，抬手就打。佩陆军中将军衔的江杓，与兵工署署长俞大维、兵工署技术司司长杨继曾、21兵工厂厂长李承干一起被誉为中国兵工界的"四大名将"。

抗战时期的重庆汇聚了17家兵工厂。除了40兵工厂在綦江，其余各厂均分布在长江和嘉陵江的河谷地带，便于各厂充分利用水运，将各大战区急需的枪炮武器运往抗日前线。

当年那些在防空洞中和乱石滩上响彻的机器轰鸣声，不但在战火中顽强接续了中国工业的命脉，还撑起了一个民族救亡图存的工业脊梁。

抗战时期的国府旧址，蒋介石办公室，黄山官邸

小时候，我和弟弟常随当时在重庆市工业交通部（简称"工交部"，后改名重庆市经济委员会）任秘书的父亲去他的办公室"上班"。

我的父亲何君孝，原籍四川西充县同德乡盐井坝何家湾。祖父何邦荣，务农为生，也兼做补鞋的皮匠，在父亲出生前就已病逝。祖母王培寿，四川盐亭县人，性情温厚贤良，虽不识字，却知礼仪、明大义、乐善好施，颇受乡人敬重。

父亲是家中的老幺，上有四个哥哥和两个幼年夭折的姐姐。大伯父早逝，只留下一个女儿玉珍，和父亲年纪相仿，是祖母带大的。二伯父何君锡为人正直，心地善良，很得人心。父亲说，当年家里日子并不宽裕，二伯却为一家穷得几乎活不下去的邻居买了猪仔，可谓雪中送炭。二伯父在土改时参加工作，能力也强，但因文化水平较低，以西充城关镇（县城）党委书记一职终老。比父亲大二十岁的二伯父，对父亲这个幼弟虽然疼爱，要求也很严，颇有"长兄如父"之风。三伯父何君惠，在"大跃进"时期曾被招工参加城市建设，先后在华蓥山铁厂和重庆某机械厂工作，后回老家任村武装部部长。四伯父何君秀曾是一位在东北戍边的军官，转业后在山西工作，为与妻儿团聚，调回同德乡任乡武装部部长。父亲的堂叔何邦续，又名何顺祥，也是一位参加过抗美援朝的军官，转业后任福建永安县监委书记。

何家是"湖广填四川"而来。据族中长辈说，来自湖北麻城孝感乡。父亲说，同德乡的祖宅是一座四房人共居的瓦房大屋，族人中有农民也有地主。父亲还记得其中三房的排名，分别是"朝正天心应""开启邦君宇""国有长明在"。我们这一房是"开启邦君宇"，堂屋挂了一位曾为官的祖先留下的一块牌匾，幼年的父亲记得其中有"学士"二字。

在这样的环境中长大的父亲，人如其名，是一位谦谦君子，仁孝、善良、方正，素受上级信任和下属敬爱。因着父亲这份良好的人际关系，儿时的我和弟弟，每次跟着他去"工交部"上班，都很受那里的叔叔阿姨欢迎。在这个抗战时的国府旧址里，留下了很多快乐的童年记忆……

当年，我们跟着父亲从刘家台码头或簸箕石沙滩搭十分钟轮渡（渡轮每年五月到十月停在簸箕石）去市中区（现"渝中区"），上岸后还得爬一段很长很陡的石级，大概也要十几分钟，上去就是大溪沟。从大溪沟向前走十分钟，就是市政府所在的人民路232号。

人民路，就是重庆作为陪都时的"国府路"。1933年，重庆修建北区干道，将大溪沟、三元桥、大观花园等连通成为公路，人称渝简马路（即重庆到简阳的马路，属于成渝公路的一段）。1937年11月，国民政府迁都重庆，驻于此路中段北侧的四川省立重庆高级工业职业学校，于是将此路命名为"国府路"。1950年7月，重庆市人民政府将"国府路"改为"人民路"，沿用至今。

我还记得，当年市政府的大门后面有一个旧式的石质牌坊门，上面有三个繁体刻字——"总统府"，但已褪色，并不明显。抗战时期，这里是国民政府的办公地。这个牌坊门，或许是1949年迁到重庆的"总统府"留下来的。

一进大门，就是市政府的主办公楼。这栋看去完全现代化的办公大楼，其实是原国民政府办公大楼的加固翻新版。当年国民政府从武汉迁到重庆，以四川省立重庆高级工业职业学校为驻地，对学校大楼进行了改建，加了抱阁、广场，门的布局为中国古典式木结构建筑，高敞的门廊前有两个建在石台基上的碑亭式墩柱。国民政府于1937年12月1日开始在此办公，直到1946年5月5日迁回南京，1949年8月再迁重庆，仍在此办公。中华人民共和国成立后，这里先后成为西南军政委员会和重庆市政府的所在地。

　　父亲还记得，他最初在这里工作时（20世纪70年代中期），重庆市政府的一些部门仍然在这栋旧大楼中办公，屋顶的飞檐仍在，但楼前已无护栏。旧大楼于1979年加固翻新后，外观已完全不同。只有后面的两栋一楼一底的黑砖小楼保留了原貌（当年国民政府行政院的一些部门曾在此办公）。其中一栋，就是父亲所在的"工交部"。

　　在我儿时的印象里，这栋小楼简单而朴素，有五间办公室，除了面对面陈列的一些办公桌，还有一些当时流行的人造革沙发。办公电话还是老式的手摇电话。

　　小孩子是不可能一直呆在沉闷的办公室的。通常，在人造革沙发上坐不了多久，我和弟弟就跑到后面的小山坡去玩耍了。

　　小山坡有一些树，没有花，有几间房子，当时是人民防空指挥部（简称"人防指挥部"）的所在。小山坡上有小小的、低矮的防空洞，也是抗战时留下来的。父亲的一位同事告诉我们，"蒋介石当年就是在这里躲日本飞机"。这位叔叔还带我和弟弟去看"蒋介石当年的办公室"，就在另一栋黑砖小楼里，是一个长方形的房间，看去狭小而简陋。当时，我有些发愣，这和想象中很不同啊。

　　重庆市委大院与重庆市政府是连在一起的，不过市委的大门位于中山四路上。蒋介石当年在重庆市区的官邸——曾家岩官邸就位于市委大院内，也就是市政府内有防空洞的那个小山坡再过去一点的地方，不过隔着一堵墙。

曾家岩官邸又称"尧庐"，系川军将领许绍宗所建，因许绍宗号"尧卿"而得名。

抗战时期，作为中国战时首都的重庆经常遭受日机轰炸。到了冬季，有"雾都"之称的重庆则经常大雾弥漫，日机因而极少来袭。这样的大雾，我小时候亲身体验过，雾浓时真是伸手不见五指，几米之内才能看到人。

冬雾时节，蒋介石夫妇一般都住在曾家岩官邸。

曾家岩官邸在抗战时期的公开名称是"国民政府军事委员会委员长侍从室"，门牌号为德安里101号。

当时，很多重大的政治、军事、外交决策都在这里酝酿和实施，因此戒备森严，必须要有特别限期的通行证才可入内。

官邸旁边的一栋楼，门牌号为德安里103号，是蒋介石夫人宋美龄的居所。楼下有一株枝叶繁茂的大橡树，就是蒋介石夫妇当年手植的。

此楼也是蒋介石夫妇举行外事活动的重要场所。1942年10月，美国总统罗斯福的特使威尔基访华时就是在此与蒋介石夫妇会面。抗战胜利后，国共两党举行重庆谈判，共商和平建国之计，谈判的主会场就设在曾家岩官邸。

没有大雾掩护的春夏秋三季，为避免日机轰炸，因位于长江南岸的黄山一带林木茂盛，便于隐蔽，侍从室遂租赁了重庆富商黄云阶的"黄山别墅"作为国民政府军事委员会和蒋介石夫妇的办公、居住之地，也就是抗战时期大名鼎鼎的"黄山官邸"。

关于蒋介石的黄山官邸，我也有一段记忆。

我母亲唐桥星在重庆远大织布厂担任技术科副科长时，曾和重庆织布厂的技术科长李哲夫（又名李宝华）相识。

20世纪80年代的中国，在我童年的记忆中，是一个万物复苏、充满希望的年代。

作为老工业基地的重庆，当时真是洋溢着一种团结一心、奋发图强的火热气氛。知识分子普遍踏实肯干，对国家和领导人都充满信心。

在那样的时代氛围中，我的父母真的是不计小我，将全部的心血都投入了重庆的工业建设。

从小就听远大厂的老人说，母亲是厂里的大功臣，从纺织女工到主管技术的副厂长，一步一个脚印，呕心沥血，贡献良多，开发出了很多新产品，让本来在行业里并不突出的远大厂发展得很好。母亲调离远大厂多年后，仍然备受怀念，有口皆碑。

父亲在主管重庆工业的市工业交通部工作期间，重庆市邀请已故的民族实业家、民生轮船公司创办人卢作孚先生的次子卢国纪重组民生公司，振兴长江航运，父亲也因此与卢国纪打过交道。

因父母都忙于工作，我从幼儿园开始就是自己上下学。五岁读小学就开始脖挂钥匙吃食堂，下午放学后去刘家台的露天菜市买一把青菜拿回家。七岁开始洗碗。八岁开始蒸饭。十岁转到市中区的人和街小学（当时重庆最好的小学），家也搬到人和街的一间没有厨房和卫生间的小屋里，每天放学回家第一件事就是在走廊上用报纸点火、生煤球炉……

记忆中的那个年代，虽然物质上相对清苦，却是万众一心、有理想、有希望，就如当年播放的纪录片《话说长江》及建国35周年阅兵，在我的记忆之中，永远美好。

那时的工厂，就像一个温暖的大家庭。

当年，走在江边和厂区里，遇到厂里的爷爷婆婆叔叔时，谁都是疼爱溢于言表。从淳朴善良的老工人到热情爽直的青年工人，对我母亲这样的技术人员，都是既尊敬又亲如一家。

那时的同行之间，也是关系良好、友爱互助。

八岁那年暑假，就是母亲烦请去广西柳州出差的重庆江北织布厂的蔡厂长及其下属，带着我和弟弟搭乘了两天两夜的火车，到贵阳、柳州，再由桂林的亲戚赶来接我们到外公家。

重庆织布厂的技术科长李哲夫，对母亲而言，更是亲切。

李哲夫是天津人，抗战时（1942 年）流亡到桂林，曾得到母亲的大伯父、广西著名教育家唐现之的帮助，就住在他家。李哲夫说，当时有好些像他一样的流亡学生都住在唐现之家。

在桂林，李哲夫遇到了他后来的妻子祝勉，也是一位流亡学生，当时才 18 岁。

祝勉的大哥祝捷是国军的一位团长，在卢沟桥殉国。李哲夫的二姐，则由他们的大哥李吉任（又名李宝明）做主，嫁给了蒋介石的侍卫官蒋治平，即《侍卫官杂记》中的内勤卫队长，也是蒋介石的同族侄子。

婚后，李家随蒋治平迁到重庆，在蒋介石的黄山官邸住了三个月。

作为蒋介石在重庆时期的最主要居所，黄山官邸也是中国对日抗战和远东地区反法西斯战争的指挥中心。

李哲夫说，当年住在这附近的老百姓都不知道这里就是蒋介石的住所，只知这里警卫森严，是国民政府的一处要地。侍从室设在两栋平房里，蒋介石的侍从要员和贴身侍卫都在此居住和办公。李家当时就住在这里。有一次，蒋介石坐着滑竿经过李家的门口，看到李哲夫的妻子祝勉和大嫂魏伯南等几个女子在绣花，就问身边的蒋治平，"这都是李家的人？"同时指着她们说，"李家的女人都长得很好看。"由此可见，在抗战中日理万机的蒋介石，对于亲信侍卫官的家事还是比较了解的。

当年黄山官邸的建筑都散布在浓荫蔽日的山峦之间，在蒋介石所住的云岫楼所在山头的侧后方五十米山腰处还专门建了一座钢筋水泥的新式防空洞，有三个出口。

即便如此，也并不安全。

1939年6月11日，黄山官邸附近被炸，官邸亦中弹。当时蒋介石在三楼，幸未蒙难。1941年8月30日，蒋在黄山官邸主持军事会议时，日机投下数枚炸弹。侍从三组组长沈开樾护送蒋与参会人员火速撤入防空洞。三面洞口都被炸，正在北洞口读法文词典的宋美龄，词典都被炸成两半，差点没命。蒋的内卫班长唐伟舜、侍卫陈亦民都被炸死，四名卫士重伤，鲜血淋漓，惨不忍睹。

这就是抗战。

离我们其实并不遥远的、很多老重庆人都亲历过的抗战。

艰苦卓绝的、可歌可泣的、无数牺牲的抗战。

抗战之都的"精神堡垒"，
老重庆的心心咖啡馆

我小时候，解放碑一带是重庆最繁华的商业区。

长大以后才知道，解放碑就是抗战时期的"精神堡垒"。

抗战期间，日寇对中国的战时首都重庆进行了长达六年零十个月的战略轰炸，企图挫败中国军民的抗战意志。其中，1939 年的五三、五四大轰炸和 1941 年的大隧道惨案尤其惨烈。为鼓舞士气，时任重庆市长的吴国桢提出在日机轰炸最厉害的地段建一个体现抗战精神的"精神堡垒"。

1941 年 12 月 30 日，一座炮楼状的木结构建筑在重庆最繁华的督邮街广场一个因炸弹爆炸形成的大弹坑上正式落成，高 7 丈 7 尺，寓意七七抗战。柱底是"精神堡垒"四字，其余三方分别写着"国家至上 民族至上""意志集中 力量集中""军事第一 胜利第一"等口号。外表涂成黑色，以防日机轰炸。顶部设一口大瓷缸，内贮棉条、燃油。每逢重大集会，即倒入酒精助威，烈焰熊熊，表明万众一心、抗战到底的决心，昭示驱逐倭寇、还我河山的浩然正气。

"精神堡垒"落成后，立即成为战时首都的精神力量之所在。每日清晨和午夜都会举行隆重的升降旗仪式。乐队鼓乐齐鸣，整齐列队的警察和士兵向旗杆上飘扬的国旗举手敬礼。车马和行人也止步驻足，行注目礼。那一刻，所有人的胸中都澎湃着爱国热情。千里迢迢从沦陷区颠沛流离到重庆的忠义难胞，看见"精神堡垒"

无不备感亲切。从重庆出发奔赴抗日前线的抗战将士也会在"精神堡垒"前集体宣誓。

这座当年燃烧着不熄的抗战圣火、代表着我们民族抗战到底、决不投降的不屈骄傲的"精神堡垒",曾被当年的《大公报》誉为象征着"中华民族为一坚强战斗体",是一段永远值得后人自豪的光荣记忆。

1945 年 8 月 15 日,日本宣布无条件投降。重庆各界数十万人涌向"精神堡垒",鞭炮齐鸣,欢呼声不断,隆重庆祝抗战胜利。

1945 年 10 月 9 日,时任重庆市长的张笃伦在市政会上提出在原"精神堡垒"旧址上建立"抗战胜利纪功碑"。次年 8 月纪功碑落成。碑高 27.5 米,全部用钢筋水泥建造,八角柱形,外饰浮雕。碑的正面正对着民族路,镌有"抗战胜利纪功碑"七个镏金大字,成为中华民族抗战胜利的历史见证。纪功碑的"胜利走廊"上镶嵌着美国总统罗斯福在 1944 年 5 月 17 日致重庆人民的原信译文。

罗斯福总统写道:

> 余兹代表美利坚合众国人民,敬致此卷轴于重庆市民,以表示吾人对贵市勇毅的男女老幼人民之赞颂。贵市人民迭次在猛烈空中轰炸之下,坚毅镇定,屹立不挠。此种光荣之态度,足证坚强拥护自由的人民之精神,绝非暴力主义所能损害于毫末。君等拥护自由之忠诚,将使后代人民衷心感谢而永垂不朽也!

1950 年 10 月 1 日,"抗战胜利纪功碑"改建为"人民解放纪念碑",简称解放碑。

我小时候,重庆人都以周末"逛解放碑"为乐事。隔一段时间,妈妈就会带我去逛,除了三八商店,还有新华书店、和平电影院、群林市场……抗战时期著名的"心心咖啡馆"也在这一带，当时称为"心心西餐厅"，妈妈也带我去过一次。心心西餐厅的环境十分安静，桌上铺着洁白的桌布，浆洗得笔挺。服务员先给菜单，然后递上白布巾包好的刀、叉、勺，整个氛围与当时一般的国营餐厅很不同。那份情调与享受，至今记忆犹新。

据老重庆人说，心心咖啡馆的老板田常松、田常柏兄弟曾在美军招待所当过招待领班，练出一手煮咖啡的技艺，也学了几句英语。1937年国民政府西迁重庆，大量下江人（指长江中下游地区的人）涌入，外国人也来了不少。田氏兄弟遂在会仙桥（现解放碑会仙楼对面）开了心心咖啡馆，不仅卖咖啡，还有牛奶、红茶、可可、奶茶、柠檬茶、广柑汁、柠檬汁、冰淇淋、火腿、布丁、黄油奶油蛋糕、面包吐司等。店内一式铺亚麻台布的小圆桌。戴西式小花帽的女招待能用国语和英语招呼客人。戴白手套的咖啡师擅长用虹吸式冲煮法冲调咖啡，然后加入鲜牛奶和进口方糖，异香扑鼻。招牌菜有黄油鸡卷、火腿沙拉、鲜烩大虾、双色牛排、奶汁烤鳜鱼、罐焖牛肉、炸猪排等。来自巴西的咖啡豆用机器磨碎，定量现煮。酥脆的三明治，意大利风味的比萨，色泽浓郁的罗宋汤，水果沙拉，双色牛排，甜点，都出自外籍厨师之手。

当年来心心咖啡馆喝咖啡、吃西餐的，有商人、文人、知识分子、白领职员、达官贵人、盟军官兵、各国友人。常客中，有孔二小姐，也有飞虎队队员和报社记者。据一些老重庆人的说法，孔二小姐女生男相，喜着男装（有时西装革履，有时草绿色军服，有时软绸大褂），性格霸气豪放，对朋友也够义气，但脾气却是很坏，很任性，喜怒无常。于无名（于右任之女）、宋晋元（宋希濂之女）等一群国府高层千金都崇拜她，都学她剪男头、着男装、开吉普车、骑马射箭、开枪射击、手牵外国名种狗。心心咖啡馆正是她们不时小聚之地。当时的重庆市警察局长徐中齐曾与孔二小姐在心心咖啡馆不期而遇，因邻座借火点烟发生矛盾，竟然被孔二小姐打了徐中齐一个耳光。得知孔二小姐真实身份后，这位局长大人也只能敢怒不敢言。这件事传开后，心心咖啡馆就名闻重庆了。

小说《红岩》和据之改编的电影《烈火中的永生》，也曾以心心咖啡馆为背景，描写了重庆地下党的许云峰与甫志高在此秘密接头的一幕。

当年的重庆，的确是风云际会，精彩纷呈，有如电影大戏。

三民主义的三"民"路，辛亥先烈的邹容路

小时候，对解放碑一带的道路印象最深的，是民族路、民权路、民生路、邹容路。

土生土长的老重庆们，提起这几条名字特别的马路时，会一边摇着重庆夏天流行的大蒲扇，一边娓娓道来，颇有些"白头宫女在，闲坐说玄宗"的味道。

据老重庆们说，这几条路都是抗战时才有的。民族、民权、民生，就是孙中山的三民主义。邹容路是纪念邹容，他是孙中山封的大将军，是我们重庆人。

抗战时期，国民政府内迁重庆。当时主政重庆的刘湘为表欢迎，特地将重庆城内的街道进行了一次大整合，从小什字到七星岗的多条街，如米亭子、杂粮市、武库街、售珠街、劝工局街等，被合并为三条大马路，更名为民族路、民权路、民生路。

民生路旧时曾被称为"文化一条街"，有许多报社、书局、书店。共产党在国统区公开发行的《新华日报》的营业部也在民生路上。记得那是一栋三楼一底的砖木结构建筑，外型为黑灰色，楼外有繁体的"新华日报"四个大字，是以书法见长的国民党元老于右任所书。电影《报童》的一些场景就是在这栋楼拍的。包括扮演周恩来的特型演员王铁成在内的《报童》摄制组，除了这里，还专门到魁星楼、临江门等地取景四十年代的重庆。

邹容路则是因重庆籍的革命先烈邹容而得名。1939年，

"五三五四大轰炸"中聚集了亨达利钟表行、利安公司、冠生园等名店的繁华商业街（山王庙、苍坪街、天官街、柴家巷、夫子池）被日机炸成一片废墟，后重建合并为一条大马路，取名"新生路"。1944年，重庆市党政联席会议将原夫子池洪家院子至苍坪街邹家祠堂的路段改名为"邹容路"。

当时重庆的新街名称，有因日机大轰炸而来的五四路、新生路，也有预祝抗战胜利的凯旋路；有反映三民主义信仰的民族路、民权路、民生路，也有体现国民政府宣传的新生活运动的大同路、建国路、中兴路。以人名命名的，除了邹容路，还有中山路、林森路、中正路、岳军路。

有"革命军中马前卒"美誉的《革命军》作者邹容，是我们重庆人的骄傲。

邹家祖籍湖北麻城，到邹容祖父那一代才迁居到四川巴县（今重庆渝中区）。邹容的父亲邹子璠经营棉纱、棉布、杂货生意，开有"利川升""同镒园"等商号，积累了万贯家财，还购地建造了邹家祠堂，就在今日的五一路的五一电影院对面。

邹容出生于夫子池的洪家院子，在12个兄弟姊妹中排行第二，本名邹绍陶（"绍陶"之名，取自《诗经·国风·王风》之"君子阳阳，君子陶陶"），自幼好读书，十一岁时就能对《史记》《九经》《汉书》倒背如流。

邹子璠希望儿子能考取功名，光宗耀祖，但邹绍陶却对功名看得很淡，爱读英雄人物传记，喜好金石篆刻。"望子成龙"的父亲，见他不务"正业"，很是冒火，常常用竹篾片打他，有时甚至打到出血。性格倔强的邹绍陶却不改对篆刻的喜爱，在留日期间还曾用一块白寿山石刻过一枚印章"英雄心胆依然在"赠友。这枚印章现存重庆博物馆。

12岁那年，邹绍陶和大哥邹绍阳一起参加巴县的童子试。因试题生僻，考生多数无从下笔。邹绍陶质问考官，考官不但不解释，还命人打他的手板。他于是愤然离场罢考，事后虽被父亲责打，仍坚持己见，说"臭八股儿不愿学，满场儿不愿入。衰世功名，得之又有何用？"父亲为他找了一个华阳县的吕老师，让他专心修读"之乎者也"。邹绍陶经常"薄尧舜，非周礼"，将吕老师吓得不敢再教。随后，他被父亲送入重庆经学书院。在这里，他依然坚持自己的观念，抨击儒家的传统经学。书院自然也很恼火，将他开除了。

在那个时代，邹绍陶这样的言论和行为，堪称惊世骇俗。他的大哥就比较温顺，听从父命，多次参加科考，最后考取拔贡，成为候补知县。

1902年，邹绍陶以优异成绩考取公费留学名额。包括他在内的一些青年才俊，被负责监督重庆公派留学生的重庆知府李立元带赴成都，谒见四川总督奎俊，受到奎俊的勉励。然而，在正式录取前的调查中，其叛逆言行被上报，被下了"聪颖而不端谨"的断语，取消了公费留日资格。这对于一心想到东京留学的邹绍陶来说是一个很大的打击。在他的再三要求下，父亲同意让他自费留日。

在日本，邹绍陶改名"邹容"，意思是容颜改变，从此脱胎换骨。

1902年，他在日本写成《革命军》一书，共七章，两万余字，以"革命军中马前卒"署名。在书中，他首次明确提出建立"中华共和国"的革命理想。书由章太炎作序，在上海的革命刊物《苏报》首先刊登。同年，《革命军》由柳亚子等筹集印刷经费，交由大同书局出版。该书一面世即引起轰动，先后在上海、香港及新加坡、日本、美国等地翻印 29 版，发行 100 万册以上，位列清末革命书刊销量的第一位，风行海内外。

《革命军》出版后，许多热血青年竞相传抄。当时在日本振武学校上学的蒋介石，"晨夕览诵，寝则怀抱，梦寐间如与晤言，相将提戈逐杀鞑虏"。当时在上海梅溪小学念书的胡适后来回忆说，"有一天，王言君借来了一本邹容的《革命军》，我们几个人传观，都很受感动。借来的书是要还人的，所以我们到了晚上，等舍监查夜过去之后，偷偷起来点着蜡烛，轮流抄了一本《革命军》。"

"革命先行者"孙中山对《革命军》也很推崇。1903 年，他亲自携带《革命军》到檀香山宣传，和保皇派辩论。次年，他在旧金山刊印《革命军》1.1 万余册。1906 年，他多次写信要求南洋华侨加快翻印《革命军》以宣传鼓动革命，称《革命军》"为排满最激烈之言论"，"华侨极为欢迎，其开导华侨风气，为力甚大。"鲁迅也说，"倘说影响，则别的千言万语，大概都抵不过浅近直截的革命军马前卒邹容所作的《革命军》。"

《革命军》的广泛传播让清政府大为恼火，向上海英租界当局施加压力。《苏报》被查封，报社的相关人员被捕，包括为《革命军》作序的章太炎。本可脱身的邹容听到消息后自行到英租界巡捕房投案。入狱后，邹容和章太炎关在一个牢房。章太炎问他为何不逃。邹容说，你为我而坐牢，我哪有逍遥在外之理呢？生死也要和你在一起。足见侠义。

1905 年 4 月 3 日，邹容病逝于上海提篮桥监狱，年仅二十。

辛亥革命胜利后，孙中山任中华民国临时大总统。他追赠邹容为"陆军大将军"，并赞"惟蜀有才，奇俊瑰落，自邹（容）至彭（家珍），一仆百作，宣力民国，厥功尤多"。

邹容故后，葬于上海华泾乡。以他为荣的上海，还建了邹容

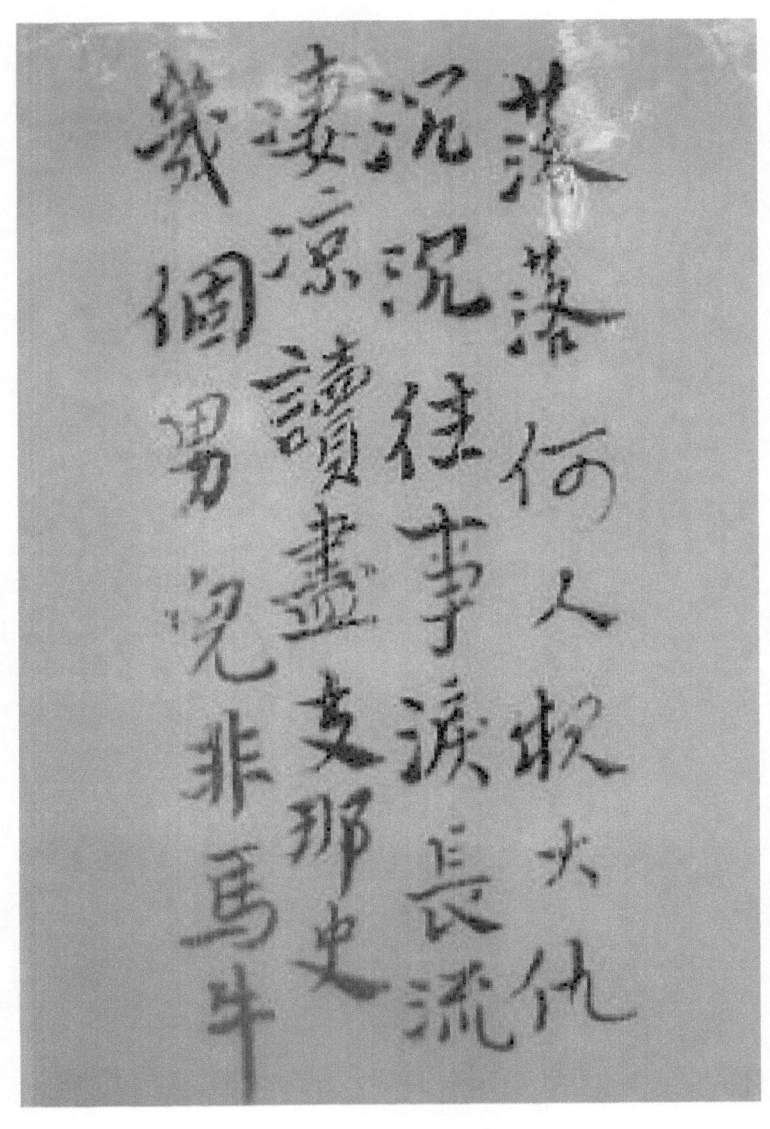

蒌落何人斟大仇
沉沉往事喚長流
凄凉讀盡支那史
幾個男兒非馬牛

2011 年巡回北美的辛亥百年历史图片展展出的邹容手书

纪念馆。他的故乡重庆，则在邹容路之外，还建有邹容广场、邹容公园、邹容烈士纪念碑。

2011 年夏天，我在多伦多参观了巡回北美的辛亥革命百年历史图片展。这其中，就有邹容这位重庆乡贤的亲笔手书：

> 落落何人报大仇？沉沉往事泪长流。凄凉读尽支那史，几个男儿非马牛。

字如其人，令人动容。辛亥那一代人，是怎样的壮怀激烈？

歌乐山，渣滓洞，白公馆，《红岩》

读过小说《红岩》的人，都知道歌乐山。

歌乐山位于重庆西郊的沙坪坝，传说因"大禹会诸侯于涂山（重庆南岸），召众宾歌乐于此"而得名。另一种传说则是因此山林壑幽美、松柏苍翠、翠霭如烟，遇风雨则万籁齐鸣，古人遂称之为歌乐山。

"半山烟云半山松"的歌乐山，历来是巴渝的游览胜地，山上的"灵音寺"更是古巴渝十二景之一。到了抗战时期，歌乐山因蒋介石在山上的林园官邸而享誉中外。重庆谈判期间，毛泽东曾在林园住过，与蒋介石留下了一张具有历史意义的合影。

小时候，每年的11月27日，都是在歌乐山度过的——这一天，是重庆解放前夕的"11.27大屠杀"纪念日。全重庆的大、中、小学生，都会在这一天专门去歌乐山麓的烈士墓扫墓，然后瞻仰渣滓洞、白公馆的烈士遗迹，接受革命传统教育。

当年，这是我们小学生每年两次的外出活动之一（另一次是春游），所以也是一年之中我们最盼望的日子之一。

第一次扫墓时，我还不到六岁，在远大织布厂子弟小学读一年级。

那一天，所有的老师都穿着黑色、深蓝色或灰色卡其布的衣服，胸佩一朵白色的小纸花，个个神色肃穆。我们每个学生也都分到一朵白纸折叠的小纸花，都是老师们提前几天做好的。已加入了"少先队"（中国少年儿童先锋队）的高年级同学，在纸花之外还戴着红领巾。老师平时总爱说，"红领巾是烈士的鲜血染成的！"

"烈士墓"是重庆人当时的叫法（现在称为"歌乐山革命纪念馆"），也包括烈士墓园和烈士纪念碑，是 1955 年在原中美合作所特警班大礼堂遗址上修建的。白公馆、渣滓洞这两座监狱则于 1963 年恢复原貌，同时还建了"中美合作所美蒋罪行展览馆"。

当年，这几个地方我们都要一一参观，一边缅怀革命先烈，一边热血燃烧，往往还会在美蒋罪行展览馆自费购买一些相关的宣传材料。回校后，还须写一篇命题作文，记述这一天的感想。

扫墓通常是先到烈士纪念碑。纪念碑就在烈士墓园的前方，台上堆满了来扫墓的各校师生敬献的白色花圈，台下人山人海。因纪念碑前的空间有限，一般都以校为单位，排好队，轮流上前。排在队伍最前面的总是西南政法学院的大哥哥大姐姐。该校就在沙坪坝，所以他们总是最早到达，又总是按班而不是按系或年级宣誓，害我们每次都要等很久。

轮到我们时，是先向烈士们低头默哀，然后集体宣誓。誓词都是跟着本校那位担任"少先队大队辅导员"的老师一起铿锵有力地念出的。至今都记得结句："我宣誓，继承革命先辈的遗志，为共产主义事业奋斗终身！"那一刻，真是充满了神圣的感觉。

扫完墓，就去渣滓洞和白公馆。

渣滓洞的气氛比较阴森压抑。这里本来是一个小煤窑，渣多煤少，故名"渣滓洞"，后被军统看中（因此地三面是山，一面是沟，位置隐蔽，适合关押政治犯），遂强行购买，将煤窑改建成了监狱。

位于山坳中的渣滓洞监狱，占地并不大，分内外两个院子。

外院主要是监狱的办公室和刑讯室。刑讯室里陈列着老虎凳、竹签、烙铁等刑具。竹签很细，很小。江姐（江竹筠）当年就是被这种竹签钉的指甲。她的名言"竹签子是竹子做的，共产党员的意志是钢铁！"当年是我们每个小学生都能背诵的。

内院就是监牢，一排两层的黑砖房，楼上楼下共有十几间牢房，用来关押男囚。楼梯是木头的，走起来会吱吱嘎嘎地响。女牢是两间平房，江姐当年就关在其中一间。院子里有一小块空地，是当年"放风"的地方。四面的院墙都拉着铁丝网，山坡上也设了岗亭。

小时候的印象就是如此。根据网上可见的一些游记，现在渣滓洞的内院墙上展示了当年狱方刷的一些标语，"青春一去不复返，仔细想想，认明此时与此地，切莫执迷""迷津无边，回头是岸""宁静忍耐，毋怨毋忧"。现在一般也认为，当年的"中美合作所"是为中美联合对日作战而设，其实与渣滓洞、白公馆这两所关押政治犯的集中营无关。

白公馆离渣滓洞大约两公里，位于半山腰上。

当年，我们参观完渣滓洞后通常已是中午，步行到白公馆后，会在离它几步路的一处有石砌桌椅的空地吃午餐（自带的面包或蛋糕）。

餐后沿着石阶走下几步，就是一个别致的淡黄色大门，门楣上是白底黑字的四个字"香山别墅"。大门两侧的石柱上，刻着一幅对联，"洛社风光闲适处，巴江云树望中收"。一进门，就是一个小小的庭院，主体建筑是一幢砖木结构的灰黑色两层楼房。

从外表看，白公馆完全没有渣滓洞那种监狱的阴森感，像一所山中别墅。

事实上，它本来也是川军将领白驹的别墅。

白驹是四川广安人，曾任国民革命军第20军第一师师长，是杨森的得力干将。重庆曾一度是杨森的地盘，白驹便在重庆的歌乐山麓修建了这所别墅。他自诩是香山居士白居易之后，遂取名"香山别墅"，人称"白公馆"。

据当地人说，白驹本人并没有来住过，只是他的家属（小妾）住。这里还曾被土匪抢过一次。

1939 年，军统局看中了这个房子，花 30 两黄金买下，改为特别看守所，用来关押比较重要的的政治犯。

白公馆变成监狱之后，一楼和二楼的十几个房间都改为牢房。原来储存食物的地下室则改为地牢。原来的防空洞则改为刑讯室，有手铐、脚镣，以及严刑拷打的木桩等。抗日将领黄显声、同济大学校长周均时、廖仲恺之子廖承志、杨虎城秘书宋绮云夫妇及幼子"小萝卜头"，都曾被囚于此。

抗战时期，白公馆曾改为中美合作所的美军第三招待所。

1947 年，又改回为看守所。《红岩》的第一作者罗广斌，当年就关押于此。

罗广斌是重庆忠县人，出生于一个富裕的封建地主家庭，父亲是一位举人，同父异母的长兄罗广文为国军中将，曾任 18 军军长和 15 兵团司令。

同年，罗广文的 15 兵团残部曾路过西充县。我的三伯父何君惠就被他们抓了壮丁。还好，三伯没几天就和同村被抓的几个小伙子一起爬树逃了回来。

罗广斌在西南学院读书时由江姐（江竹筠）介绍入党，因叛徒出卖而被捕。"11.27 大屠杀"之夜，罗广斌和刘德彬等几位难友冒着机枪扫射逃脱，幸存了下来。

重庆解放后，罗广彬、刘德彬和曾在渣滓洞坐牢的进步学生杨益言，在中共重庆市委安排下，以他们的狱中回忆录《在烈火中永生》为基础，创作了长篇小说《红岩》。

《红岩》于 1961 年由中国青年出版社正式出版后，深受读者喜爱，多次重印，发行量在 1000 万册以上，影响了几代人。

在很长一段时间内，《红岩》作者的署名只有罗广彬、杨益言，后来才加上了"刘德彬"。

刘德彬曾是江姐的丈夫彭咏梧的直接下级，与江姐很熟悉，写了"江姐""云雾山""狱中春节 狂欢"等章节。不幸的是，他在"反右"运动中被下放到长寿县农场劳动，因而不能在《红岩》署名。刘德彬最后含怨而终。

罗广斌也在"文革"期间（1967 年）被红卫兵宣布为"叛徒"，关入牛棚后五天即跳楼自杀，年仅 43 岁。

因此，当年给我们做报告的只剩下杨益言。当时已五十多岁的杨益言，依然能清晰流利地对我们背出《红岩》的大段内容，可见这本书在他心目中的分量。

据重庆流传的说法，杨益言的五个女儿中，有一个后来定居美国。他曾申请前去探亲，被美国领事馆拒签，理由是《红岩》丑化了美国人。隔了几年，他换了一个过去的旧名字再次申请签证，仍因同样的理由被拒签。

虽然难免有时代的烙印，《红岩》仍然是一部精彩的小说，文字流畅，情节曲折，应该是一部可以传世的红色经典。

沙坪坝的重庆大学，松林坡上的国立中央大学

我小时候，在重庆大学读书的堂哥何宇明，每逢周日就会来我们家。

何宇明是我二伯父何君锡的小儿子，所以我和弟弟一直叫他"小哥哥"。我们的父亲，则是小哥哥的"幺爸"（即"小叔"）。看过巴金《家》《春》《秋》的读者大概都知道，高觉新、高觉民就称他们的三叔为"三爸"。这种比"叔叔"更为亲近的称呼，也是中国传统中叔伯对侄子有半父之责的反映。从小受乡村传统影响的我父亲相当疼爱他这个侄子，我们堂兄妹之间的感情也和亲兄妹差不多。

在我童年的记忆中，小哥哥又高又健壮，经常穿一件深红色运动衫，外罩一件深蓝色卡其布外套，胸前佩戴着一枚"重庆大学"的校徽，走在路上的时候，周围的人都会报以羡慕的眼光——那个年代的大学生，号称"天之骄子"，是真正的万里挑一。

小哥哥是 1980 年考入位于沙坪坝的重庆大学的。

沙坪坝自抗战以来就是重庆的文化区，名校云集。我小时候，重庆最好的几所大学、中学——重庆大学，西南政法学院（后来改名为西南政法大学），第三军医大学，四川外语学院，一中，三中（南开中学），八中，都在沙坪坝。其中，"重大"（重庆大学的简称）被视为重庆的最高学府，也是全国重点大学。

据重庆人传说，重大是民国时期有"四川王"之称的军阀刘湘用"猪肉捐"创办的。

1928 年，成都大学在成都创办后，一批川东籍的教师返回重庆，联同本地工商界名人朱叔痴、汪云松、温少鹤、李奎安等人，成立了"重庆大学促进会"，向当时驻节重庆的 21 军军长兼四川善后督办刘湘要求筹办重庆大学，得到了刘湘的大力支持。当时四川还处于内战中，经费难筹，刘湘于是决定征收"猪肉捐"，即每头猪在猪肉税之外再征附加税一毛钱，一年就有十五万元，足以应付筹建所需的三万元和每年运行所需的四万元。

重大最初的校舍也是刘湘提供的。当时准备秋季开学，时间紧迫，于是暂借菜园坝杨家花园的 21 军骑兵驻地为校址。骑兵迁出后，杨家花园进行了整修。重庆大学于 1929 年 10 月在此正式成立。刘湘被重庆大学筹委会常务委员会推选为首任校长。

当年的《重庆大学成立宣言》，体现出重庆父老对桑梓建设、教育兴国的殷切期望。

> 重庆外受江汉委输，内作川康绾毂，北通关陕，南达黔中，商货殷阗，华洋萃集。又两江滨带，蒸汽易施，大小工厂，岁月兴立……如于重庆大学设置工商两科，数年之后，阛阓必多通才，制作必臻美利……抑有进者，人类之文野，国家之理乱，悉以人才为其主要之因。必人才日出，然后事业日新，然后生机永畅。世界所以进化无疆，国家所以长存不敝，胥赖于此……

1933 年，重庆大学从菜园坝迁到沙坪坝。1935 年被定为四川省立大学。1942 年升为国立大学。

1952 年，在高校院系调整中，重庆大学的文、理、商、法、医学院和工学院的土建、化工等系被调走，并入了其他高校的部分工科专业，成为一所以机械、电气、动力、采矿、冶金等专业为主的工科大学。

小哥哥读的是冶金专业。他回忆说，1980年9月入校时，全校教师大约是四千余人，学生也是四千余人，分为77、78、79、80四个年级。77、78两个年级的同学年龄大得多，都当过"知青"，在特殊年代失学、下乡，1977年恢复高考后才得以改变命运，自然加倍珍惜，学习要勤奋得多。小哥哥所在的80级则号称"八十年代的新一辈"，算是赶上改革开放大潮的幸运一代。

这一时期的中国大学，充满了理想主义的氛围。学习知识，是那个年代的主流。"团结起来，振兴中华""学好数理化，走遍天下都不怕"的口号，响彻校园。绝大多数同学都一心学习基础知识和专业知识，以报效祖国。

小哥哥回忆说，他们那时每天早上六点半就起床。很多同学都在校园内晨跑，晚上也有一些人锻炼。晚餐后，大多数同学都去教室上晚自习。周末自习的人也很多。也有一些同学谈恋爱，成双成对，林中漫步，小径悠游，也是校园里的一道风景。

当时的大学生，享有特别的优待。即使是家境贫穷的同学，也没有读不起书的问题。小哥哥记得，当年的人均伙食费每月8～9元，而当时的一般家庭月收入50～60元（人均20～30元），所以绝大多数同学都可享受伙食补助（每月15元/人）和其他补助（3～5元/人）。家里几乎无法提供现金的同学还能得到书本费（10元/人）。学习的画图板、丁字尺、绘图笔，实习的劳保服、安全帽、鞋，都可以向学校借用。夏天的蚊帐，冬天的棉衣，有需要的同学也可从学校获得资助。为提高学习积极性，补助后来逐步取消，改为奖学金。成绩好的同学有单科奖，三好学生、优秀学生干部也都有奖励。

在小哥哥的印象里，当时的社会风气虽然比之前的三十年开放了很多，还是无法与后来相比。邓丽君的歌在当时仍然被称为"靡靡之音"，只有少数同学听。校园内还是以青蓝两色为主色，女生基本没有穿花裙子的。对外的了解也还是很有限，主要来源就是学校图书馆和新华书店的图书、杂志以及中央和地方的报纸、广播、电视。当时的学生宿舍是四层楼的房子，一间宿舍有四张上下床，可住八人。部分宿舍只有五到七人。同宿舍的一般都是同班，有时也有其他班的。后来，新的学生宿舍、教学楼、实验楼陆续修建，新招的学生也基本是应届高中毕业生，就更具朝气和现代意识了。

我小时候也多次去过沙坪坝。记得，临近重大的沙坪公园，原是旧重庆的工商界名人杨若愚的私家别墅，林木茂盛，绿草如茵，还有一个湖。沙坪饭店的砂锅豆腐和蘑菇肉片味道鲜美。记得，沙坪坝的大学生已有不少穿喇叭裤的，在当时是很新潮时髦的服饰。

当年的大学生都是不愁工作的，毕业后都由国家统一分配。小哥哥于1984年毕业，被分配到重庆钢铁公司（简称"重钢"）。重钢是重庆最大的国有工业企业，前身是近代史上著名的汉阳铁厂。

后来成为重钢的技术骨干、高级工程师的小哥哥，而今依然记得，当年毕业前学校举办的文艺演出是在松林坡礼堂进行的。那是一座黄色外墙的矩形建筑，小青瓦屋面，红色雕花门窗，配以拱门、阳台，中西合璧，素朴大方。

小哥哥口中的"松林坡礼堂"，就是当年国立中央大学的"七七抗战大礼堂"。

简称"中大"的中央大学，是当时中国的最高学府，前身是号称"中国科学大本营"的南京高等师范学校。很巧的是，抗战时也在重庆的我大外公唐现之，就是该校校友。

1937 年 7 月，抗日战争全面爆发。中大师生在罗家伦校长的率领下，冒着敌人的炮火，携带全部图书设备溯江而上，内迁重庆，连农学院从国外引进的良种牲畜也由三个员工千辛万苦地游牧到渝，是为抗战史中的"动物西迁""鸡犬不留"。

远道而来的中央大学，在重庆大学无偿提供的校内一片滨临嘉陵江的松林坡上安顿了下来。在重庆各界的帮助下，中央大学只用了 42 天的时间就盖好了被罗家伦校长称为"在建筑史上创了记录"的"国难校舍"。

当年这片约有二百亩的松林坡，被中大平整成一块块小面积的阶梯型平地，有空隙的地方都见缝插针地盖了简陋的房子，以竹筋为墙，内外敷以灰泥，聊避风雨而已。学生宿舍都是木板房，有窗而无玻璃，四面透风，冬冷夏热，八个人挤住一间。学生最初都打地铺，下面铺上木板、稻草，上面再铺上席子、被褥，铺位紧挨铺位，私人物品只好吊挂着。后来改为上下铺，配四张长方木桌，每桌可供两人对坐自修。室内灯光微弱，且经常停电。夏日还有蚊子臭虫叮咬，影响睡眠。

在这样的艰苦条件下，中大的办学规模反比战前扩大了。学生大都来自东南沿海和其他沦陷区，基本都和家里失去了联系，靠政府提供的公费艰难维持，伙食也由公家供给，其他费用一概免除。许多学生都只有一两套衣服。男生多穿褪色的中山装或发白的长衫，女生则是打了好多补丁的旗袍。平时吃的是掺有砂子、细石子、稗子、稻子且又发霉的糙米饭，同学们戏称为"八宝饭"。

蒋介石于 1943 至 1944 年担任中央大学校长期间，曾专门去学生食堂吃过一次"八宝饭"。当时已经 57 岁的蒋介石，和学生一样排队去大饭桶盛饭，还连吃三碗。饭后，他指示随行官员说，米质太差，菜里的肉太少，学生正处于长身体、长知识的阶段，不能亏了他们。之后，伙食有所改善。

当年的中大和重大，可谓守望相助、亲如一家。重大的校舍在当时的沙坪坝是最好的，校园整洁，有非常好的教学楼、图书馆、体育场馆、实验室等。中大则因校舍不足，经常需要借用其教室、图书馆。两校学生可交叉听课，师资互聘，学分互认，资源共享，也经常一起参加当时沙坪坝的一些重要活动。至今矗立在重大校园内的理学院大楼——一座有中国古典风格的青瓦红梁、翘角飞檐、重檐歇山式建筑，就见证了抗战时重庆有名的沙磁文化区的成立大会（1938年2月）和曾通过《声讨汪逆兆铭案》的国民参政会议第一届第四次大会（1939年9月）。

1938年，中大在松林坡麓修建了一座砖木结构的大礼堂，也是当时松林坡的唯一一座像点样的建筑，命名为"七七抗战大礼堂"，以纪念"七七事变"。

大礼堂落成后，即成为抗战之都的一个重要宣传阵地。1938年12月，周恩来刚抵达重庆不久就应邀来此演讲。当时日寇已占领上海、南京、武汉、广州，大片国土沦陷，很多人对抗战前途感到担忧。周恩来阐述了持久战的方针，驳斥了"亡国论""速胜论"，认为抗战必将取得最后胜利。在台下聆听的两校师生报以如雷掌声。黄炎培、陶行知、邹韬奋、马寅初、郭沫若、老舍、曹禺、冯玉祥、孙科、朱家骅、张伯苓等人，也曾来到这个礼堂为两校师生演讲。

抗战时期，日本飞机对重庆施行了长达六年的战略轰炸。1939年5月，日机在中央大学松林坡校区投下多枚炸弹，炸毁了学生食堂及其他建筑。1940年8月，27架日机袭击沙坪坝，松林坡中弹30余枚，七七抗战大礼堂却奇迹般地幸存了下来。

至今矗立在重庆大学的松林坡上的"七七抗战大礼堂"

重庆大学工学院是一座条石砌筑、仿西方古典风格的建筑，在小哥哥读书时是上英语课的地方，也曾在 1939 年 9 月、1940 年 5 月和 7 月的轰炸中三次遭破坏，师生死伤二百五十余人。新旧材质的契合线上，至今仍留有当年血与火的清晰灼痕。

1946 年，中大迁回南京，将松林坡的校舍全部无偿地移交给了被他们称为"没齿难忘"的友校重大。二十 世纪五十年代，这些校舍已很破旧，重大便将其拆掉，在原地修建了一些青砖红瓦的小洋房，作为当时的苏联专家的住宅。

七七抗战大礼堂则一直保留至今。

至今矗立在松林坡上的这座建筑，铭记着中国教育史上令人动容的一页——作为当年中国最高学府的国立中央大学在日寇铁蹄肆虐下"鸡犬不留"的毅然西迁，在这片嘉陵江边的松林坡上的筚路蓝缕、弦歌不辍……

川军名将王瓒绪创办的巴蜀中学

小学的最后一年，我转入当时重庆最好的小学——人和街小学就读。弟弟也同时转入该校的三年级。

人和街小学是当时重庆唯一的一所省重点小学，校舍和设备在当时都算是一流的。一进校门，就是一条夹竹桃花香弥漫的行人道。道旁是一个大操场，操场的围墙边还有几个高高的秋千架。主席台后面是一幢五层的教学楼，在当时显得很新、很气派。

这样的学校，自然是非常难进的。和我一样，很多同学都是五年级开学前通过考试才转学进来的。我被分到实力最强的五·二班。班主任罗老师是一位五十多岁的老太太，教数学，是重庆市的特级教师。教语文的周老师和她年纪相仿，之前一直是这个班的班主任，所以很多同学都比较怕她。

那个年代人人都需要定期填表，所以我们这些学生的家庭成分、父母职位，老师都一清二楚，同学彼此也都知道。我们班很有一些高干子弟，老师对他们一般都比较客气。同学都说，周老师最喜欢我们的班长，因为她父亲是市委秘书长。还有位同学，其祖父是市教育局局长，是一位资格很老的老革命，奶奶则"被国民党反动派烧死了"。

从偏远的远大织布厂职工子弟小学转来的我，开始是明显不受两位老师待见的，日子很不好过。直到期末考试结束，我以语文 97 分和数学 100 分夺得语文、数学和总成绩三个全班第一，两位老师的态度就明显不同了。大概也因为，她们发现我父亲这个市政府的普通秘书也认识市委的秘书长（开家长会时，秘书长看到我父亲，亲切地叫"小何"，第二天班长也笑眯眯地叫我"小何"），而我母亲也是一位副处级的技术型干部。有一次交作业，班主任就说，"你妈妈是市色织布工业公司副经理，能否帮买些布料？"然后，妈妈就帮她买了一卷玫瑰红的灯芯绒，由我从家一直抱到学校……

回想起来，小学时的这两位老师，为人行事虽然不如我后来遇到的几位好老师，对教学还是很认真很负责的。比如，如果我们的语文课文上没有周老师要求的、由家长签名的"已读两遍"，放学后就必须跟着她回家，在她家读完课文才能走。兼任少先队大队辅导员的政治老师是一位刚毕业的年轻男老师，也很敬业，特地组织我们去看当时很轰动的一部儿童电影《闪光的彩球》。

我们的社会活动也比较丰富。记得当时正在重庆拍摄的电视剧《徐悲鸿》需要一位小演员扮演徐悲鸿的女儿丽丽，剧组于是来我校进行遴选，选中了一位低年级同学。来自上海的文艺评论家、歌唱家金钟鸣也应邀来给我们作报告。金钟鸣讲一口标准的普通话，对重庆很有感情，他说自己少时被老师贺绿汀录取进陶行知先生办的育才学校音乐组，"金钟鸣"的名字就是陶先生取的——因他本姓金，唱歌时嗓音洪亮如金钟鸣。报告结束时，他唱了歌，果然洪亮，一如其名。

育才学校就是重庆的 20 中。当时重庆最好的几所中学被概括为"1、3、8、20、41"（一中、三中、八中、二十中、四十一中）。综合实力最强的是前三所，41 中则是文科突出。

小学毕业考结束后，1 中、3 中、8 中给了我校八个保送名额。按惯例，一般是保送毕业考成绩最好的八个学生。班主任罗老师和语文周老师为此一起来到我家，态度非常客气，说我年纪小（全班最小，当时不到 11 岁），如果去沙坪坝住校（一中、三中、八中都在沙坪坝），也令人不放心，比较适合就在附近、可以走读的 41 中。我天性善良的父母哪里想得到这后面的心机，觉得有道理，就同意了。后来才知，我放弃的这个名额，就是由成绩本来不够保送的我班班长顶了。她去了 3 中，也就是张伯苓先生创办的重庆南开中学。

不过，塞翁失马，焉知非福。在文史氛围浓厚的 41 中度过的一年多，于我而言，可以说是怀念至今，终生受益。

八十年代的校园氛围，火热、求知、奋发、昂扬，在记忆之中永远纯真美好。当年的 41 中校园就弥漫着一种百花齐放、百家争鸣的学术氛围。喜爱文学的师生成立了"春华社"，喜爱历史的师生成立了"春秋社"，各自吟诗赋词，评说古今。学校还不时有各种演讲比赛、辩论比赛、诗歌朗诵比赛，真是少年意气，挥斥方道。当年积极参与的我，曾以一首岳飞的《满江红》，夺得全校诗歌朗诵比赛的第一名。当时，还和两位同好诗词的同学各取"松、梅、竹"为名，号称"岁寒三友"。

我们的班主任蒋祝利老师是一位资深的语文老师，讲课生动，对学生热诚，广受敬爱。由她担任班主任的班级，年年都被评为第一。她很欢迎我们去她位于张家花园的"陋室"问学。去后发现，蒋老师一家四口住在一间大约只有 12 平方米大的旧平房里，虽小而简陋，却雅洁温馨，真是"斯是陋室，惟吾德馨"。

我们的历史老师张官元老师，是我这一生都记得的一位好老师，不但课讲得好，还大力引导我们进行独立的探索与思考。有一次，他要求每个同学就"贞观之治"写一篇文章。我写的那篇，他给了全班唯一的一个 100 分，并指定我担任本班的历史课代表。

张老师曾带我漫步校园，同时谈起41中的创办人王瓒绪。张老师说："我是学历史的，专门考证过校园里的王瓒绪遗迹。看到那栋小楼了吗？那是当年王瓒绪的三姨太住的地方。"那是离学校正门（位于黄花园）不远的一栋二层小洋楼，砖木结构，在当时显得很另类。

王瓒绪的名字，其实在进校第一天就听到了。校长在欢迎新生的大会上介绍说，"我们41中原来叫巴蜀中学，是军阀王瓒绪创办的。我们是一所具有光荣革命传统的学校，江姐的儿子彭云，刘胡兰的妹妹刘桂兰，都是我们的校友……"。

"彭云"的名字，早在小学一年级瞻仰渣滓洞、白公馆时就知道——江姐的遗书专门有一段提到他，"盼教以踏着父母之足迹，以建设新中国为志，为共产主义革命事业奋斗到底……"

据一些老教师回忆，彭云校友个子不高，行事低调，戴一副600度的近视眼镜，成绩好，人品好，在41中读书时一直是班干部，1965年以四川省高考理科状元的身份考入哈尔滨军事工程学院。他后来获得美国马里兰大学的博士学位，在马里兰大学计算机系任终身教授。

王瓒绪则是我父亲的家乡四川西充县的一位名人。他的老家观音乡就在我父亲从西充中学步行回同德乡老家的途中。

父亲的母校——西充中学也是王瓒绪创办的。在这个一年有半年必须吃红薯的贫困县，这所中学一直维持着相当高的教学水平。父亲说，他班上80%的同学都考上了大学。

西充流传着很多关于王瓒绪的传说。

他是个乡情很重的人，部下是清一色的西充人。遇上灾荒年，每到部队开饭时，总有不少人找来，称自己是西充人。王瓒绪就说："是西充人就拿碗添饭"。有时，来的人比较多，碗不够，部下向他报告，他说"没得（没有）碗就用瓢"。西充因而有"拿碗添饭"这句方言。

他是一位儒将，曾中过秀才，一生都喜爱书法、诗词、文物收藏，专门有位文物副官为他收集文物。他与很多文化名人都有交往，如齐白石、梁漱溟、黄宾虹、黄炎培等。当年齐白石入川，大多借住在王瓒绪的成都公馆"治园"。

他平时习武，每天早上练拳，噼噼啪啪周身拍打，所以总是红光满面。他也信佛（自号治园居士），每天晚上都盘腿打坐，加之说话风趣，人送外号"笑和尚"。

他烟酒赌都不沾，自奉亦简，对于办学却是倾家投入。

1929年，他以十万大洋买下重庆嘉陵江南畔的张家花园，历时三年改建为办学用，即后来闻名全国的巴蜀学校。

巴蜀校园的建设也映射出他办学的热心和苦心。

张家花园占地百顷，入口的门却比较矮小，因此特地扩建为立柱型的大门。部分园地及荷花池填埋成操场，又修建了三十三级的宽大石梯及许多新型校舍，并种植花木，形成优美的景观。

第一所校舍取名"湘院"，包括四间教室、教师办公室和学生宿舍，可容纳上百人，供开办幼稚园用。第二所校舍取名"诱诲堂"，意为"循循善诱""诲人不倦"，有十五间教室，可供十二个班级使用。还建了大礼堂、学生活动室、医务室、图书馆、藏书楼、膳堂、厨房、浆洗房、厕所等配套设施，以及大操场、篮球场、网球场、垒球场、小足球场、游泳场、游戏场地和儿童运动场地。

张家花园临街建了八座西式房子，分别取名"菁园""莪园""朴园""械园""可园""宜园""亦园""怡园"。械，朴，取自《诗经·大雅》，意谓用人有方，人才众多。菁，莪，出自《诗经·小雅·菁菁者莪》，喻教育人才。这八座西式房子均为独立院落，出租的所得全部用作巴蜀幼稚园的经费．

他为办学前后投入几十万银元，困难时甚至不惜变卖家产。

他自任巴蜀学校董事长，邀请实业家卢作孚、金融家康心如等人为校董，聘教育家周勖成为校长。巴蜀以"公正、诚朴"为校训，从幼稚园、巴蜀小学扩展到初中、高中，教学仪器、教具、动植物标本、挂图、史地图籍及图书馆的上万册图书都从上海购置，在全川首屈一指。

巴蜀的师资也是一流的。作家叶圣陶曾是巴蜀的国文教员。巴蜀校歌就是他谱写的。

1936 年，已成为当时重庆乃至全国名校的巴蜀，代表中国参加了在伦敦举行的国际教育博览会。

同年，国民政府主席林森为巴蜀学校题写了金字匾额"成绩斐然"。

王瓒绪也是一个有强烈爱国心的人。

卢沟桥事变后，他率 44 军出川抗战。刘湘病逝后，他接任四川省主席。作为抗战的大后方，四川不仅要征兵供粮支援前线，还要接纳来自沦陷区的无数难民，压力很大，矛盾也很多。作为省主席的王瓒绪，将局面理顺后，主动辞职，再度出川，率军在湖北大洪山一带拖住了日寇西进，被誉为"大洪山老王推磨"。

由王瓒绪一手创建的巴蜀学校，也始终以抗日救国为志。

"七七事变"爆发后，学校礼堂挂起写有"国破山河在"五个大字的大幅中国地图，各班级以沦陷于日人之手的省区命名，如辽宁级、吉林级、黑龙江级、绥远级、宁夏级、热河级、哈尔滨级等，以示不忘收复失地。由王缵绪题写"毋忘国耻"的铜质墨盒成为巴蜀学校送给毕业生的毕业纪念品。他收容了大批流亡儿童及抗战军人的子女免费入读巴蜀，还在校内安置了中华职业教育社和中华全国文艺界抗敌协会（后者设在至今还保留着门楣和一段院墙的"械园"内）。由黄炎培领导的中华职业教育社在巴蜀校园组织了数十场演讲。周恩来、宗白华、马寅初、章乃器、老舍、郭沫若、邵力子、邹韬奋、沈钧儒、陈立夫、罗隆基、潘公展、齐燕铭、田汉、翁文灏等都曾来巴蜀作演讲。

抗战时期，巴蜀学校曾三次被日机轰炸。礼堂、教室、宿舍及校园被毁坏，六名校警被炸死。当时身在前线的王瓒绪因而安排学校迁到相对安全的西充，以东门外大佛寺的原西充县立中学为校址。当时，五百多套校具（桌、椅、床）、两万余册图书、两千多件教学用具（钢琴、显微器、动植物标本、实验仪器）等满满地装了 16 艘大木船，经嘉陵江从重庆运到南充，又动员了上千人，硬是靠人力一件一件地搬运到了西充。

1942 年，因局势变化，巴蜀学校迁回重庆张家花园。教学设备则留在西充，称为巴蜀学校西充分校。王瓒绪令其侄女王君素（北京师范大学毕业生）任西充分校校长，积极发展桑梓教育。

中华人民共和国成立后，王缵绪将重庆的巴蜀学校和西充分校都捐献给了国家，即重庆四十一中和西充中学。

他毕生收藏的珍贵文物也全部捐给了川西人民博物馆（今四川博物院）和西南博物院（今重庆三峡博物馆）。

这样的人，不应该被忘记。

人民村（原国府村），曾家岩 50 号，
桂园（重庆谈判旧址）

在重庆的最后一年，我家住在人民大礼堂对面的人民村。

位于学田湾的重庆市人民大礼堂，建于 20 世纪 50 年代，是一座气势雄伟、金碧辉煌的明清宫殿式建筑，外型有些像北京天坛。小时候，我曾随父母在此观看过重庆市各文艺团体演出的元旦晚会，欣赏过芭蕾舞剧《天鹅湖》，那些艺术家们从气质到谈吐都透出一份后来少见的文化底蕴，普通话也很标准。从人民大礼堂出来，斜对面就是一条很高很长的石级，位于市政府大门的东侧，一口气爬上去就是人民村。"人民村"就是抗战时的"国府村"，即当年位于国民政府东侧山坡上的居住区。1950 年，"国府路"改为"人民路"后，"国府村"也改为"人民村"。

我们一家在人和街那间没有厨卫的小屋中住了一年半以后，父亲在江北观音桥分到了一套新房。虽然母亲所在的重庆市色织巾被工业公司就在观音桥，父母考虑到我和弟弟每天上学必须过江、过桥、转车，毅然决定放弃，与人换成了人民村的一套较小的旧房。

当时的人民村屹立着五栋在当时算是比较高的普通住宅楼。住户大都是市政府的工作人员，也有一些工人和市民。我们家在第二栋。一进门就是一个小厅，除了一套简单的圆桌、凳，只摆得下一个放着黑白电视机的五斗柜和一张可坐也可卧的竹编长

椅。从已退还的孙家花园旧居搬来的一对单人沙发，只好摆在和阳台相连的父母卧室里。我和弟弟合住一个方形的小房间，和小厅相连的门上挂了一幅细竹帘，倒是给小厅增加了几分雅意。

我家大门上也挂着母亲缝制的一幅布帘。母亲的手很巧，擅长裁剪，会自己设计服装款式，然后踩着缝纫机制成衣裙。家里那台和"华生"电扇一起买的缝纫机，都是当时意味着质量和信誉保证的"上海制造"，是外公给妈妈的嫁妆。有"火炉"之称的夏日重庆，电扇吹出来的往往也是热风，所以家家户户都开着门，挂着布帘通风。每有路过，电视声、风扇声，都清晰可闻，也是一道独特的夏日风景。

人民村最优越的是地理位置。这一带，正是重庆的政治、历史、文化中心。从我家出门向右，步行三分钟，就是"周公馆"（曾家岩 50 号）。

我的父母在人民村家中（1984）

我小时候，已故的周恩来总理几乎是全国人民的偶像。还在上幼儿园的时候，就听周围的老工人们用敬仰的口气谈起周总理，"周总理是人民的好总理，也是我们中国的美男子"。我父亲当年在上海读书时，曾作为大学生代表之一去火车站迎接周总理，近在咫尺的周总理的风度，给他留下了终生难忘的印象，"就像春风一样的温暖人心"。小学课本里有一篇文章，写到周总理"炯炯有神的目光"。自那以后，所有同学在作文时都喜欢用这句话来形容目光。那时还流行苏叔阳所著的《大地的儿子——周恩来的故事》，文字很感人。

　　有这样的熏陶，搬到人民村后，我自然就常去瞻仰"周公馆"了。这是一座外观朴素、中西合璧的民国式建筑。外墙是青灰色调，深灰色的大门和门柱就嵌在墙中。门内是一个细长的天井。主体建筑是一座砖木结构的三层楼房，出去就是后院，面积不大，但很幽静，建有一排平房。这本是重庆地方人士赵少龙的房产。赵家为躲避日本空袭而迁往乡下，将此宅租给立法委员陈长蘅。1939年初，中共中央南方局在重庆成立，因八路军办事处位于市郊化龙桥，不便开展工作，急需在市区找房子。于是邓颖超以时任国民政府军事委员会政治部副部长的丈夫周恩来的名义，通过陈长蘅租了这里的一楼、三楼和二楼东边的三间屋，对外称"周公馆"。二楼的其余房间，此前已租给国民党人刘瑶章、端木恺和重庆市长贺耀祖夫人倪斐君领导的"战时妇女服务团"。是故，这里是国共合住，共用大门和天井。

　　据史料记载，当年"周公馆"的居住条件很不好。周恩来夫妇的卧室兼办公室只有最基本的家具，一张木床，一张藤躺椅，两张办公桌，一个竹书柜。工作人员的宿舍就更简陋了，床都是两条长凳加一块木板拼成的。有时请客，桌凳碗筷都不够，好在客人都不以为意。周恩来还曾在简陋的厨房里做他的家乡菜"红烧狮子头"招待众人，宾主尽欢。

当年"周公馆"的外部环境也很险恶。军统特务在门外开了一个修鞋铺和一个小茶馆，从早到晚严密监视。军统首脑戴笠的公馆就在"周公馆"右边，不过百米之距。左边则是重庆市警察局六分局曾家岩分驻所，也负有监视之责。而由南方局直接领导的一些从事统战和情报工作的地下党员，有时需要前来汇报请示，也有一些进步人士主动找上门来。"周公馆"的工作人员遂用白油漆在门柱旁刷写了"曾家岩50"几个大字，免得他们问路时被发现甚至被拘捕。后院的地下防空洞可直通嘉陵江边，地下党员经常由此出入。

从1939年2月到1946年5月，周恩来在曾家岩50号度过了惊心动魄的八年岁月。

据附近的老街坊说，"周总理在1955年回来过一次"。当时，他和随行人员步行而来，因门钥匙被市委工作人员拿走了，进不了门，就在左边已改为派出所的原警察所等候。钥匙送到后，他进入旧居，徘徊许久，楼上楼下的十几间房都一一看过，还在原来的卧室兼办公室坐下来拍照留念，直到下午六点多，才恋恋而去。历史风云，前尘往事，在那一刻，一定是尽上心头。所以，沉着老练如周总理，才有这样的感情流露吧？

从"周公馆"出来，再走大约十分钟，就是因重庆谈判而蜚声于世的"桂园"。

桂园的门牌号为德安里107号，本是财政部司长关吉玉的产业，与蒋介石的曾家岩官邸近在咫尺。作为蒋介石亲信的陈诚遂租来作官邸。张治中由湖南省主席调任为国民政府军事委员会委员长侍从室一处主任后，以其地利，与陈诚商量转租。张治中迁入时，在院子里种了两棵桂花树，以其父"桂馨"之名命名为"桂园"。

重庆谈判时期，毛泽东本住红岩村，但地方较偏，道路也崎岖，不利于各界人士来访。曾家岩50号地点虽好，但房舍狭小，也不方便。周恩来于是想到了附近的桂园，向张治中借用。在黄埔军校时便和周恩来情谊甚笃的张治中慨然允诺，立即将房子让出。桂园遂成为毛泽东在市区的工作、休息、会客之地。《双十协定》便是在这里签订的。

毛泽东在重庆期间，曾三度前往桂园附近的"特园"拜访民盟主席张澜。"特园"是曾任刘湘的参谋长、后弃政从商的鲜英的公馆（鲜英字"特生"）。原籍四川西充的鲜英，有"当代孟尝君"之称，仗义疏财，古道热肠。特园因而经常高朋满座，尤以民主人士为多。民盟就是在特园成立的。鲜英早年家境贫寒，学习刻苦，老师张澜对他格外关照。鲜英对这位恩师也知恩图报。因为有这层关系，张澜在重庆期间便住在特园。毛泽东来特园拜访张澜时，便品尝了鲜夫人酿制的具有西充传统风味的枣儿酒，连连称好。

毛泽东还曾在特园附近的"渝园"宴请少年中国学会（简称"少中"）在渝会友，由周恩来做总招待。我的大外公唐现之当时在北碚，也作为会友受邀出席。在南京高等师范学校读书时参加"少中"的他，生前曾回忆说，"少中"最初成立那几年，会友亲如一家，任何一个人每到一处总是先找会友。毛泽东当年在北平入会，南行时受到南京分会的热情接待。二十年沧海桑田后再聚首，二十余名会友仍以南京旧称"毛大哥"呼之，气氛活跃。

桂园旁边就是美国教会创办的求精中学，在我小时候叫"重庆第六中学"。抗战时期，求精中学曾是盟军远东司令部所在地。令人荡气回肠的远征军滇缅印战事，当年便是在这里运筹帷幄的。"一寸山河一寸血，十万青年十万兵"的口号，也是从这里喊出的。

而今回想，对于一生热爱中国近代史的我来说，童年时便生活在这周边的历史氛围中，真是幸事。

曾家岩颖庐，生生花园，
抗战内迁的国立中央研究院

如果要用一个词来形容故乡重庆，我会用"抗战之都"这四个字。

在故乡的最后一年，是我最能体会到老重庆遗留的抗战氛围的一年。

近在咫尺的曾家岩、中山四路、上清寺那些民国风格的黑砖小楼，连同斑驳的石墙，浓荫蔽日的黄桷树，无不透出历史的厚重和沧桑……

这一带，当年不但是中国抗战的中枢和世界反法西斯同盟远东战区的指挥中心，也曾是在艰苦抗战中延续着民族文化血脉的国立中央研究院之所在。

知道这一切，是因为我的外祖父。

至今都记得，九岁那年的暑假，坐在外公家那张老旧的樟木长沙发上，一边读一本现在已经记不起名字的书或杂志，一边念出其中四个让我不明白为何会同时出现的字——"重庆""香港"。

当时正在客厅窗下兼作饭桌和写字桌的一张方桌上凝神修改学生作业的外公，突然抬起了头，语气平静地说，"抗战时，我到过重庆，也曾路过香港。"

当时只道是寻常。

很多年后，我才能意识到，外公当年这短短的一句话，浓缩出一段惊心动魄的历史，一个山河沦丧、国族危亡的时代。

很多年后，当我执笔记录这段历史时，才能体会到，在山河残破里、生离死别间、日机轰炸下，不顾一切地奔向自由国土的祖辈那代学人，是多么伟大，就像当年从南京经桂林、贵阳奔向重庆的齐邦媛女士在《巨流河》中所言，"誓做决不投降的中国人之慷慨激昂……万众一心，一步步攀登跋涉湘桂路、川黔路奔往重庆，绝处求生的盼望……那是一个我引以为荣，真正存在过的，最有骨气的中国！"

这是一段永远值得后人自豪的历史。

这是中华民族真正的力量体现。

1937 年 7 月 7 日，卢沟桥事变爆发，日本全面侵略中国。8 月 13 日，淞沪会战爆发。11 月 19 日，国防最高会议决定迁都重庆。

政府机关，学校、工厂、科研机构，纷纷踏上了西迁之路。

作为国家最高学术机关的国立中央研究院，当然也在西迁之列。

当时，蔡元培院长因年老体衰，在香港养病。总干事朱家骅兼任浙江省主席，难以承担西迁重责。中央研究院各研究所不得不分头上路，在炮火硝烟中各自颠沛流离。总办事处、气象所、动植物所迁到了重庆；天文所、化学所、工程所迁到云南昆明；史语所、社科所迁到四川南溪县李庄；地质所、心理所、物理所迁到广西桂林。

国破山河在，城春草木深。

楚虽三户，亡秦必楚！

当年，科学家们一到达迁驻地，就开始争分夺秒地利用当地资源重建实验室，在抗战烽火中也不减其志、科学救国。

李四光先生主持的地质所和丁西林先生主持的物理所于1937年底到达桂林，在环湖东路合租了一座两层楼房，次年六月搬到乐群路四会街12号蜀园。同年，他们联合成立了桂林科学实验馆，在广西省政府支持下，在桂林南郊的良丰雁山兴建了一栋三层办公大楼，从圈地、打图样、盖房子、添设备到自行设法以汽车引擎发电，齐心协力，苦心经营，1942年已能开展工作。之前设在阳朔的心理所，也于1940年迁至良丰雁山。科学馆遂成为三个所的联合机构。

　　我的外公唐肇华，就是1942年经主持科学馆日常工作的李四光先生亲自考核，被录取为助理员的。次年他被提升为助理研究员。外公的导师，是原中央研究院天文所所长余青松先生，当时任物理实验室主任。

　　西迁的中央研究院各研究所，结合地域特色，发挥自己的专长，在那场全民族的伟大抗战中做出了独特的重要贡献。

　　李四光先生率领地质所在广西钟山找到了稀有的有色金属——铀矿，还配合资源委员会在赣湘粤黔滇桂六省发现了重要的战略物资和工业原料——钨锡矿。丁西林先生率领物理所为工矿企业、各大中学校及医院机关制造各种教学仪器及设备之外，还致力于战时至关重要的无线电通讯、尤其是军用通讯的畅通无阻。在南京创建了紫金山天文台的余青松先生，在昆明期间又创建了凤凰山天文台，继续观测研究。

　　1944年夏，长沙沦陷，桂林震动。在桂林的一些重要机构被迫开始撤退。

　　在良丰雁山的中央研究院地质、物理、心理三所，将重要的图书仪器装箱，在资源委员会锡管处的帮助下装车运到桂林，连同物理所在四会街的仪器工厂的设备，装了两节车皮，在衡阳沦陷的当日驶离桂林。可惜，战乱之中，最后还是损失了大半。

人员也开始疏散。心理所所长唐钺率领一部分人赶赴贵阳，设立科学馆临时办事处。

另一部分人则携同家眷，带着私人行李，随着逃难的人流，各自上路。

当时只有二十八岁的外公，随同李四光、余青松两位先生，前往广西省政府的临时所在地——广西宜山。

从桂林去宜山，必须先到柳州。那时，也只出售桂林到柳州一段的客运车票。

当时的桂林北站，月台从里到外都挤满人。人们见车就上，从车窗爬进去，连厕所都塞满了。车顶上也叠满行李，难民们坐在高高的行李堆上面。车厢里，在平时的座位上面另搭起一层"阁仔"，上下两层都是人和行李。车下面用铁条和木板又搭成一层，也塞满了行李，人则平躺着，一旦连接的绳索被磨断，就会被车轮碾得粉身碎骨。

超载的火车开动后，又闷，又热，又脏，又臭。没有水喝，也不能上厕所。有的孩子忍不住，大人只好让他在所带的洗脸盆里解决，然后用草纸盖着。遇见敌机空袭，就通知下车。警报解除，工作人员拿着一个大喇叭喊人。以男女划分、在火车两侧就地如厕后的人们，又争先恐后地挤上车。走了一天一夜，才到达距离桂林不过 177 公里的柳州。

号称广西第二大城市的柳州，那时到处都是从桂林涌来的难民，其中不少是从桂柳公路徒步而来。从柳州到宜山，只有 61 公里，火车却走了整整三个小时。本是小地方的宜山，也有不少从桂林来的机关和难民，还有很多临时搭建的草房。广西省政府也只能借住在宜山路工纪念学校内。到处都乱哄哄的，交通也很紧张。

在这样的情况下，只能分头上路了。李四光、余青松二先生先行搭车去贵州，再转赴重庆。外公几经艰辛，1945年初才到达重庆，被时任教育部科学仪器制造所所长的余青松先生聘为研究员，在不见天日的防空洞工场里弦歌不辍，科学报国。

外公曾经回忆过当年奔向重庆的万苦千辛。

四五十万不甘做亡国奴的人们同时颠沛在路上。有的男人背着生病的老人，有的女人拉着板车。有的难民用一根木棍穿过行李包，一前一后扛着。有的推着古老的独轮车。大多数人还是步行。

沿途的惨状也令人触目惊心。路边有许多尸体，有饿死的，有病毙的，有坐火车顶被震下来的，有过山洞被挤下来的，也有被烟呛死的。火车铁轨旁也躺着不少死人。还有很多卡车在路上翻车，满地狼藉，很多人断足折臂，惨不忍睹。

"宁为太平犬，不做乱世人"，就是如此吧。

难胞之一、剧作家熊佛西曾记述了当时的场景，"冒着一切的苦难，逃入自由祖国的怀抱……尽管抛妻弃子，挨饿受冻，为了热爱祖国，为了表现文人的气节……这种精神，正是我们抗战八年来向全世界、全人类，引以为骄傲的灵魂。"

当时在重庆国府路337号办公的中央研究院总办事处，已西迁入渝整整七年了。

1938年1月，气象所首先抵达重庆，在通远门兴隆街设立了办事处。2月，总办事处到达后，因兴隆街地方狭小，遂与气象所一起迁到曾家岩颖庐。颖庐的房东姓陈，是气象所所长竺可桢在哈佛大学的校友。房东陈家住在一楼，二楼便成为总办事处和气象所的办公场所和集体宿舍。

1939年，气象所迁到北碚，总办事处迁到上清寺聚兴村。

1940年，总办事处再次迁到牛角沱的生生花园内。

位于今日的上清寺路 252 号的生生花园，是抗战时期重庆的一个高档私家花园，当时人称高公馆。主人高显鉴，生于广西桂林，少年时随父宦游至川。他长袖善舞，在重庆的商界、政界、学界皆有声望，曾出任四川省立教育学院首任院长。

生生花园于 1938 年落成，有三幢两楼一底的中西合璧式砖木建筑，外墙是当时典型的燕窝泥构筑，向前可俯瞰嘉陵江，向后临老成渝路，交通方便，有五个大礼堂，也有餐厅，中西餐都有，遂成为当时重庆办展览和婚礼的首选之地，不少内迁机构也在此办公。

1942 年元旦，上海迁川工厂联合会就在生生花园举办了为期 15 天的迁川工厂出品展览会。林森、冯玉祥、于右任、何应钦、周恩来、邓颖超、董必武等人都前来参观。《新华日报》还专门刊发了社论。周恩来为之题词"民族的生机在此"。

生生花园也曾是抗战时期重庆龙舟大赛的指挥台所在地。

作为抗战之都的重庆，每年都会举行龙舟大赛，在这个纪念爱国诗人屈原的传统节日里尽情抒发报国的豪情。

宋美龄曾多次亲任龙舟竞赛的总指挥，木料搭成的指挥台就设在生生花园内。

日军从 1938 年起对重庆进行了长达五年多的战略大轰炸，但重庆的抗日军民没有屈服。整个市区墙倒屋塌，死伤惨重，但军民的慷慨悲歌之气丝毫未减。

当年的重庆人，曾在被日寇炸得满目疮痍的街头，在断壁残垣中，刷了几个大字："愈炸愈强"！

当时在重庆住了三个月就遭受了四十多次轰炸的林语堂之女林无双，在《重庆观感》中描述了自己的感受："战争在拖下去，中国的士气却越来越高……端午节，照样有成千的人观看龙船比赛，市民依然举行庆祝，照样生活着。"

1940年8月21日，蒋介石在日记中写道：

> 徒凭满腔热忱与血肉，而与倭寇高度之爆炸弹与炮
> 火相周旋于今三年，若非中华民族，其谁能之。

当年也在重庆的老舍先生，曾写过这样的一首诗：

> 抗战今开第五年，男儿志在复幽燕。金陵纵有降城表，
> 铁甲终辉国土天！

那是重庆人永远也不能忘怀的一段岁月。

作为重庆人，这也是故乡所赋予的一段最值得骄傲的记忆。

桂林篇

建于抗战的黔桂铁路，飞虎队的桂林机场

很小的时候就知道，我的妈妈和周围小朋友的妈妈不同，不是重庆本地人，而是来自"山水甲天下"的广西桂林。

至今记得，儿时周围那些戴白色圆帽、系白色围裙、性格爽直的中青年纺织女工，最喜欢逗厂里那个一直讲不好重庆话的"二"的广西籍技术员——她们笑嘻嘻地伸出两个手指头，逗问她："这是几？"而重庆话总体说得还不错的的母亲，虽然努力地想说准、却还是脱不了桂林口音地答："二"（音近"呃"）。然后，包括小小的我在内的一群本地人，就会忍不住用重庆话齐声对她说："二"（音近"儿"）！然后，所有的人都笑了。

这样的玩笑，开了一次又一次。母亲始终学不会重庆话的那个"二"。

第一次回桂林的外公家，是我两岁的时候。据母亲说，那时的社会风气很好，她一个人带着我和一岁的弟弟，一路都有包括解放军在内的热心旅客照应，帮忙提行李，让我们两个小孩子头靠头地躺在母亲对面的座位睡觉——路过的人都夸，"这两个娃娃好乖"。

第二次回桂林，是四岁时，有记忆了。至今都清晰地记得，爸爸牵着我，妈妈牵着弟弟，从重庆两路口坐缆车到菜园坝火车站，搭川黔铁路到贵阳，再转黔桂铁路去柳州，然后从柳州经湘桂铁路到桂林。一路人山人海，前后两天两夜，是一次相当辛苦

的旅程。

再后来，就是六岁、八岁、九岁时回桂了，每次都是同一条路线。

那时的我，当然不会意识到，这条路线，也正是外公在抗战时从桂林奔向重庆的同一条路线——不过，抗战时还只有湘桂铁路和黔桂铁路，川黔路主要靠步行。

有些事，的确是有前缘的。

菜园坝火车站的正式名称是"重庆站"。这是当时大西南最繁忙的一个火车站。

在儿时的记忆中，火车站是和缆车联系在一起的。依山而建、靠着缆绳上下穿行的缆车，是重庆人特别喜欢的一种交通工具。

1936年，国民政府铁道部计划修建成渝铁路，为运输器材，特地在九龙铺（今九龙坡港）码头架设了一座简陋的人力绞车的木架缆车，供货物起卸。次年，全面抗战爆发，这架缆车改为转运兵工器材，为抗战做出了贡献。

抗战时期的重庆，江上还没有大桥，过江只能依靠时时有被日机轰炸危险的小木船，下船后还必须爬长长的坡。当时随国民政府迁都重庆而大量涌入的"下江人"（重庆人对长江下游的人的称呼）对此很不适应。为解决这一问题，重庆着手开设客运缆车。由著名桥梁专家茅以升亲自主持设计的望龙门缆车站，于1945年5月正式竣工通车。

两路口缆车则是重庆解放后修建的第一条缆车，在我小时候仍然运行良好。缆车的车厢大小和公交车差不多，路线却只有百余米。乘客上了缆车后，缆车沿着缆绳，一两分钟就滑下去了，颇有些惊险感，和后来坐过的嘉陵江索道一样，多少年后都还记得。

出了缆车，就是菜园坝火车站了。

在20世纪70年代的中国，买火车票是需要单位开介绍信的，旅客的数量无法与后来相比。但在我儿时的记忆中，候车厅里的人还是很多，大都是出差或探亲。候车室的椅子不多，很多人就坐在自己的行李上，大都是当时流行的一种上海出产的手提旅行包。

当年的火车是苏联式的绿皮火车，外观朴素。一节连一节的车厢停在月台上，就像一条墨绿色的长龙。车头方方正正的，带有铁路的特定标志。一长一短的汽笛声过后，火车头就冒出黑烟，开始千里之行。

乘客一般都会提前几分钟上车。送站的人也可买站台票送到月台上的车厢前。每节车厢前都会有一位着蓝色铁路制服的列车乘务员检票。我们小孩有时是从窗口直接上车——一般是被一个大人抱起来并高高举起，窗内的另一个大人伸手接过，就像运送一件行李似的。

绿皮车算是那个年代最豪华的火车了，其实设施还是比较简陋。车厢分为硬座、硬卧和软卧。软卧票最贵，一般是高干才有资格乘坐。坐硬座的乘客最多。硬座车厢内的走道很窄，两边都是皮革面的硬座，一边是三人座，另一边是两人座，两两相对，中间隔着一个可以用餐的小桌。顶上是行李架。天花板上挂着几台小电风扇，转起来会吱吱嘎嘎地响。车厢两头都有供旅途广播用的扬声器、乘务员的办公室、供乘客洗手洗脸并打热水的水房、老式蹲坑的单人卫生间——当时，卫生间的排污是直接通到路轨上的，还比较原始。

当年的火车厢，就像是一个小型的社会，也像一个临时的大家庭。旅客们来自天南地北，操着各种口音，男女老少都有。有看书、看报纸的，有吹口琴、拉风琴的，有唱歌的，也有聊天的。

车窗外的风景，也是平时看不到的，有大山岩洞也有绿野平畴。

那时的旅客一般都会自己携带一些干粮。到了用餐的时间，乘务员也会推着一个装满饭盒的推车出来叫卖。大部分人都是在自己的座位上吃，也有一些人会去价格较贵的餐车点菜。每到一个停车站，也会有当地人售卖用当时常见的红色网兜装的小食，比如橘子、广柑、啤酒、汽水、烤玉米、水煮花生、茶叶蛋、烧鸡腿，等等。有的乘客懒得下车，一招手，小贩就会过来，钱和小食就通过车窗交换。那时的小贩比较老实，乘客一般也不会担心给了钱却拿不到东西。

到达贵阳之后，妈妈做的第一件事就是去售票窗口换票（从贵阳到柳州的火车票）。然后，我们就得在候车室里等待开往柳州的列车，总得好几个小时。我还记得，检票进站时人特别多，为防止走散，妈妈有一次还将当时已能走路的弟弟像婴儿那样用一块布包起来，然后背着他进站。

在童年的印象中，从贵阳到柳州的这段路，列车一直是在荒凉的大山中穿行，经常要穿洞、过桥。

据史料记载，黔桂铁路的历史可以追溯到1938年。

当时，中国抗战正酣，陪都重庆所在的四川成为抗战的大后方。国民政府决定在有桂越国际交通线之便的广西和邻近四川的贵州之间修建黔桂铁路，与建设中的湘桂铁路衔接，以运输世界各国支援中国抗战的军用物资。

1939年4月，国民政府交通部在广西宜山设立了黔桂铁路工程局，由铁道专家侯家源出任局长兼总工程师。作为大西南的第一条标准轨距铁路，黔桂铁路计划从柳州南站开始，经柳城、宜山、河池、南丹、独山、都匀、贵定到贵阳，全长608公里（广西境内302公里，贵州境内306公里）。同年9月，黔桂铁路在广西开工。

为了修筑黔桂铁路，抗战中的中国付出了后人难以想象的努力。当时，仅在广西就征调了107万民工，征购了100万根枕木，征用了大量田地、宅园——几乎超出了这个当时只有1325万人口的穷省的承受能力。

穿行在崇山峻岭间的黔桂铁路，很多地方都是深谷、陡坡、大弯，经常需要盘山而上，此外还有几十处隧道，工程之艰巨自不待言。修路时正值抗战中期，桂越、滇越运输线已相继中断，没有来自海外的材料设备供应，只能自力更生。

1940年年底，柳州至金城江段建成。1942年1月，贵州段开始建设。1943年5月，路轨铺设到了贵州独山。1944年，广西柳州至贵州都匀段（461公里）通车。1944年秋，日军进攻广西。黔桂铁路被迫停工。当年12月，侵入独山的日军烧毁了所有的储存物资、车辆、车站及铁路、公路、桥梁。黔桂铁路遭到了严重的毁坏，直到抗战结束才进行了修复。

始建于抗战最艰难岁月的黔桂铁路，和国家一起经历了战火纷飞的年代，有过无数的筑路艰辛，也经受了沿线入侵的日军的破坏，数次在被毁中重建。

现在的黔桂铁路则是1959年扩建完成的。

20世纪80年代，我们从重庆、成都回桂林，都是走的这条路。

唯一的一次坐飞机，是1986年的暑假——那也是生平第一次搭飞机，带着比我小一岁的弟弟。

至今记得，我们乘坐的是一架老式的苏制"伊—24飞机"，从成都双流机场起飞，降落在桂林人习惯称为"李家村机场"的奇峰岭机场。

李家村机场曾是抗战时期大名鼎鼎的飞虎队（美国第14航空队）在桂林的三个基地之一。

当年，飞虎队在桂林共有三个基地，分别是秧塘机场、二塘机场、李家村机场。

李家村机场位于桂林市东南郊的柘木乡李家村附近，即抗战时期的中央军校（即黄埔军校）第六分校西南数里处。1943 年秋，飞虎队的一支进驻李家村后，这里即成为日军大本营的眼中钉。1944 年 7 月 31 日，日军航空第 90 战队突袭了这个新建的机场，炸毁了 44 架军用和民用飞机。

三机场之中，最广为人知的是秧塘机场。这是飞虎队的核心基地之一。

1942 年 6 月 11 日，美国第 14 航空队司令陈纳德少将亲自率领 4 架 P-40E 型和 8 架 P-40B 型"战鹰"式战斗机入驻桂林秧塘机场。他的指挥所就设在秧塘机场边的一座二三百米高的山腰中的一个山洞里。

在这个蝌蚪形的山洞里，陈纳德将军指挥了一次又一次漂亮空战。来自中美两国的飞虎队队员们驾驶着他们那些涂着鲨鱼的血盆大口的飞机，痛击来犯日军，并远征滇缅、保卫昆明、覆盖华南，打击日寇的海上交通运输线，为抗战中的中国立下了不可磨灭的功勋。

据当地老人说，当年修建秧塘机场时，是 24 小时不停地修。从各县征发来的数万名工人，全凭手击石块、肩挑人扛。从山上开采出来的石头，只能靠铁锤一点点地砸碎，再挑到机场填实，用石碾滚压。在碾压过程中，一个中型石碾就需 70 个人才拉得动，一个大石碾则需 120 人。为确保跑道的硬度能承受轰炸机的起降，还得在基础中放一层大片石做底，再放一层中片石，面层则采用石灰、黄泥、沙子混合在一起制成的"三合土"铺设。

在这样的高强度劳动下，累死和病死了不少工人。但大家都知道修机场是为了打日本鬼子，仍然坚持不懈。先行到桂林的美方地勤人员，看到后深受感动，毅然加入到劳动队伍中，共同完成了修建工程。美国退役空军少将斯泰林尔后来回顾当年情景，曾非常感慨地写道：

> 很难想象，千百万的中国民工是如何用赤手空拳铺筑了世界上最长的跑道，B-29 远程轰炸机是使用这些跑道去轰炸了日本本土。

这是一段令后人敬重的历史。

这段历史，既是我们多灾多难的民族苦难岁月的见证，也是抗战那代中国人的坚韧毅力的见证。

同讲桂柳话的柳州，纪念柳宗元的柳侯祠

黔桂铁路的终点，是广西第二大城市——柳州。

到达柳州后，再换乘湘桂铁路，大约两小时就到桂林了。是故，每次回桂林，一到柳州，就会感觉"到家了"！

当年，火车一开进柳州站，空气里就有柳州夏日流行的麦饭石煮水的味道，熟悉而亲切的桂柳话也立即充盈于耳，两天两夜的疲劳顿时一扫而光，心情也立即转为雀跃。

换好车票后，母亲会带着我们步出柳州站，去附近的小食店打尖。

柳州最有名的小吃是螺蛳（田螺）粉。广西人嗜好食粉，而柳州盛产螺蛳，螺蛳粉遂成为柳州人的最爱。一碗螺蛳粉，通常是软滑爽口的米粉加酸笋、木耳、花生、油炸腐竹、黄花菜、鲜嫩青菜，配螺蛳汤调合而成，味道鲜美，营养也很丰富。和桂林人一回到桂林就去吃桂林米粉一样，柳州人一回到柳州就得吃一碗鲜爽辣烫的螺蛳粉，以慰乡思。

在很多方面，柳州和桂林都很相似。柳州和我家更有一段特别的渊源。外公曾告诉我，外婆周婉琼当年曾任中共地下党柳州某区委书记，在地下党战友中威望很高。直到四十多年后（20世纪 80 年代），外公去柳州开会，外婆当年的地下党战友们得知他就是"九姑丈"（外婆在家中排行第九，人称"九姑"）时，对他非常亲切。

柳州之所以为世人所知，很大程度上是因为有"柳柳州"之称的唐代文豪柳宗元——与韩愈一起倡导古文运动，名列"唐宋八大家"，参加王叔文领导的"永贞革新"，在革新失败后被贬为永州司马，十年后改谪更为偏远的柳州，四年后死在任上的柳宗元，一千多年来，不但为历代文人所崇仰，也一直活在柳州人的心中——柳州人爱说"柳宗元被贬柳州，带领柳州子民种了柳树，最后死在柳州，柳州人就建了柳侯祠来怀念他。"

母亲曾经特地带我和弟弟去瞻仰过柳侯祠。

根据史料记载，柳宗元逝世后，遗骸运回河东故里（今山西永济）安葬，柳州人则遵从其遗愿（据韩愈《柳州罗池庙记》记载：柳宗元死后三年，托梦给他生前的部将欧阳翼"馆我于罗池"），为其建庙于罗池之畔，以纪念这位有德政于柳州的一代文豪。

罗池是柳州的一处风景胜地。唐代钟骆在其《定鉴前录》中有言："龙城（柳州）北，罗池胜地也"。明代李西涯《罗池书屋记》称罗池"广袤可数里，澄波汀蓄，准平而鉴照其外"。明崇祯七年（1637 年），旅行家徐霞客也曾不远千里前来访求柳州八景之一的"罗池夜月"。

宋徽宗追封柳宗元为"文惠侯"后，罗池庙改称"柳侯祠"。

清末重修的柳侯祠位于柳侯公园中，粉墙、红柱、丹梁，绿树掩映，肃穆幽静。祠中除了供奉柳宗元的塑像、手迹，还有历代文人来此瞻仰后留下的几十块石刻。其中以"荔子碑"最为著名。"荔子碑"的碑文摘自韩愈《柳州罗池庙碑》中为祭祀柳宗元而吟的《迎颂享神诗》，由宋代文豪苏东坡亲书。后人以此碑凝唐宋三大文豪之文采、笔韵于一碑，故称之为"韩诗苏书柳事碑"或"三绝碑"。

柳侯祠后有柳宗元的衣冠墓。

据柳州人传说，当年柳宗元逝世后，柳州人特意为他打了一副上好的楠木棺材，千里迢迢地运回其河东老家安葬，并在柳州的灵柩停放处葬其衣冠以为纪念。灵柩从柳州运到河东，行程长达数月，抵达后开棺准备重殓时，人们惊奇地发现，柳公的遗体依然保存完好，面目栩栩如生。

柳州棺材从此名闻天下。

中国人一向有"事死如事生"的传统，非常重视坟墓的风水和棺木的质地。一般老年人都是提前很多年就预备好自己的"寿材"，以为人生的最后归宿。

有"柳木"之称的柳州木材，木质紧实，坚韧而轻，不生虫蚁，非常适合做棺木。

上好的柳州棺材是用一种很难得的油沙杉木来做的。这种杉木生长于深山悬崖之上，历百年始成材，入水则沉，入土难朽，香如梓柏，色如古铜，制成棺材后再刷上熟桐油或生漆数度，质优而式美。

在以土葬为主的年代，一副上好的柳州棺材是很多人梦寐以求的，故有"死在柳州"之说。

但在柳宗元的年代，却是无人愿意"死在柳州"。

当时的柳州还属尚未开化的南荒之地，古木参天，毒蛇猛兽出没，瘴气猖獗，正如柳宗元在《寄韦珩》一诗中所写的"阴森野葛交蔽日，悬蛇结虺如蒲萄"，绝对是人人闻之色变。

唐元和十一年，从"千山鸟飞绝，万径人踪灭"的永州回到京都长安的柳宗元，被改贬为柳州刺史，悲愤之下，写下了"十年憔悴到秦京，谁料翻为岭外行"的诗句。元和十四年，他在柳州辞世。

千百年来，无数人为他唏嘘，"文字由来重李唐，如何万里竟投荒？"

同样令无数人感佩的是，万里投荒的柳宗元，倾尽心血成就了南荒之地的柳州。他在柳州的故事激励了众多的后来者，尤其是那些同样被贬岭南的文官。

据史料记载，当时柳州因债务而沦落为奴的现象十分严重，柳宗元上任第一年就解救了上千的负债奴婢。据韩愈《柳子厚墓志铭》记载："其俗以男女质钱，约不时赎，子本相牟则没为奴婢。子厚与设方计，悉令赎归。其尤贫力不能者，令书其佣，足相当，则使归其质。观察使下其法于他州，比一岁，免而归者且千人。"

当时柳州的文化也比较落后，百姓迷信巫医。柳宗元劝说当地民众不要滥杀牲畜，有病要寻医问药，使原有的杀牲祀鬼之风有所改变。

当时柳州百姓吃水、用水都很困难。出于迷信，他们不敢动土打井，而是天天带着水罐到柳江取水，而柳江河岸又高又陡，雨天路滑时更是难行。柳宗元到任第二年，即亲自带领民工进行勘测，开凿了几口水井。至今，柳州民间仍流传着关于他打井的"三川九漏（井）"传说。

针对柳州街道的脏、乱、差，柳宗元动员当地百姓一齐动手，重新修筑城墙，使"城郭巷道，皆治使端正，树以名木"。他还亲自栽种仙灵（即淫羊藿）、木槲花等中草药，研究它们的效用，并写了《种仙灵毗》一诗，用以宣传这种草药对治疗脚病的神奇疗效。他还结合自己治病的切身体验，宣传推广《治疗疮方》《治霍乱盐汤方》，并教百姓练习华佗所创的"五禽戏"。

柳宗元还积极组织闲散劳力去开垦荒地。仅大云寺一处，就种"竹三万竿"，开垦菜地"百畦"。他还亲自在城西北种植柑树，在柳江边上栽种柳树。他的朋友、唐代诗人吕温因此写下了这样的诗句：

> 柳州柳刺史，种柳柳江边。
> 柳管依然在，千秋柳拂天。

与当时的大文豪韩愈并称"韩柳"的柳宗元，在柳州兴办学堂，并亲自登坛讲课。柳州旧志有言，"柳人知学自此始"。韩愈《柳子厚墓志铭》也记载说"衡湘以南为进士者，皆以子厚为师。其经承子厚口讲指画为文词者，悉有法度可观。"

柳宗元的名字，从此与柳州密不可分，以至于被世人称为"柳柳州"。

因着此，千百年来，柳宗元一直是柳州人最崇敬的历史人物。

柳州，也一直是柳宗元的柳州。

以至今日。

靖江王城的前世今生，独秀峰下的百年情缘

　　小时候，一出桂林火车站，叫上一部当时流行的三轮车，乘车穿过当时只有二十万人口的桂林的半城，进入一个巍峨的"城门洞"，就是古木参天、浓荫覆盖的靖江王城了。

　　靖江王城之于我，是永远怀念的儿时故园。

　　被桂林人简称为"王城"的这个地方，是桂林的最高学府——广西师范学院（1983年改名广西师范大学）所在地。曾任广西师范学院副院长、广西师范大学副校长兼物理系教授的外公唐肇华，在此执教了大半生。

　　以王城中的原靖江王府为主校园的广西师范大学，是中国仅有的两所以古代王府为校园的大学之一（另一所是北京大学）。

　　外公家所在的南区是师大最老的教工宿舍区，就位于王城中，正对着古色古香的师大正门（原靖江王府正门），由多栋建于1954年的苏式两层小楼组成，住的大都是和外公一样从1953年被撤销的广西大学过来的老教授。

　　外公家在其中一栋小楼的二楼。一楼的两户人家都围着竹篱笆，中间的过道通向一个小门，门内是一小块水泥地，停着几辆自行车，然后是一个暗红漆的木质楼梯。当年，远道而来的我和弟弟从这里"咚咚咚"地跑上二楼，就会看到已是花甲之年的外公正站在家门口含笑迎候。

　　进门就是外公的客厅，大约有十五六个平方米大，简朴而清

古木参天、浓荫覆盖的靖江王城

雅。暗红漆的木条地板上摆着一套一长两短的樟木沙发，因年久磨损，重新漆成了黑色，配有一大一小两个茶几。沙发对面是一个转角型的黄漆电视柜。与阳台门相连的窗户下是一张摆着盆花的折叠方桌，兼作饭桌和写字桌。阳台上有不少花，包括几盆兰花和一盆昙花，都种在绿色的花盆中，散发出幽幽的清香，与客厅里的几盆绿色植物相映成趣。

客厅后门外是摆着一张外公常坐的竹凉椅的过道，通向书房、卧室、厨房、卫生间和杂物房。卧室里那个嵌有穿衣镜的老式衣橱还是1963年病逝的外婆生前使用的。只有六七个平方大的杂物房是外曾祖母生前的卧室，在我小时候用来放冰箱（厨房小，无法容纳）和自行车（门外即是公用楼梯）。书房原是母亲五姐妹出嫁前共有的卧房，后来成为外公的书房，我们一家回来时就住在这里。

记得当时年纪小，梦里花落知多少。

这一生，我都记得八岁那年的夏天，在外公的书房里，在囫囵吞枣、废寝忘食的喜悦中，传承了那份对中国文化终生不渝的热爱。那一排黄漆的书柜，那个用了几十年的老书桌，那张半圆形的藤椅和窗外的老树、清风、鸣蝉，在记忆之中永远清晰如昨。

受中国传统文化和民国大学西式教育双重熏陶的外公，有时也会坐在那张藤椅中，像对待平辈朋友一样地和我谈文学，谈历史，那份平等、尊重、温厚、慈爱，在当年那个小女孩心中留下的，是一生的温暖。

这一生，也永远记得，同一个夏天的某日黄昏，我和弟弟、表妹一起坐在王城校园的草地上，望着外公表彰当年的优秀毕业生。外公那欣慰的笑容，温暖的目光，大哥哥大姐姐们眼中的敬爱和感念，也永远留在了当年那个小女孩的心中。

那一天，小小的我对自己说，长大以后也要做老师，继承祖业。

王城校园所在的靖江王城，是全国唯一保存完好的古代王城，已有七百多年的历史。

第一代靖江王朱守谦是明太祖朱元璋的侄孙。

朱守谦的祖父朱兴隆，即朱元璋的长兄，和他们的父母一起死于大瘟疫中。朱元璋是个亲情深重的人，对长兄唯一的孙子十分疼爱，亲自抚育，期望甚殷。

洪武三年（1370 年），朱元璋分封自己的九个儿子为亲王，也同时封年仅十岁的"从孙守谦"为靖江王——靖江，即是"奠五岭之表，联两广之交"的岭西重镇桂林。

洪武五年，开始在桂林城中心的独秀峰下兴建靖江王府。

据桂林人传说，这块风水宝地是刘伯温选定的，真正的"坐北朝南，背山面水"—— 北有叠彩山，南有象鼻山，王府中有独秀峰，这三座山自南向北成一线排列。两侧的漓江和桃花江则是天赐的护城河。

靖江王府中的独秀峰正是桂林的龙脉和文脉地。

南朝时，始安郡太守颜延之常在此读书，独秀峰便因其诗句"未若独秀者，峨峨郭邑间"而得名。唐代大将军李靖曾在独秀峰下构筑子城，观察使李昌夔在此创办广西第一所公学——桂州学。宋代在此建铁牛寺，元代改为大国寺。元顺帝早年被贬到桂林，以大国寺为居所，故在登基后将其改名"万寿殿"。

靖江王虽然是郡王，却享有和亲王相仿的待遇。

王府以独秀峰为中心，山南为宫殿，山北为御园，主体建筑有承运门、承运殿、寝宫，两侧还有众多厅堂、楼阁、书屋、轩室。独秀峰东北麓为月牙池，池岸以青石箍砌，池水引自峰下的清泉。池中有彩舟画舫，四周建有亭台楼阁、松林竹圃、柳园鹿苑，远山近景倒映于池中，分外幽静。洪武二十六年又筑了城垣，内外均用规整的方形大青石砌成，十分坚固。城墙上辟四门，南曰端礼，北曰广智，东曰体仁，西曰遵义，也就是今日尚在的正阳门、后贡门、东华门、西华门。

朱元璋对朱守谦寄予厚望，后者却品行不端，就藩桂林不久就民怨沸腾。朱元璋不得不将其送回凤阳老家圈养，但又不忍长兄一支失爵，遂令朱守谦嫡子朱赞仪袭爵。第二代靖江王朱赞仪为人恭慎勤恳，关心百姓疾苦，被认为是一位贤王。桂林人传说，当年朱赞仪去世时，桂林百姓都主动送葬、守墓。

有明一代，靖江王先后承袭十二代，共十四人，是明代藩王中延续最久的一支。

明崇祯十七年（1644年），李自成率农民军攻入北京，崇祯帝朱由检在煤山上吊自杀。明宗室藩王先后在南方建立了四个南明政权。其中，原为桂王的永历帝朱由榔在大学士瞿式耜护持下来到桂林，驻跸于靖江王府。靖江王城因而成为永历政权的政治、军事、文化中心，又被称为"皇城"。

清顺治七年（1650），明降将孔有德攻陷桂林。守将瞿式耜、张同敞和末代靖江王朱亨歅都为国殉难。靖江王府内的妃妾、子女、僚属等473人也被孔有德诛杀殆尽。靖江王世系就此终结，唯一逃出的是第十一任靖江王朱履祜之孙朱若极（即清初的大画家石涛），在这之前朱若极已因其父朱亨嘉称监国失败、被唐王处死而逃至全州，在湘山寺削发为僧。

被清朝封为定南王的孔有德，以原靖江王府为其王府。两年后，永历政权的大将李定国攻克桂林，孔有德走投无路，举火自焚。王府亦随之化为灰烬，只有王城城墙和承运殿前的台基幸存了下来。当时，孔有德五岁的女儿孔四贞躲进独秀峰太平岩，幸免于难，后作为"忠臣"孔有德的遗孤被顺治帝之母孝庄太后收养，受封"和硕格格"，是清朝唯一的一个汉人公主，后随被清廷封为广西将军的丈夫孙延龄（孔有德部将之子）回到广西。

清顺治十四年，清政府将靖江王府故地改建为广西贡院，这里遂成为广西的乡试考场。靖江王城的端礼、广智、遵义、体仁四门也改称正贡门、东贡门、西贡门、后贡门。

有清一代，广西贡院先后走出了4位状元、585位进士、1685位举人，鼎盛时期拥有五千五百间考舍，时人称"贡院形势之佳，粤西为首"。今日王城的正阳门、东华门、西华门上依然清晰可见的"三元及第""状元及第""榜眼及第"石坊就是清代镶刻的。

据史料记载，正式的科举取士分为三级：乡试、会试和殿试。中乡试者为举人，头名称解元。中会试者为贡士，头名称会元。中殿试者为进士，前三名称状元、榜眼、探花。参加乡试、会试、殿试均名列第一，连续获得"解元""会元""状元"，称"三元及第"。

在长达一千多年的中国科举史上，"三元及第"者仅十六人，其中清代有两人。

正阳门上的"三元及第"坊，系清代两广总督阮元为嘉庆二十五年"三元及第"的临桂人陈继昌而立。陈继昌也是封建时代最后一个获此殊荣的人，后历任山西、直隶、甘肃、江宁布政使，署江苏巡抚。

东华门上的"状元及第"坊则是为三位状元而立。临桂人龙启瑞于道光二十一年"状元及第"，广西布政使于贡院正贡门上景福楼之南为其立状元坊。其后，临桂人张建勋、刘福姚再于光绪十五年和光绪十八年高中状元。光绪二十七年，桂林重建一年前毁于火灾的景福楼和状元坊时，特地为龙启瑞、张建勋、刘福姚三位桂林状元合刻一坊，移建于贡院东贡门上。

西华门上的"榜眼及第"坊是为榜眼于建章而建。光绪二十七年，移建状元坊于东贡门时，在西贡门上增建了榜眼坊。于建章也是临桂人，于清同治四年登乙丑科一甲第二名，历任翰林院编修、山东学政。

靖江王城在中国近代史上也有浓墨重彩的一笔。

清末废除科举，贡院荒废，遂在此建了一座欧式风格的建筑，是为1909年成立的广西咨议局大楼。1911年，辛亥革命爆发，广西独立，咨议局大楼成为广西参议会之所在。

近代中国的革命先行者孙中山于1921年12月乘船来到桂林，策动北伐。

当时只有八万人口的桂林，沿街欢迎的群众多达三万人，每隔数十丈就有一座欢迎牌楼，家家户户都悬国旗。

孙中山的行辕和北伐大本营都设于王城内的原咨议局大楼内。他在此发表了《知难行易》等三次著名演讲，检阅了北伐军，发出了北伐总动员令，确立了青天白日旗为中华民国国旗，并于1922年元旦在王城举行了首次升国旗仪式。

在王城期间，孙中山还接见了共产国际的代表马林，进行了多次对中国政局影响深远的会谈。

回到广州后，他在苏联的帮助下创办了黄埔军校，并改组国民党，召开国民党第一次代表大会，提出了新的三大政策。

1925年3月，孙中山在北京逝世。

是年冬，在白崇禧主持下，在孙中山曾驻节的靖江王城建了中山公园以表追思。独秀峰东麓建了"仰止亭"，亭中有"中山常在"碑，亭前有中山纪念塔，塔的正面题刻"中山不死"（桂林士绅谢顺慈书写），北面题刻"主义常新"（民国元老谭延闿书写）。原塔在抗战时毁于日军轰炸，现塔是1981年重建的。

民国时期，靖江王府还曾先后成为广西省立第二师范学校、甲种工业学校、广西省立第三高级中学、国立桂林师范学院的校址和广西省政府的办公地。

我家与王城的百年情缘，正是始于民国初年的广西省立第二师范学校。

我的大外公唐现之早年毕业于广西省立第二师范学校（简称"二师"），后来曾任二师教员、教务主任。

1926年，当时只有十岁的我外公唐肇华，被大外公从灌阳老家带到桂林读书，读的便是二师附小。

抗战时期，大外公再次在王城任教。

1939年，广西省政府迁入王城内办公。根据画家徐悲鸿的建议，将独秀峰下原为桂林美术学院（也是徐悲鸿提议兴办的，全面抗战爆发后被迫停办）修建的一栋二层楼房用来开办广西省艺术师资班，由徐悲鸿的弟子张安治主持。授课教师除了徐悲鸿师徒和唐现之，还有画家丰子恺，音乐家满谦子、吴伯超等人。

这个在抗战烽火中于王城开办的艺师班，就是后来的广西艺术学院的前身。

抗战胜利后，从重庆归来的大外公再度与王城结缘。

战后的桂林，断壁残垣，百废待举。受命重建广西省立桂林图书馆的大外公，在王城的广西省政府旧址觅得两大间破屋作为临时馆址。他带着仅有的几个工作人员，整理出劫后幸存的七万余册图书，重新开馆。接着，他仅用了四个月时间便在王城建成新的馆舍，至今尚存（位于师大东区内）。

1954年，从被撤销的广西大学转入新成立的广西师范学院任教的外公唐肇华和外婆周婉琼，随学校从将军桥迁入王城。

这是我家第三次随校搬迁。

外公在南区老屋的客厅批改学生的作业

　　母亲和两位姨妈的名字，正铭记着这一段段校史——在国立广西大学雁山校址出生的大姨妈，名"雁星"；在国立广西大学将军桥校址出生的母亲，名"桥星"；在独秀峰下的王城出生的五姨，名"小峰"。

　　从此，我们就以王城为家。

　　从母亲五姐妹到我们姐弟，都是在王城里奔跑着长大的。

　　从"三元及第""状元及第""榜眼及第"到靖江王府的大门（师大正门，即明代的承天门旧址），从汉白玉云纹御道到民国时重建的承运殿（抗战时期的广西省政府办公楼，也是外公当年的办公室所在），从独秀峰到月牙池，从贡院到中山纪念塔，从明石刻（承运殿台基）到明城墙……每一处，都有我童年、少年、青年时的无数足迹。

　　回首王城故园处，一草一木总关情。

永远怀念的儿时故园
——王城中的南区老屋

六岁时的我和弟弟、
表妹于桂林

大榕树下的桂林米粉，
桂系三巨头的米粉故事

小时候，王城内的原靖江王府正门（师大正门）前的大榕树下，有一个米粉摊。

那时，只要是天气晴朗的早晨，外公都会给我和弟弟几毛钱，让我们去吃米粉当早餐。我们最爱去的就是家对面的这个米粉摊。

当年，那株荫凉的大榕树下有两三张矮矮的小木桌，包括我们姐弟在内的三五顾客各自围坐在木桌边的小板凳上，吃完一碗热辣辣、香喷喷的桂林米粉，总会微微冒汗，真是大快朵颐且通体舒爽。

那时的米粉配料没有后来丰富，但味道犹有过之，价格更是便宜——一碗加酸豆角、黄豆、花生米的卤米粉只收八分钱；一碗加猪肉片的汤米粉收一毛钱；最贵的是加牛肉片的米粉，也不过一毛五。即使是八分钱的卤米粉也做得很用心，醇厚的卤水裹着洁白细长的米粉，配上酥脆的黄豆、开胃的花生米、嫩绿的葱花，入口爽滑甘美，令人回味无穷。

从此，桂林米粉成为我这辈子都嗜好的美食。

每次回到桂林，第一件事就是出门去吃地道的桂林米粉。那种一碗吃罢、通体烫贴、心满意足的感觉，大概只有桂林人才懂。

据老桂林人说，桂林的米粉最早是由秦始皇时南征岭南的秦军带来的，所以桂林人直到抗战前都称米粉为"米面"。老桂林的米粉作坊的米缸上写的也不是一般流行的"福"字，而是虎虎生威的"虎"字，正是当年叱咤风云、一统六国的秦军的心态。

"桂林米粉"的说法，则不足百年的历史。

桂林人本来只说"米粉"，或以配料加称"马肉米粉""红油米粉"等，"桂林米粉"的说法是抗战时期涌来桂林的外省人为区别于其他地方的米粉才固定下来的。那时的桂林，不但有一些米粉的老字号，如又益轩、会仙楼、义利居、艳香居、同来馆、味香馆等，还有很多走街串巷的米粉担子。那时身在桂林的剧作家熊佛西便曾描述过：

> 桂林的米粉担子特别多，几乎到处都是，假使你在晴天的夜晚到中正桥巡视一趟，你必发现桥头马路旁边尽陈列着米粉担子或果摊，每个担子上挂着一盏油灯，远远地望去非常美观。

当年那些挑着担子走街串巷卖米粉的小贩很讲信誉，米粉的味道很正宗，同行间也互不侵占生意，各自都有固定的线路，会在某时固定出现于某条街、某户人家门前。当时最有名气的担子米粉是一位人称"王驼子"的，他的担子是竹编的，一头放炉子，用来烧热水、"冒"米粉，另一头则放砧板、米粉、卤水和油。

后来，这些担子米粉就消失了。

再后来，我童年记忆中的米粉摊也消失了。当年的大榕树倒是至今尚在，已近百龄，依然郁郁葱葱。

母亲回忆说，她小时候（20世纪50年代）王城的大榕树下并没有米粉摊，倒是常有一些人在树下坐着闲聊，还有些在此摆摊算命的。那时的王城还是青石板的地面，一块青石板的长度比一个人还高，夏天总有不少人在此乘凉。当时，城门洞上的城楼还在，后有乞丐在此过夜、生火，不慎失火后就毁于一旦了。

外公生前曾回忆说，王城里的大榕树（现存七株）是为纪念孙中山先生逝世一周年而种的——1926年3月，桂林的一些青年学生在王城的正阳门、东华门、西华门及承运门（即师大正门）前一共栽植了八株榕树，寓意孙中山的革命精神万古长青。

以桂树众多、桂花飘香而得名的桂林城，别称正是"榕城"。据明代《广西志》记载，桂林"榕树门即古南门，相传为唐时所筑，门上植榕一株，岁久根蒂生，跨门外，盘曲至地，若天成焉，因得今名"。当年榕树门上的榕树已无迹可寻，今日古南门外的榕湖边却还保存着一株千年榕树，相传是北宋文学家黄庭坚的系舟之处。崇宁三年（1104年），黄庭坚被羁管宜州，途经桂林，于榕湖边系舟登岸，留下了《到桂州》一诗：

> 桂岭环城如雁荡，平地苍玉忽嵯峨。
> 李成不在郭熙死，奈此百嶂千峰何。

小时候，外公常带我和弟弟走过榕湖边的这株千年古榕，也多次路过桂系巨头白崇禧在榕湖边的公馆。长大以后，我读到白崇禧第五子、旅美作家白先勇以桂林为背景的一些作品，感觉非常亲切。后来我才知道，白先勇和我们家确实有一些渊源。他和他的几个哥哥姐姐都是大外公唐现之任桂林中山纪念学校校长时的学生。他笔下的"中山小学"，正是中山纪念学校的小学部。当年位于正阳街的中山纪念学校，有幼稚园、小学部、初中部、高中部，师资和设备在当时的桂林都是相当好的，有"贵族学校"之称，学生大都是广西省政府的子弟。大外公的朋友陈鹤琴，当时也介绍了他所办的幼儿师范毕业生李瑶（历史学者秦晖的母亲）来中山幼稚园任教。

七岁时就不得不在战火中离开家乡桂林的白先勇，一生都对桂林米粉念念不忘。他曾在《寻根记》中回忆说，"花桥桥头，从前有好几家米粉店，我小时候在那里吃过花桥米粉，从此一辈子没有忘记过。"花桥的米粉，就是他在《花桥荣记》中描绘的马肉米粉。

　　传统的桂林米粉分为三大类："广东派"的生菜米粉、"湖南派"的卤肉米粉、"桂林派"的马肉米粉。如今在市面上已很少看到的马肉米粉，是其中最高档的一种。

　　据老桂林人说，马肉米粉的做法很讲究，需先将马肉下水腌好，贮入缸内，在秋高气爽时取出腊制，吃时才切成薄片；米粉用传统制作的"拳头粉"，将米磨成浆，再晒干，一半生、一半熟地混在一起，糅成团，煮熟后放入木榨，压上石坠，压、挤、榨成粉，再团成拳头大的一砣砣，存放在藤篮里，下面垫干荷叶，每砣米粉用干枫叶隔开，有一种特有的清香；将米粉在马骨汤中烫热，连汤盛入比拳头稍大的小碗；每碗只放一根长长的米粉，再配上清汤中的两片薄薄的马肉、葱花、胡椒，甘香松爽，诱人食欲。

　　对于桂林人而言，桂林米粉和桂林山水一样令人自豪。凡是有华人的地方就有桂林米粉店。我定居的多伦多，就有好几家，比如"八桂堂"和"广西人"。

　　最好吃的桂林米粉当然还是在桂林。

　　当年桂系为老大李宗仁竞选中华民国副总统，就曾从桂林专门运米粉到南京助选。当时白崇禧在南京任国防部长，为替李宗仁拉票，由白崇禧夫人马佩璋和李宗仁夫人郭德洁出面邀请一些国大（国民大会的简称）代表的夫人来白公馆吃桂林米粉。白崇禧为此特地下令用飞机将桂林白日兴米粉店的米粉、卤水、配料运到南京。南京的白公馆里因而能吃到地道的桂林米粉。为随时请客，还在桂林专门造了一台可制米粉的机器空运到南京。李宗仁最后竞选成功，桂林米粉功不可没。他任代总统时，也曾以桂林米粉宴客。

和李宗仁、白崇禧并称"李白黄"的桂系另一巨头黄旭初，其家虽是容县人，也爱吃桂林米粉。他父亲（人称"黄老太爷"）最喜欢用烧乳猪配凉拌米粉，用猪蹄炖汤配"冒热米粉"。以孝子著称的黄旭初，在父亲要吃米粉时，总会亲自上菜市买配菜。人们因而把乳猪凉拌粉称为"太爷粉"，把猪蹄冒热粉称为"孝子粉"。

"冒热米粉"是桂林话，意思是把烫热的米粉滤干，配以锅烧猪牛肉片、卤牛膀、牛肝等，加卤水、花生油、酥黄豆或辣椒、蒜蓉，搅拌入味，吃起来拂拂作响，声色味俱全。

白崇禧也最爱吃原滋原味的"冒热米粉"。白先勇曾回忆说，他小时候，父亲每次打仗回来，第一件事就是喊住在隔壁的婶娘过来熬卤水、做"冒热米粉"吃。

晚年定居台北的白崇禧，为解乡愁，还曾多次邀请包括我的八姨公黄显图在内的一些广西籍国大代表到松江路的白公馆吃桂林米粉。

对于他们这些身在异乡的桂林人来说，桂林米粉的味道，就是家乡的味道吧。

西华门里的黄现璠、何林夏，
中共地下党的熊健、庄炎林

外公家所在的南区，一出门便是"榜眼及第"那个城门洞，也就是王城的西华门。

西华门即清代贡院的西贡门。西华门外的西华里是清代桂林的读书一条街，每逢乡试都住满了来自广西各地的秀才。西华里的客栈也都因科举考试而得名，比如高升客栈、三元客栈、贡院客栈、及第客栈、文长客栈、登科客栈等。

不知是否有这份遗风的影响，西华门里的南区也曾住过一些现代广西的"大秀才"。比如曾是"中国历史学界五大右派"之一的黄现璠教授，被誉为"太平天国研究全国第一人"的钟文典教授，等等。

黄爷爷是广西扶绥的壮族人，原名甘锦英。因此，他的三个儿子都姓"甘"，几个女儿则姓"黄"。其中，小女儿黄文魁是我母亲的发小，也是桂林中学的同班同学。

钟爷爷原籍广西蒙山，和武侠名家梁羽生是同乡兼同学，关系很好。他早年在桂林读书，曾经见过白崇禧。他曾回忆说，白崇禧有儒将风范，对他们这些学生很客气。作为客家人的钟爷爷还说过一句名言，"客家话是太平天国的国语"，因为太平天国的核心首领洪秀全、杨秀清、冯云山、韦昌辉、石达开都是客家人。

钟爷爷的学生兼女婿何林夏，则是一位当代中国出版史无法绕过的人物。

我小时候，何林夏还在师大教书。他是师大历史系77级，毕业后留校任教，成为历史系的一位青年教师。后来调入师大办的出版社。

简称"师大社"的广西师范大学出版社，正是在外公作为副校长主持师大工作时创办的。当时，师大几位老师想办出版社，来我们家与外公商量，得到了外公的大力支持。出版社的首任社长党玉敏，当时常在晚上来我家向外公请示工作。在外公的支持下，在包括林焕平教授在内的师大人的共同努力下，广西师大出版社于1986年11月18日诞生。

何林夏任社长后，带领师大社成为中国出版界的一块金字招牌，最终也以身殉书，获罪入狱，亲身实践了他自己的一句名言——"书是出版人的墓志铭"。

回想起来，我小时候在南区看到的这些人，骨子里都是传统读书人。

小时候在南区，我最喜欢做的事就是读外公的书柜里书，从《三国演义》《红楼梦》《西游记》《水浒传》到《东周列国志》《历代通俗演义》《西厢记》《牡丹亭》，从《李宗仁回忆录》《李自成》到《广西文史资料》《桂林文史资料》，等等。

除了这些包括弟弟在内的一般小孩看不懂的"枯燥的书"，外公和一些老同学、老朋友的通信，我居然也看得津津有味。

至今记得，八岁或九岁时的一个夏日，我读完一本书后，偶然拉开面前的书桌抽屉，发现了一大叠来自北京、上海、广州、武汉、西安、南宁等地的来信。信封上都有发信地和发信人姓氏，字迹都比较刚劲潇洒，与平时看到的钢笔字很不同。于是，忍不住偷偷打开来看（外公已读过，信封口已撕开）。连续几封的抬

我小时候的外公（二十世纪八十年代）

头都是"肇华兄"，落款都是"弟 某某 拜上"（有的还会"内子附笔问嫂夫人安"），是我从未见过的措词和用语。

当时将书房让给我、自己在客厅看书报的外公，一直都不知道，他那个"人小鬼大"的"大外孙女"，在接下来的几天里，将他放在那个抽屉的所有信都偷看了一遍，而且，还很聪明地半开着抽屉看，一听到他老人家推门进来，就立即合上抽屉，继续看书。

外公这些直到晚年还保持着通信联系的老朋友，我至今记得名字的，有熊健（北京外国语学院教授）、温致义（上海海运学院教授）、肖杏村（湖北教育学院副院长）、陈太一（中国工程院院士）、庄炎林（中国侨联主席）。

被北外师生尊为创业元老的熊健教授是一位有传奇色彩的

人物。

他的父亲熊斌出身于冯玉祥部，后加入南京国民政府，先后出任军政部次长、陕西省主席、北平市市长。1933 年，熊斌曾代表国民政府与日本首席代表岗村宁次签订了饱受国人诟病的《塘沽停战协定》，后来他在回忆录中写下了当时的心情，"战败谋和，于委曲中须求完成使命，此中滋味，实不堪回首"。抗战时期，熊斌代理第三战区参谋长，曾登华山并题诗"登太华之巅，看河山光复"，反映出强烈的国家民族气节。

熊健是熊斌的次子，原名熊兴仁，十五岁时（1935 年）被父亲安排到日本留学，考入日本第一高等学校。他曾回忆说，那时学校里有一些从已沦陷的东北来的同学，校方要他们成立"满洲国学生会"。东北的同学不愿意，抱着他们这些从关内来的同学哭。结果，几十个中国同学团结起来，选熊健为代表，与学校进行交涉，最后粉碎了日本校方要划分"中华民国"和"满洲国"两个学生会的企图。1937 年，全面抗战爆发后，他回到祖国，进入当时位于梧州、在大后方名气很大的广西大学读书。

在广西大学期间，熊健接触到了马克思主义理论，瞒着父兄投身革命。他和我外公的友情，就始于这一时期。1935 年广西省高中毕业会考第一名、由马君武校长亲自录取入广西大学数理系的外公唐肇华，1937 年 1 月加入中共地下党，积极参与了当时广西大学乃至梧州学界的抗日救亡活动。外公后来被同学们推选为广西大学学生自治会主席，熊健也是学生自治会的常务干事之一。

在后来的几十年中，熊健给我外公寄过不少照片，从中年到晚年都有，每张都写有"肇华兄惠存 熊健（兴仁）寄赠"或"肇华老大哥惠存 熊兴仁敬赠"。其中寄于 1998 年的一张，他还特地注明"纪念相交 60 年"，令人动容。

1942 年 7 月，熊健接受中共地下党的安排，冒着生命危险掩护一位重要的领导干部脱险，成功到达重庆。至于这位领导干部是谁，就是一个历史之谜了。1943 年 1 月，熊健在重庆由周恩来批准，正式加入共产党。他利用父亲熊斌的影响，在特殊战线潜伏作战。他曾笑说，他的战场就在自己家。北平解放前夕，他在北平的国民党上层中进行了卓有成效的工作，对北平的和平解放颇有助力。

中华人民共和国成立后，熊健在北京外国语学院（今北京外国语大学）任教，参与了德语系、西班牙语系和亚非语系的创建，也是外语教学与研究出版社的第一任社长。他的妹妹熊琦华在他的影响下也留在了大陆（他们的父亲熊斌 1949 年去了台湾），后来嫁给了张治中的侄子张一伟，夫妇双双在中国石油大学任教。张一伟后来曾任中国石油大学校长。

熊健曾经来南区我们家看望外公。我五姨当年准备去北京旅行结婚，熊健在给外公的信中特意欢迎五姨夫妇去他家居住（20 世纪 70 年代末的中国还相对贫穷，出外旅行一般住亲友家）。五姨虽然没去打扰，却一直记得这份盛情。我的四姨父去德国留学前，拟到北京学德语，拿着外公写的一封"请对愚婿不吝赐教"的信找到素未谋面的"熊健叔叔"。当时已退休的熊健，立即带着他去北外的德文系联系。四姨父还记得，熊健住在一套他已住了几十年的北外教工宿舍中，墙壁已有些褪色，家具也很简单，和外公家一样简朴。

熊健在 96 岁高龄时还将自己珍藏了 68 年的一批珍贵拓片（《大秦景教流行碑》等拓片 82 种 210 张册）无偿地捐献给了国家图书馆古籍部。国家图书馆为此专门制作了锦缎面的捐赠证书——"君之雅行，溉沾士林，嘉惠来学"，以表谢忱。

这样的雅行，对于外公那一代人来说，是司空见惯的事。外公的另一位老朋友温致义教授去世后，子女也将他留下的711册图书及大量手稿、资料全部捐给了他执教几十年的上海海运学院（今上海海事大学）图书馆。

那一代人，彼此之间的真诚、信任，也让人缅怀。

外公退休后去上海旅游，温致义教授因其时身在外地，特意提前将钥匙放在家门口，让外公自己开门入住。温教授有一次回桂林，因时间不够，连自己的家人都来不及去看，却特地来我们家看外公。我少年时代在成都，也曾奉外公之命接待来成都旅游的"温爷爷"和"刘婆婆"（温夫人刘素珍），陪他们参观了杜甫草堂和武侯祠。温爷爷后来对外公夸奖说"你这个外孙女文史功底很好"，外公很开心。外公退休后去武汉旅游，当时正在住院的肖杏村教授也特地为此出院，亲自去火车站迎接老友。

那一代人，都有一些传统文化赋予的诗书风雅之气。

外公在国立广西大学物理系的学弟陈太一，后来成为著名的通信技术专家，曾任中国人民解放军通信工程学院副院长，为解放军的军事通信和指挥自动化事业作出了重大贡献。他来桂林出差时也特意前来探望外公，同游母校在雁山的旧址，并赋一诗：

> 细雨霏霏入桂林，独秀峰下访唐君。
> 两人同来游旧址，科学馆前草如茵。
> 当年师友今何在，寂寞西林系旧情。
> 屹立碧云湖水畔，犹闻当年弦歌声。

外公另一位学弟、也是广西学生军和中共地下党战友的庄炎林，也是一位传奇人物。

庄炎林是新加坡归侨，原籍福建，和其父庄希泉有"父子侨领"之称。庄希泉早年参加同盟会，后在新加坡经营实业，兴办教育，与陈嘉庚齐名。全面抗战爆发后，与中共驻港机构关系密切的庄希泉安排儿子庄炎林从香港到桂林，就读于桂林中学。1938年，庄炎林参加了广西学生军，1940年加入中共地下党，1941年进入广西大学经济系读书。

庄炎林的同班同学周毅之，当时也参加了广西学生军，1939年初曾和我外公一起被抽调到独秀峰下受训。周毅之后来转到西南联大，在那里遇到了后来成为他妻子的傅冬菊（傅作义之女）。抗美援越时，作为越南归侨，越南语和法语都很流利的周毅之还曾担任陈赓将军的越语翻译。

庄炎林后来历任国家旅游总局副局长、国务院侨办副主任、全国侨联主席。他每次来桂林，都会和包括外公在内的老朋友见面，畅谈各自的近况，并合影留念。

这样的友情，令人感动。这些由民国大学培养的老一代学人，都保留着一中国传统读书人的美德：淡泊、宁静、重情、重义。

将军桥畔的国立广西大学，
梅斌林教授的美洲中国同盟会故事

很小的时候就知道，母亲名字中的"桥"，来自于她的出生地——位于桂林将军桥的国立广西大学。

母亲曾回忆她在"将军桥西大"的快乐童年：校园很大，山和湖都是天然形成的，环境原始而自然；她和小伙伴们在草丛里扑蝴蝶、捉蜻蜓，在树下用竹竿粘知了，在雨后的树林里采蘑菇；草的清新，家所在的那栋树木掩映间的小平房，晚餐时蘑菇的鲜美……这一切，在童年的我和弟弟听来，就如童话里才有的情景一般，不禁悠然神往。

简称"西大"的国立广西大学，更是我从小听到大的、外公直到九十岁时都念念不忘的深情回忆……那是外公饱经忧患的一生中最难忘的时光，真正的黄金岁月。

当年的"西大"，是抗战大后方的著名学府，李四光、陈望道、陈寅恪、李达、王力、千家驹、梁漱溟、卢鹤绂、陈焕镛、施汝为、汪振儒、李运华、刘仙洲、纪育沣、熊得山、张映南、张志让、盛成、焦菊隐等一批大师级学者都曾在此任教。

"将军桥西大"，对于祖辈那代人而言，则不仅是一处校址，更是他们在颠沛流离后、筚路蓝缕中重建的美好家园。

1944年夏，日军攻陷长沙、衡阳。桂林震动，开始紧急疏散。当时位于良丰雁山的国立广西大学还有部分师生留守，校长李运华却不知去向。在这危急关头，经济系的张先辰教授挺身而出，以总务长的身份率领师生携图书仪器撤离。

逃难路上，师生们一贫如洗，走泥路、爬崎山、越深谷，披星戴月，艰苦备尝。

有学生两天才能吃一顿烧饼。有教授将毯子、衣服、私人书籍都变卖了。张先辰教授的幼女当时不到两岁，因病未能及时救治，不幸夭折。体育系老师王健一家遇到劫匪，连衣服也被剥下，夫人达九如（西大幼儿园老师）只得用草绳将一床破棉絮绑在身上，惨不忍睹。

如此这般，总算过柳州，到融县，抵榕江，在当地的广西会馆、两湖会馆、江西会馆、广庆会馆中坚持办学。

1945 年 8 月，西大师生得知抗战胜利的喜讯，启程返乡。

被日寇侵占了九个月的桂林城此时已是一片废墟，良丰雁山的西大校舍也已毁于战火，师生们只能暂借位于柳州鹧鸪江的 16 集团军妇孺工读学校栖身。鹧鸪江的办学条件非常艰苦，师生们在临时搭建的竹席棚子里上课，在树荫下吃饭，睡的则是用大木头绑扎的简陋架子床。

1946 年 3 月，教育部电示，借拨中央无线电器材厂在桂林将军桥的旧厂址为新校址。

将军桥本名"安溪桥"，已有千年的历史。

在五代时名为"桂州"的桂林，属于楚国，经常被南汉袭扰。楚王马希广任命将军彭彦晖为指挥使，驻守桂州。彭彦晖屯兵于南溪山白龙洞，在安溪桥附近多次打败南汉的进攻，被擢升为桂州都监。他军纪甚严，不扰民，桂州百姓很是感激，后来遂将"安溪桥"改名为"将军桥"，以示缅怀。

北宋大将军狄青率兵征讨侬智高时也曾途经将军桥，并在附近的灵顺庙祷佑必胜。他后来果然在邕州（今南宁）大败侬智高，凯旋归来时再过将军桥。

我小时候曾多次随外公去南溪山。南溪山的白龙洞前是南溪河，南溪河上有白龙桥。旧时的将军桥便位于白龙桥的同一位置，原是一座双孔石桥，桥边有凉亭，亭后便是白龙洞。旧桥于抗战时期被炸毁（白龙桥便是 1965 年在原桥址上修建的），桥侧约八十米处有一座公路桥，因实际取代了旧桥的交通功能，也被不少人称为"将军桥"。

据祖辈们回忆，1946 年迁到桂林将军桥的国立广西大学，最初只有六十多栋竹篱笆平房的旧厂房，大多已是灰墙剥落，窗门残破，四面通风。新上任的校长陈剑脩（曾任北京大学教授、江西省和湖北省的教育厅长）不辞宵旰辛劳，一边修整校舍，一边租房复课。同年 9 月，校本部、理工学院、法商学院迁入将军桥新址，农学院迁回良丰雁山旧址。

我的外公唐肇华、外婆周婉琼，就在这一年双双应聘回到已迁到将军桥新址的母校任教。次年 1 月，我的母亲唐桥星出生于将军桥的西大校园，在这里一直长到七岁。

据父辈们回忆，那时的西大校门是石砌的门柱，后面有一排古老的大松树。校内有五座山，九个湖，风景优美。北校门外还有一条小溪（即南溪）穿过将军桥下，从南溪山以东潺潺流过，融入漓江。站在漓江岸边，能远眺象鼻山。离校门不远的大礼堂附近有一个游泳池，每到夏天都开满了粉红色的夹竹桃花，美极了。

母亲记得，那时西大同事之间的关系很纯真。教职工都在一栋栋平房宿舍里比邻而居，守望相助，气氛宁静而温馨。我的四姨就是由"叶伯母"（与外公外婆交好的西大同事叶康民的夫人）来我们家帮忙接生的。叶康民教授后来成为华中工学院（今华中科技大学）化学学科奠基人。在"院系调整"中与叶康民教授同去华中工学院的马毓义副教授（后任华中工学院副院长）也是外公外婆的好友。叶、马两家回桂林时，吃、住都在我们家。

母亲记得，西大的叔伯们很多都是广东人，所以常能听到广东话。我小时候曾听她用广东话朗诵过一首她那时学的儿歌：

王嘛王先生，生嘛生个仔，仔嘛仔上楼，流（音同楼）嘛流鼻涕，剃（音同涕）嘛剃光头，投（音同头）嘛投落海，海嘛海龙王。

当时也在外公外婆所在的理工学院教英语的外文系梅斌林教授便是广东台山人。他是美国归侨，十六岁时便由孙中山介绍加入了美洲中国同盟会，曾任同盟会底特律分部部长，青年时代和孙中山多有接触。

辛亥革命的前一年，孙中山来到芝加哥，经朋友介绍，住进梅家开的"上海楼"餐馆。熟悉当地情况、且当时正放寒假的梅斌林成为孙中山走访侨胞的向导。

据梅斌林教授生前回忆，孙中山几乎是挨家挨户地去找侨胞宣传革命。因康有为之前也来过美国发展保皇党，按捐款数量送予清制官服（他宣称有权封授三品以下的官位），颇吸引了一些侨胞，孙中山的宣传进展不大。有些侨胞拿出一点点钱来支持，有些则嗤之以鼻，有些干脆拒绝访问。不少开店的侨胞一见孙中山走近就关店门。有一次，还有个侨胞一手拿着烫衣服的熨斗，一手指着孙中山，气势汹汹地说："你不要进来，我不听你的'大炮'（粤语"吹牛"），你要进来，我就用熨斗掷你！"

芝加哥首批同盟会员的入会仪式是在梅家的"上海楼"举行的。"上海楼"迁到底特律后改名"中国楼"，孙中山又在这里成立了同盟会底特律分部。

孙中山当时的宣传是深入侨胞下层的。他每到一家餐馆都去厨房和厨工们交谈，有时一谈就是大半天。他极富演说天才，很能打动听者。有些人深受感动，要求回国参加革命，也有不少人解囊捐款。孙中山廉洁奉公，所获捐款都由同盟会分部直接汇到香港作革命用途，他自己则经常身无一文，吃饭总是挑最廉价的，穿得也极朴素。他为筹款也发行公债，面额有五元、十元、二十元、五十元、一百元数种，票面注明革命成功后十倍奉还。

二十多年后，在广西大学任教的梅斌林果然收到了完全按照当年声明的加倍还款——他在底特律大学取得经济学硕士后回到祖国，先后在黄埔军校、中山大学、广西大学教英文。

当年的西大子弟大都记得，"梅伯伯"是一位收藏家，喜爱邮票、奇石、盆景、古玩，颇有些珍藏。他家客厅的墙上挂着一套套镶嵌在玻璃框中的珍稀邮票。他也会饶有趣味地和西大的子侄们讲关于邮票的各种知识。

在"梅伯伯"的影响下，很多西大子弟都爱好集邮。我儿时就听母亲说，她和我三姨小时候收集的邮票很多，有好几本邮册，包括清代的"大龙"邮票和中华人民共和国建国十周年的一套纪念邮票，都很珍贵，可惜后来在"文革"中消失无踪了。

和梅斌林教授的邮票一样令人记忆犹新的，是黄现璠教授的书。母亲记得，儿时去黄家玩（黄家幼女文魁是母亲的发小），经常看到"黄伯伯"晒书——一大堆的书，一本本地摊开，摆在院子里晒太阳。"黄伯伯"的书房也令人印象深刻，有两面墙都是顶天立地的书架，书架上堆满书籍、文稿和一摞摞的文件夹，不大的书桌上则铺满了或打开或夹着各种纸标签的书籍和手稿……

当年的国立广西大学，可谓人才济济。

1949 年，在国共内战的隆隆炮声中，在当时桂林的混乱局面下，西大师生成立了"广西大学护校安全委员会"，推举黄现璠、郑建宣、陈泰楷、郑显通、汤会盛、王子平和我外公唐肇华等七人为委员（黄现璠为主任委员），全权负责"办理本校部防护事宜"。他们日夜辛劳，增强武装防卫力量，构筑护校铁丝网，发动广大师生轮班巡逻，在当时有败兵骚扰、日夜不安的情况下，保护了西大校园和师生的安全。

这一段"教授护校"的历史，广西大学校史和广西师大出版社出版的《黄现璠自述》均有详细记载。

遗憾的是，在海内外都有很大影响的《南渡北归》对此却作了不符合历史真相的记载："1949 年秋，设在桂林的广西大学陷入空前混乱，校领导人和大部分教授纷纷逃往香港躲避"，并称时为中文系教授的逯钦立"和少数几位没有逃亡的教授一起维持广西大学的校园秩序。"

事实上，当时广西大学的大多数教授都未离校，维持校园秩序的七人护校委员会也没有逯钦立的名字。《南渡北归》作者显然未进行深入考证，就贸然采用此一家之说，以为信史。

曾经辉煌一时的西大，后来的命运令人唏嘘。

1952 年，在全国高校"院系调整"中，西大农学院被独立建制为"广西农学院"。

西大农学院曾是全国闻名的农学重镇。

20 世纪 80 年代大陆、台湾、香港三地的最高农业长官——农业部部长何康、台湾农复会主任李崇道（李政道胞兄）、香港渔农处处长黄成达，均毕业于西大农学院。他们三人都是抗战时在有"农都"之称的柳州沙塘（当时西大农学院所在地）入学，其中何、李二人还是同宿舍上下铺的兄弟。四十年后在港重聚，三位同学紧紧拥抱，互道衷情。当时香港媒体曾报道说，这是 1949

年以后国共两党最高级别的官员见面与对话。

何康在 88 岁高龄时（2012 年）还满怀深情地回忆说："生我者父母，育我者沙塘！当年小小的沙塘，却出了三个农业部长。这是偶然现象吗？不是。当时我们学校是中国农业科教的中心，人才济济，教学水平在全国一流。"

1953 年，广西大学被撤销，分散并入武汉大学、华中工学院、华中师范学院、中山大学、华南工学院、华南师范学院等十三所高校。文法学院、理学院的 53 名教师和师范专修科的 258 名学生在将军桥原址成立新的广西师范学院。我外公当时被任命为广西师范学院筹备委员会委员，参与了这一新旧交接的过程。

1954 年 7 月，在周恩来总理亲自过问下，广西师范学院奉命与中国人民解放军西南军区特科学校对换校址。当时正处于抗法战争中的越南急需培养一批军官，向"同志加兄弟"的中国提出请求，离越南不远、当时在桂林靖江王城办学的中国人民解放军第二十四步兵学校便承担了这一任务，对外称"中国人民解放军西南军区特科学校"，实为"越南陆军学校"。因王城位于桂林市中心，不易保密，而将军桥位于郊区，两面环山，更为隐秘，且占地广阔，内有五山九湖，利于训练，遂决定对换校址。

王城校园的面积比将军桥校园小了三分之二，且房舍不足，一时难以安置师院师生，是以在独秀峰西边新建了三栋二层楼的教室，在月牙池边建了一栋三层楼的学生宿舍，在独秀峰西北角处建了两幢院长宿舍，在学校大门的对面建了几个教工宿舍区。我母亲回忆说，我们家所在的南区当时共建了六幢教授宿舍、三幢讲师宿舍、一幢助教和职员宿舍，都是苏联专家设计的。一进门就是三个连在一起的花坛，宿舍楼周围环绕着整齐的草坪和冬青树丛。当时一切都向苏联学习，对高级知识分子比较优待，所

113

以每套教授宿舍都设有一个小小的保姆房（也就是我小时候的杂物房），卫生间还安装了当时很少见的冲水箱。

1954 年 8 月，广西师范学院从将军桥搬到王城，也就是今广西师范大学的王城校区。

将军桥的西大故园，从此成为我的祖辈、父辈们一生的怀念。

1958 年 5 月，这里又变成了"桂林步兵学校"（桂林人称"步校"）的校址。有"军中小桂林"之称的步校，隶属广州军区，为中国人民解放军培养了大量优秀指挥员，也为越南人民军培训过不少军官。

1988 年 8 月，已到不惑之年的母亲，带着少年的我去当时已改名为"桂林陆军学院"的将军桥西大故园重寻她的儿时旧居。在与当年旧居相似的一栋平房前，她伫立了良久。似乎，三十四年的时光只是弹指一挥间……

七星岩内成仁的八百壮士，
桂林保卫战中殉国的阚维雍将军

小时候，常随外公行走桂林山水。

抗战时曾参加广西学生军、曾穿草鞋行军的外公，是个喜欢走路的人。从伏波山、叠彩山、榕湖、杉湖到象鼻山、七星岩，他总是带我和弟弟徒步而行，从不坐公交车。

七星岩相对要远一些。经解放桥过江，到了漓江东岸，还要走一段路才到。不过，一过桥，就能远远望见七星公园中如北斗七星的七座山峰——如斗勺的普陀山四峰（天枢、天璇、天玑、天权），如斗柄的月牙山三峰（玉衡、开阳、瑶光）。

七星公园入门处有一座古色古香的长桥，横卧于清澈的小东江与灵剑溪之上，背倚着青翠的山峰——这就是白先勇在《花桥荣记》中念念不忘的花桥。

花桥包括六孔旱桥和四孔水桥，都以青石砌成。水桥上的桥亭，白玉栏杆，朱红廊柱，绿琉璃瓦顶，四个半圆形的桥拱与水中的倒影相连，就如四轮玉盘般的明月，是为"花桥虹影"。前人有诗赞曰：

> 四轮明月伴芙蓉，半入澄江半化虹。

花桥初名嘉熙桥，建于南宋嘉熙年间，元末明初毁于洪水。明代重建时，因桥两岸遍植桃花、翠竹，春夏时节烂漫缤纷，小桥掩映于"满溪流水半溪花"的美景间，遂改名"花桥"。花桥原来只有水桥，重建时为排洪而增建了旱桥，涨水时洪水即从平日冷清的旱桥桥拱下汹涌而过。古人的智慧，实在令人赞叹。

七星公园的主体即普陀山。桂林山水的精华——一江（漓江）、两洞（七星岩、芦笛岩）、三山（象鼻山、叠彩山、独秀峰）中的七星岩就位于普陀山的山腹。七星岩又名栖霞洞、碧虚岩，洞内遍布天然生成的石钟乳、石柱、石笋、石幔、石花，瑰丽奇绝，千姿百态。传说，隋唐时期就有人举着火把入七星岩探幽，惊为"神仙洞府"。

普陀山的南面是月牙山，因山腰有一块远眺如一弯新月的岩石而得名。月牙山中有龙隐洞，洞口有"破壁而飞"四个大字——传说曾有蛟龙在此腾空。龙隐洞附近的龙隐岩内是著名的"桂海碑林"，共有碑刻两百余件，其中包括颜真卿的"逍遥楼"，米芾的"还珠洞"题名，陆游的《诗札》，以及范成大、张孝祥等人的题刻，等等。

月牙山以素食闻名，月牙楼的尼姑素面尤其出色。传说，一百多年前，月牙山隐真岩有一位尼姑做得一手好素面，久而久之人们便称之为"尼姑素面"。抗战时期号称"桂林三宝"之一的月牙山豆腐，则是明末栖霞寺住持浑融的秘方。当时流亡到桂林的茅盾、叶圣陶、熊佛西、徐铸成等人都曾前来品尝，赞叹之余，皆有记载。叶圣陶在《蓉桂之旅》中便曾写道：

> 梁漱溟先生自港回国，留居桂林（梁本桂林人），近寓所中，现之（作者注：唐现之）、彬然（作者注：傅彬然）导余往访之……坐少顷，现之邀往吃月牙山豆腐。月牙山在研究所附近，山前有素菜馆，煮豆腐尤有名，桂人所谓桂林三宝之一。

普陀山后是骆驼山，又名酒壶山、壶山。

当年，外公会引导我们仔细看这座山的形状——初看，酷似一匹蹲在地上的骆驼；再看，又像一把古式酒壶。

相传，明亡后江南名士雷鸣春流落到桂林，于此山结庐隐居，以行医授徒为生。他喜饮酒，饮必醉，人称"雷酒人"。雷酒人在山前山后遍种桃花，每当春暖花开之时，灿如云霞，绯红一片，即桂林新八景之一"壶山赤霞"的由来。

在七星公园的景观中，我印象最深的是位于普陀山博望坪的三将军墓和八百壮士墓。

小时候，每次去七星公园，外公都会带我们到墓前驻足瞻仰。那种庄严、肃穆的英烈之气，在童年记忆中非常鲜明。

三将军和八百壮士都是在 1944 年的桂林保卫战中为国捐躯的。

1944 年，日军发动豫湘桂战役，妄图打通大陆交通线，摧毁中美空军基地，消灭抗战有生力量。长沙、衡阳陷落后，由日军悍将横山勇率领的第 11 军以三个师团约六七万人的兵力于 11 月 1 日开始进攻桂林。

当时的桂林守军只有两万五千人，主要是桂林城防司令部下辖的两个师——31 军 131 师和 46 军 170 师。原城防部队的两个主力师——46 军 175 师和 31 军 188 师则已被白崇禧调离桂林。

时任 131 师师长的阚维雍少将，曾是我的二姑爷爷唐真如（外公的二姐夫）在第四集团军通讯兵团任职时的老长官。

阚维雍是柳州人，生于传统书宦之家，是一位儒将，面貌秀气，身材修长，戴一副眼镜，十分斯文。他的国学功底很好，写得一笔好字，能诗会画，一手胡琴也拉得行云流水，而且记忆力惊人。

阚维雍早年求学于广州医科学校，后投笔从戎，以第二名的优异成绩毕业于广西陆军讲武堂工兵科。

1924 年，李宗仁任广西陆军第一军军长时，阚维雍是该军的少尉参谋。1935 年阚维雍升任第五路军交通兵团少将团长。自陆军大学将官班毕业后，他出任 31 军参谋长，参加了昆仑关战役。1942 年调任 131 师师长，坐镇桂西南，捍卫疆土。

阚维雍带兵有方，每天清晨都身着士兵服装和下属一起赤脚训练，走到哪里都能和官兵打成一片，深受爱戴。

131 师驻守龙州时，他曾亲率官兵深入丛林，披荆斩棘，割草伐竹，搭建营房。因龙州邻近当时被日军控制的越南，常需到越南进行侦察，他自学了日语、越语、英语，还为官兵编写了《越语入门》。

在桂林保卫战中，阚维雍将军表现出了中国军人的凛然正气、不屈傲骨。

在强敌数倍于我、外无援兵、内无补充的情况下，守城将士虽然英勇抗击，终归是孤军奋战。11 月 9 日，日军突破漓江防线，攻入东华门。桂林城防司令韦云淞在铁佛寺内召开了紧急军事会议，决定弃城突围。

在战前就已立志"与桂林城共存亡"的阚维雍，虽然竭力主张死守至最后一人，却改变不了弃城的决定，乃愤然离席。

他回到师部，召集了团以上军官，要他们设法突围，并说："桂林的防守虽然失败了，相信中国是不会亡的！"然后，他将一条写有"大忠大孝，成功成仁"的手帕和一些日常用品交给卫士，托他转给家人，随即走入寝室开枪自杀。

临死之前，他写下了壮烈的绝命诗：

千万头颅共一心，岂忍苟全惜此身。

人死留名豹留皮，断头不作降将军！

1944 年 11 月 10 日，桂林沦陷。

当时，有近千名官兵退守七星岩内。日军喊话劝降，却没有一个中国军人出来投降。日军于是用山炮猛轰岩口，再用火焰喷射器向岩内喷射，并施放瓦斯毒气弹。除团长覃泽文和少数士兵从后岩逃出外，绝大部分官兵壮烈殉国。

抗战胜利后，广西省政府专门派人进入七星岩内搜寻忠骸。

据 1945 年 11 月的《广西日报》报道：

> 岩内尚余忠骸八百余具，尽属广西子弟。计有 303 轻机枪连，该连长死时尚作紧握马缰姿势，忠马亦死其旁，想为作战中毒而死。此外有防毒排、迫击炮排、第一连、团部官佐、卫生队、野战医院及三百余伤兵。枪支多弃掷岩内深潭中……岩内忠骸死状极惨，盖于敌人用毒气后，复用火攻，以是死者有头伸入石钟乳之内，而身在外以避毒气者，有仰卧者，有尚作射击姿态者，而今英姿宛在……

最终搜寻出的 823 具忠骸，合葬于普陀山霸王坪（今博望坪），是为"八百壮士墓"。

阚维雍将军殉国后，日军钦佩他的忠勇，将其遗体殓葬于桂林城防司令部，立一木牌"支那陆军阚维雍将军之墓"，并对天鸣枪三响，以示钦敬。

抗战胜利后，国民政府追晋阚维雍为陆军中将，为他举行了国葬，将他与在桂林保卫战中殉国的另外两位将军，陈济桓（追晋为上将）、吕旃蒙（追晋为少将）同葬"八百壮士之墓"左侧，是为"三将军墓"。墓旁还建了三将军殉职纪念塔，为四方柱形，碑文正面为国民政府主席蒋中正题字："维雍、济桓、旆蒙同志暨守城阵亡将士千古　英风壮节"，至今尚存。

伏波山的伏波将军遗迹，
伏和路的半亩园旧事

　　小时候，外公最常带我们去的一座山，是漓江边的伏波山——出了王城的东华门，沿着漓江边的滨江路步行约十分钟，就是伏波山了。

　　临水而立、孤峰拔起的伏波山，是桂林城中眺望桂林山水的最佳处。当时已经年过花甲的外公，总是带着我和弟弟一口气爬到山顶，在清风徐徐中欣赏秀美如画的漓江、叠彩山、独秀峰、象鼻山、老人山、尧山、穿山、塔山……一江碧水宛转回环，恰似"水作青罗带"；远近群山峻峭挺拔，确是"山如碧玉簪"。

　　相传，伏波山是因东汉伏波将军马援而得名的。当年马援将军奉汉光武帝刘秀之命南征交趾，经过桂林，曾在此山试剑。唐朝时，山南建了"伏波庙"，山遂得名"伏波山"。

　　或许是马援将军试剑的遗风所致，桂林的舞剑爱好者喜欢在伏波山舞剑。我小时候，山顶常有一群人身着白色短衣和黑色绸裤，手持双剑，翩然舞动，寒光闪闪，剑气森森，颇有些武侠的意味。广西民风尚武，于此也可见一斑。

　　当年，每次从山顶下来，我们还会去山腹的还珠洞走一圈。"还珠洞"之名也与马援将军有关。相传他南征交趾时，军士多染疾病，以当地出产的薏苡治疗，效果甚好，遂购买了一批带回中原作药用。不料，有人诬称这是他搜刮来的合浦珍珠。他愤而将所谓的"珍珠"当众倒入漓江，流归合浦，以证清白，是为"还珠"。还珠洞又叫伏波岩，临江的洞口有一方自洞顶垂悬而下的巨石，距地面寸许处戛然而断，蔚为奇观，传说就是马援用剑劈成的"试剑石"。当年他在出发前选定此石试剑，剑一落，石即断。

作为一位"谋如涌泉，势如转轨，兵动有功，师进辄克"的名将，马援将军大半生都在为国征战，北出大漠，南渡江海，留下了"老当益壮""马革裹尸"的千古美谈。唐代诗人李益曾在《塞下曲》中将他与东汉定远侯班超相提并论：

伏波惟愿裹尸还，定远何须生入关。

伏波将军的英名，与伏波山融为一体，永存桂林。

如今，伏波山下的滨江路上有一间三星级的"伏波山大酒店"。大概已经很少有人知道，这里曾是民国时期的广西著名教育家唐现之的私宅——半亩园。

这个地方，曾在母亲的娓娓讲述里，给童年的我留下了难忘的印象。

大伯爷（母亲五姐妹对她们的大伯唐现之的称呼）
一生虽享盛名，但生活简朴，平生积蓄皆投于教育，不治私产。唯一奢华之处，是喜爱花木。他那幢简单朴素的黄砖房子后面有一个颇大的花园，育有梅花、桃花、玉兰、兰花、米兰等许多花木，其中最珍贵的是一株罕见的绿色梅花树与一株灌阳梨。幼时至其家，若正逢盛时，大伯爷总会折花以赠。

母亲回忆说，她小时候，外公每次去大外公家，都会带她一起去。那是一栋三开间的砖造平房，门牌号为伏和路北一里七号，院子的正门上挂了一块木牌——"半亩园"。

"半亩园"是抗战胜利后大外公从重庆归来桂林后重建的家园。当时，因位于桂林施家园的旧居已在日寇入侵时被焚毁，大外公于是在伏和路北一里买了半亩地，向农民银行贷款，向广西省政府借款，加上一些朋友和学生的捐助，才建成了这栋简单而朴素的"半亩园"。

母亲记得，"半亩园"的客厅里有一套棕色的樟木沙发，风格简洁朴实，一长两短，配两个同样质地的茶几。墙上挂着几幅字画，还有一些盆景植物，包括几盆兰花和一盆昙花，都种在绿色的花盆中，有高有矮，散发出满屋的幽幽清香。

母亲说，当年的"半亩园"总是高朋满座。

> 大伯爷与当时国内教育界文化界的很多人都有交往，与陶行知、梁漱溟、卢作孚、晏阳初、丰子恺、欧阳予倩、田汉、徐悲鸿等关系尤深。他的朋友之多，上至达官贵人，下至贩夫走卒，比比皆是。幼时与大伯爷一起出街，满街之人均争相向他问好。

1955 年，在广西声望卓著的大外公被国务院总理周恩来任命为广西省司法厅长，因而迁居省会南宁，行前将自己一家居住了近十年的"半亩园"捐给了桂林市人民政府。

1957 年，士人风骨、因言获罪的大外公成为被《广西日报》点名批判的"右派"。

1965 年，从小对"大伯爷"感情很深的母亲，在考大学之前的填表中，将当时要求填的唯一一个社会关系填了"大伯唐现之，原司法厅长，曾是右派，已摘帽"。在那个看重阶级成分、可能因此影响录取的年代，当时才 18 岁的母亲可谓不惧连累，有情

唐现之（后排左）和教育界同仁

有义。

1975年9月14日，在"文化大革命"中经历了抄家、批斗、冲击巨大的大外公，因胃癌逝世于桂林市人民医院，享年78岁。

后来，大外公的旧居被拆除。再后来，这个地方就建成了中外合资的"伏波山庄"（后更名为"伏波山大酒店"）。

当年，外公也经常带我们去离伏波山不远的叠彩山。

相传，"叠彩"之名，出自曾任桂管观察使的唐代诗人元晦（元稹之侄）。他在《叠彩山记》中有言，"山以石文横布，彩翠相间，若叠彩然，故以为名"。明崇祯十年，旅行家徐霞客云游此山，在其游记中记录说，"山门当两峰间，乱石层叠错立，如浪痕腾涌，花萼攒簇，令人目眩，所谓叠彩也"。

叠彩山下有叠彩亭，为清代桂林知府、广西按察使秦焕（宋代词人秦观的后人）所建。伫立亭中，遥望叠彩山主峰——明月峰，可见山石层层横断，似一匹匹琳琅满目的彩缎相叠，恰如"叠彩"。叠彩山并不高，可一气爬到山顶。在明月峰之巅的拿云亭也可俯瞰桂林城的全景：东望尧山，有群山竞秀；北眺虞山，见澄江如练；近处的伏波山、独秀峰，傲然挺立；远远的斗鸡山下，水天相连；真的是"一面晴风四面山，望疑仙境在人间"。

风景秀美的叠彩山，也有着英雄的历史。一入山门，便可见到明末抗清英雄瞿式耜、张同敞二公的成仁碑，青石质地，上书"常熟瞿忠宣江陵张忠烈二公成仁处"。当年，南明永历朝廷的文渊阁大学士兼吏兵二部尚书瞿式耜与其门生、兵部右侍郎张同敞一同坚守桂林，不幸兵败被俘。他们严词拒绝了本是明朝降将的清军主帅孔有德的百般劝降，在经历了种种酷刑后，于此就义。

有瞿、张二公英灵不灭的叠彩山，在抵御日本侵略者时也展示了同样的浩然正气。今日的叠彩山，依然保存着桂林保卫战时期的一些战壕、碉堡，也铭记了近代中国著名教育家、复旦大学创始人马相伯先生与桂林的抗战情缘。

1937 年上海沦陷后，97 岁高龄的马相伯先生应李宗仁将军邀请，移居桂林，在叠彩山风洞东侧的景风阁住了一年——建于唐代的景风阁，一向是文人聚会之地。清光绪二十年，康有为应其桂林籍门生龙泽厚之邀来桂，也在景风阁住了四十日，并于此设讲堂讲学。马相伯先生于 1939 年病逝于越南谅山后，桂林各界在广西省政府礼堂为他举行了隆重的追悼大会，还在叠彩山风洞口的左面石壁上为他留下了一幅石刻画像。这位爱国老人的灵魂在他所喜爱的桂林山水中得到了安息。

山水毓秀的桂林，固是有情之地。

桂林中学的甲山校园，
李宗仁夫人郭德洁创办的德智中学

八岁那年的夏天，我和弟弟、表妹每天都跟着大姨妈唐雁星去漓江对岸的訾洲泳场。

大姨妈是桂林逸仙中学的数学老师，趁暑假回来照顾我们几个在外公家过暑假的"把爷"（桂林话"小孩"）。每日午后，她都会带我们坐乌篷船去訾洲。那时的漓江江面上有不少乌篷船，都是以舟为家的"疍民"的居所。"疍民"又称"疍家""水上人家"，世世代代都在水上讨生活，以渔为生，也兼做一些水运。途中，疍家会卖一种在船上用火炉自烤的、味道特别好的小饼。大姨妈每次都给我们买。

那时的漓江水很清，而洗衣机还未流行，所以总有些人来訾洲的江边洗衣服，在洗衣盆和搓衣板之间来回搓洗，颇有几分"万户捣衣声"的味道。从小就是"书呆子"的我，虽然一再被大姨妈催着学游泳，还是要么只泡水，要么和弟弟一起扔鹅卵石玩。有一次，我们扔的鹅卵石溅到一个洗衣盆，那个刚将衣服洗干净了的阿姨很生气，质问我："你妈妈叫什么名字？"（意思是要找家长）我知道是自己不对，战战兢兢地说了母亲的名字。谁知，那阿姨不但转怒为喜，而且兴奋地说："你妈妈是唐桥星？我是她桂中的同学，我叫封翔翔。她在哪里？"知道妈妈在重庆，这次没和我们一起回来，她为不能相见而遗憾。

因着这位和母亲同年级不同班的封阿姨，我才知道，母亲当年是桂中（桂林中学）的优秀学生，数学、物理、化学经常是第一名，在同学间很有威望。

桂中是桂林最好的中学。当桂中还是"广西省立第三高级中学"（位于靖江王城）时，外公也在这里读过书。与金庸齐名的香港武侠小说家梁羽生及其同乡好友、与我们家同住师大南区的钟文典教授，也都是桂中校友。

母亲回忆说，当年中考的录取率很低，有的中学只有一两个学生考上高中，有的甚至为无人考取，而桂中高达60%。她那一届（1965年）高中只录取了三个班。桂中的高中部集中了全市的优秀教师。比如物理老师李先知，不用备课、看讲义，就可完整地背出物理教材，数学老师秦宗汉和化学老师王世维也极有名气。秦宗汉老师也是梁羽生和钟文典当年的老师。

母亲说，桂中的学习要求很高。有一次，李先知老师在黑板上出了一道难题，指名叫母亲上台做。母亲写出方程式和答案，李老师问同学们"对不对"？无人回答，因很多人都未解出。李老师于是宣布，"她解的是对的"，然后详说解题思路。同年级另外两个班也没解出来。李老师说，"80班的唐桥星几分钟就解出来了！"

母亲的初中和高中时代都是在桂中的甲山校园度过的，即李宗仁夫人郭德洁创办的德智中学旧址。校园位于甲山脚下、桃花江边，风景秀丽。从市区到校区，要经过"德智桥"（今胜利桥）。学生们平时都住校，从家里带一个锑桶（过去民间称呼，实际为铝质）来洗脸洗澡，带一瓶食油加酱油来拌饭菜。每天都有早锻炼，课余经常爬山，周六放学回家和周日晚上回校都是步行，大约走45分钟。那时，学生们经常不走大路而走小路，为了赤足涉水过美丽的桃花江……

青年时代的母亲和三姨

我的三姨唐小雁当年也是桂中的优秀学生，每门课的考分都在 97 分以上。母亲常说，只比她小一岁的三姨，如果不是赶上了"知识青年上山下乡运动"，肯定能考上清华大学。

母亲说，甲山的桂中食堂有位工友，人称"小郭"，就是郭德洁的侄女。小郭当时在食堂洗菜、卖饭，最怕人提到郭德洁这个"海外关系"。后来，李宗仁夫妇从海外归来，受到盛大欢迎，"小郭"就被政府安排去北京照顾她姑母了。

我小时候，桂林依然有相当浓厚的桂系历史氛围，流传着很多李宗仁和郭德洁的传说。

郭德洁是广西桂平县人，原名郭月仙，父亲郭六是当地一个有名气的泥瓦匠，家境小康，娶有三妻，生五子二女。郭月仙是长女，天生丽质，心性聪明，从小就争强好胜，心高气傲，常说"女子也能出类拔萃"。大革命时期，偏僻的桂平也兴起了女子上学的风潮。郭月仙当时已十四五岁，不顾邻居的讥笑和家人的劝阻，报名进入桂平女子师范学校读书。她很用功，考试都名列前茅，也常担任掌旗手带领同学们上街游行，是学校里的风云人物。

郭月仙十六岁那年，当时驻军桂平的李宗仁从城门楼上望到她在游行队伍中掌旗，一见钟情，经郭氏族人郭凤岗（李宗仁的陆军小学同学）介绍与她相识。时年三十一岁的李宗仁，防区已有七个县。郭月仙慧眼识英雄，遂有婚嫁之约。其时李宗仁在临桂老家已娶妻李秀文，且已生子李幼邻，郭月仙也已订婚，其父郭六因而不同意这门亲事。郭月仙很有主见，坚持退婚，宁可嫁给李宗仁做侧室。郭六见女儿态度坚决，且李宗仁在桂平一带声望甚好，最后也同意了。婚后，李宗仁为"郭月仙"改名"郭德洁"。

郭德洁凭着自己的聪明才智，逐渐取代了人称"大夫人"的李秀文的地位，成为事实上的"李夫人"。

据老桂林人说，郭德洁在李宗仁统一广西之后，仍然亲自操持家务，经常骑着自行车上街买菜，并坚持不请保姆，对李宗仁的衣食照顾甚周，事必躬亲。她也以蒋夫人宋美龄为榜样，努力塑造自己"广西第一夫人"的形象。

1937年，全面抗战爆发，李宗仁出任第五战区司令长官，郭德洁也在后方积极从事抗战宣传和慈善事业。她频频出现在桂林的大街小巷和民众集会上，发表抗日演说，组织抗战募捐，慰劳伤兵，领导广西妇女救亡。

战时的桂林有许多无家可归的难童，衣衫褴褛，蓬头垢面。1939年2月，郭德洁在重庆获知中央赈济委员会准备拨款在各地收容5000名难童，当即恳求在广西收容1000名，3月即获拨款10万元。

为找一个在战火中相对安全的院址，她四处寻觅，最后选定桂林两江的宝山，因有天然的岩洞可供防空避难。1939 年 11 月 1日，拥有二十多个教室、9 个难童宿舍、礼堂、饭堂、图书馆、办公厅、医疗所、院警队的桂林儿童教养院正式落成。

在郭德洁的东奔西走和社会各界的热心赞助下，桂林儿童教养院很快就初具规模，在抗战时期共收留难童一千二百多名，是全国收容难童最多、坚持时间最长的几个教养院之一。1946 年教养院改名为"社会部广西育幼院"。我的八姨公黄显图（广西籍国大代表）孤身赴台后再娶的陈葵仙（广西籍监察委员），在大陆时就曾是社会部广西育幼院的院长。

据老桂林人说，当年的难童都称"郭院长"为"郭妈妈"，都知道是"郭妈妈"到处募捐，才能供他们吃饱穿暖，连穿的衣服也是"郭妈妈"从部队弄来的军服。

有一次，"郭院长"得知一位营长在前线殉国，患有重病的遗孀带着不满三岁的儿子住在乡下，生活艰难，她自掏腰包请了医生和保姆前去照顾烈士遗孀，并亲自上门将烈士之子接到儿童教养院上学。因战时财政困难，"郭院长"还经常动用私蓄来资助学校。

1940 年，郭德洁又开始筹建"私立德智中学"。"德智"之名，由李宗仁取自"教人以德，诲人以智"。在校址的选择上，因李宗仁不愿以权谋私，建议校方自行解决。校方遂找桂林市政府教育科长秦昌岐商量。秦昌岐建议以其老家甲山乡巫山脚村与徐家村之间的一块草场为校址。两村曾为这块草场发生过诉讼乃至械斗。如今将草场用来办学，不但了结了纷争，也解决了两村子弟的入学问题，可以说皆大欢喜。

1940 年，二十多栋砖木结构的大礼堂、科学馆、图书馆、艺术馆、办公室和教室在此地落成，德智中学正式开学。当时正在湖北老河口前线抗日的李宗仁，不但专程回桂出席开学典礼，还为学校题词"蔚成国器"。

当年的德智中学有四个高中班、八个初中班，学生共计480人，开设的课程有国文、英文、算学、历史、地理等，是当时桂林一所基础设施较为完备的大型中学。学生一律住校，实行半军事化管理，校风严明。

当时有人问起办学的原因，郭德洁坦然回答，自己上学较晚，学习的时间又短，深感掌握的知识太少，而战争结束后需要大量人才建设国家，没有学校是不行的，办学校和保育院就是想在这方面尽一点力。

1949年11月，郭德洁随李宗仁去港，旋即赴美。12月，德智中学停办.

1950年，成立不久的中华人民共和国为了帮助当时正在抗法的越南，同意一批越南学校在中国办学。越南桂林育才学校遂于次年迁入甲山的德智中学旧址，直到1958年才迁回越南。

1958年，桂林中学从解放西路迁到此地办学。

1966年，因越南战事而迁到桂林的越南南方普通学校、越南南方民族学校、越南南方儿童学校再度借用甲山校舍，桂林中学因而迁回解放西路。

因越南国庆为9月2日，这三所学校和同时迁到桂林的阮文追少年军校被统称为越南"九二"学校。

先后在甲山办学的越南桂林育才学校和越南"九二"学校，为越南培养了大批人才，后来成为越南党政军和各行各业的骨干，其中不乏越南的国家级领导、省部级干部、人民军将领、知名教授、科学家、艺术家和企业家。

如今，当年的德智中学和桂林中学的甲山旧址，一半是德智外国语学校，一半是桂林师范高等专科学校（前身即我大外公唐现之创办的"广西省立桂林师范学校")甲山校区。两校都建了不少新楼。校园里还保留着当年风貌的，是几栋青砖、琉璃瓦、圆柱前廊的"故楼"，在巍峨耸立的棕榈树、樟树和苦楝树掩映下，述说着八十多年的故事……

纪念孙中山的逸仙中学，
在战火中随校迁移的何香凝老人

高二那年的暑假，我在桂林象鼻山旁的逸仙中学住了整整两个月。

我的大姨妈唐雁星当时是逸仙中学高中部的数学教师兼班主任。严重偏科（文）的我因而被母亲送到大姨妈家补习数学，以备战一年后的高考。

大姨妈一家三口住在逸仙中学校内大操场边的一栋教工宿舍楼中，小小的两房一厅，布置非常简朴。客厅里只有两张单人的木沙发，唯一的一架十四寸旧电视明显过时（当时流行的已是二十寸电视）。

那时的知识分子待遇低，社会上流行一句话——"拿手术刀不如拿剃头刀，造原子弹不如卖茶叶蛋"。当时在桂林冶金地质学院（今桂林理工大学）任教的我四姨父吴虹，就曾笑说"小偷都不会找我们下手，他们都知道最穷的就是教授"。

那时，我每天都皱着眉头做数学题，但实在是没有兴趣，反而经常偷看自己带来的《宋词故事》。黄昏的校园漫步则是每天最放松也最开心的时候。十五岁的我，带着九岁的表弟张东林，一大一小的两个孩子，沿着大操场一圈又一圈地走……那一幕，就像电影中的场景，多少年后都清晰如昨。

东林是个很聪明的小孩。他喜欢讲普通话，散步时会问我各种各样的问题，而我居然都能答出来。他因而非常喜欢我，几次对人说，"世界上没有比我姐姐更聪明的人了，她什么都知道。"

让我欣慰的是，当年我带着散步的那个小男孩，后来成为桂林市至今绝无仅有的中考加高考双状元。在北京大学获得数学学士后，他师从中国科技哲学史界的著名学者吴国盛教授，连续取得北京大学的哲学硕士和博士学位，然后在大学讲台上继承祖业。

教书育人，是我们家的传统，可以说前仆后继，薪火相传。

从大外公唐现之开始，百年以来已有十九人从教，从大学到中专、中学、小学，从桂林、南宁、广州到宁波、上海、纽约，从繁华都市到偏远乡村……

大姨妈就曾是一位乡村教师。

高中毕业后，她考入广西师范学院（今广西师范大学）数学系。毕业时，因"家庭出身"不好，她被分到位于湖南沅江的解放军军垦农场。她曾回忆说，农场位于洞庭湖边，围湖造田，面积很大，一望无边。每块田都有40亩，整齐划一。她们属于农场的女生连，住的是自己盖的草房。每间住两个排，都是大通铺。排长是学生，连长、指导员、事务长都是军队派来的。

女生连的主要工作是修水渠、筑堤坝、插秧、割禾等，也种菜、养猪。大姨妈有一半的时间在炊事班，做过炊事员和饲养员，煮饭、炒菜、喂猪，什么累活、脏活都干过，每年都被评为五好学员。

大姨妈后来被调到贵县的农村中学教书。当时，被打成"反动学术权威"的外公在校办工厂劳动，工资被停发，每月只给基本生活费。在上海读大学的母亲顿陷困境。在贵县的大姨妈毅然从每月微薄的40元工资里挤出15元来资助妹妹。

在这样的情况下，大姨妈还秉承父辈的优良传统，不忘资助贫穷学生。四十多年后，她当年在贵县的一个学生、后来广州的一个正局级干部，不忘师恩，千方百计地打听到了她在桂林的电

大学毕业后在洞庭农场做炊事员的大姨妈（右）

话号码。当时已经五十多岁的这个学生，在电话里很动感情，询问有无需要办理之事。大姨妈说："没有，你还记得老师，我就很高兴了。"

大姨妈在贵县多年，"文革"结束后才调回桂林，在当时名为"桂林市第二中学"的逸仙中学任教。因着这一段"蹉跎岁月"，她结婚很晚。毕业于武汉邮电学院、在桂林市科技情报所工作的大姨父张彰逸是广东普宁人，他们唯一的孩子东林就在逸仙中学的校园长大。

逸仙中学是在桂林的一些广东人为纪念孙中山先生而创办的。

清光绪三十一年(1905年)，广东旅桂同乡会在广东会馆办了"私立公益小学堂"。1922年，孙中山曾来此视察，鼓励广东同乡"不仅要办小学堂，还需办中学堂"，"兴学储材，以为国用"。1938年，

"私立逸仙中学"在广东会馆成立，与公益小学堂同一个校长。

在这之前，桂林只有一所中学——"广西省立桂林中学"。在私立逸仙中学"的带动下，"私立汉民中学"也于次年在穿山脚下开办。两年后，德智、松坡、景崧、立达等多所中学也陆续创办。

位于象鼻山旁的逸仙中学，最初的校门是临江的，出门十几步便有二十来级石阶通向江面，与当时落成不久的漓江大桥近在咫尺。全校共有十一个班级，作为校舍的广东会馆比较狭仄，没有操场，体育课需出外进行。教师大多为广东籍，包括一些在卢沟桥事变后毅然从日本归国的爱国留学生，也有一些流亡到桂林的文化人，如作家巴金、艾芜。

当时的桂林，因位于后方，相对安全，加之山清水秀，物价便宜，很多全国知名的文化人纷纷来此避难，一时群贤毕至，有"抗战文化城"的美誉。

1938 年 10 月，巴金在广州陷落前一天撤出，辗转梧州、柳州，于 11 月上旬到达桂林。他创立了文化生活出版社桂林分社，自任总编辑，同时在逸仙中学授课。

1942 年，因战事吃紧，出版社的许多同事都离开了，出版社也陷入危机。悲寂之中的巴金，幸得未婚妻萧珊毅然放弃西南联大外文系的学业来桂陪伴。他深受感动，很想立即完婚，但因经济拮据，一时难以如愿。他拼命写书、译书、编书，终于积攒了一笔费用。

1944 年 5 月 1 日，在经历了八年的爱情长跑后，40 岁的巴金和 27 岁的萧珊在桂林举行了简单的婚礼。新房也在漓江东岸，是巴金向朋友借的一间房，没有添置一丝一棉、一凳一桌，只有一张巴金四岁时与母亲的合影。

巴金的四川老乡、同道朋友艾芜，则是 1939 年 1 月来到桂林的。除了写作,也在逸仙中学教书,在《桂林晚报》任副刊编辑。他还担任了中华全国文艺界抗敌协会桂林分会的常务理事,负责主编《抗战文艺》,并为文艺学习班及青年文艺写作研究会讲课。

据史料记载,当年在桂林的这些作家几乎都穷到无隔宿之粮。在街头行走时,艾芜经常是一手拿一把雨伞(桂林多雨),一手拿一个装米的口袋。他的住所也飘零无定,一时在太平路的《救亡日报》社借住,一时在邻近七星岩、便于躲空袭的东郊施家园栖身,一时又搬到有大片乱葬坟的观音山临时搭建的竹棚中。

当时的桂林也接纳了很多原本是军政要人的难民。

香港沦陷后,国民党元老、廖仲恺夫人何香凝于1943年夏抵桂,带着两个小孙在观音山麓的一所简易小屋临时安置下来,恰好与艾芜为邻。

在桂林,何香凝积极参加各种抗日救亡活动,曾与柳亚子、李济深、龙积之等老人组成"长老团",带领桂林民众进行"国旗献金大游行"。当时在漓江东岸的园背村辟地种花、以卖花维持生计的广东籍爱国将领蔡廷锴,见她住的小屋破旧不堪,特让工友代为雇人粉刷并加固。

1944年,日军逼近桂林,广西省政府准备迁往百色。身兼广西省政府顾问的广东旅桂同乡会理事长、逸仙中学董事长李民欣,奉命约请广东籍的"廖夫人"一同疏散去百色。蒋介石也派张治中送来十万元路费,请"廖夫人"去重庆。何香凝以路远崎岖、带两孙途中不便为由,谢绝去重庆,璧还路费。她也不想去百色,而是希望随逸仙中学疏散。

李民欣乃嘱咐逸仙中学校长刘嘉伟安排何香凝祖孙疏散,对外称为教职员家属,一起乘民船去事先已派人联络的昭平县。因昭平的广东会馆破烂不全,逸仙中学向县立小学借得两间教室作为临时宿舍，其中一间就是专为何香凝祖孙准备的。刘校长一家也租了县立小学旁的民房，便于就近照顾。因昭平位于桂林与梧州之间，日机经常掠过上空，每天都有两三次空袭警报。警报一响起，刘家就带着这一老两小一起到别村的一个学生家躲避。

在昭平，逸仙中学一时难以复课，暂时停办。师生员工除了自愿他去的，都迁到贺县的八步镇。校董会与广东同乡会出资办了一个小型的手工业工厂以安置师生员工及家属。何香凝祖孙也随之迁徙到八步的马峰乡，一直住到日本投降。

> 万里飘零意志坚，怕为俘虏辱当年。河山不复头宁断，逆水舟行勇向前。
>
> 漂泊天涯隐桂林，国仇家恨两相侵。写幅岁寒图易米，坚贞留得万年心。

当时已是六十来岁的何香凝，在战火中流亡到桂林，再与桂林逸仙中学的师生一起逃难到昭平及八步时写下的这些诗句，正是当年那个多灾多难却坚强不屈的中国的写照。而那个英才云集、以笔救亡的"抗战文化城"桂林，也在中华文化史和桂林地方史上留下了光辉的、可歌可泣的一页。

成都篇

"树德树人"：

川军名将孙震将军创办的树德中学

1985 年 3 月 1 日，我们家因母亲工作调动而迁到成都。

当时的中国，正在推行邓小平倡导的"干部年轻化、知识化"。年轻、能干，又有大学本科学历的母亲，因而在全省的纺织系统内被选拔出来，破格提升为四川省纺织工业厅副厅长——那一年，她只有 38 岁。

当时的中国也在自上而下地贯彻邓小平倡导的"尊重知识、尊重人才"。在这样的大气氛下，母亲去省纺织厅报到时，年近花甲、土改干部出身的正厅长亲自带她去看了就在办公楼后面的厅职工宿舍院内一套已安排好的住房，和他家在同一个单元，有三房两厅、一厨一厕、两个阳台，在当时算是比较好的条件了。

少年不知愁滋味的我，就在母亲对成都新家的美好描绘中，高高兴兴地坐上火车，离开了生长十二年的故乡。

那时的成都市容比重庆整齐，给我的第一印象不错。

省纺织厅位于繁华的市中心，闹中取静，生活、交通都很方便。厅办公楼在东华正街，厅职工宿舍院就在办公楼后面的大有巷。当时成都的标志性地标——电讯大楼（钟楼），最大的百货商场——人民商场，最大的广场——人民南路广场，以及四川省展览馆、劳动人民文化宫、红旗电影院，都在这附近。

我们的家是大有巷 1 号 10 幢一单元 601。这是一栋新建的楼房，有三个单元，每个单元 12 户，每层楼有一套 86 平米的三房两厅（厅级）和一套 70 平米的两房两厅（处级），都是水泥地、白墙、黄漆木门，进门的小饭厅以一架毛玻璃加储物柜的隔门和客厅相连。

卧房也不大，从十二平米到十五平米不等。卫生间是蹲厕，厨房的洗碗池还是水泥砌成的。

在这里，我第一次有了自己的房间。这是一个长方形的房间，摆着从重庆旧家搬来的一张棕漆木床和一张棕漆书桌，还有一个在成都买的竹书架，窗上挂了深蓝色的布帘。因客厅和饭厅面积有限，一个兼作食品柜的衣橱和缝纫机也摆在我的房间。我从阳台搬了一盆绿色文竹来放在套着蓝色布罩的缝纫机上，小小的房间顿时有了几分雅气。

母亲很快就去上班了。弟弟也进入了家旁边的大有巷小学——省纺织厅的适龄子弟都在这所近在咫尺的重点小学读书，两家关系不错，所以弟弟的转学手续办得很顺利。

父亲和我就相对麻烦些。

时任重庆市经济委员会办公室副主任的父亲，对口单位是四川省计划经济委员会，但一时没有对等位置，只有秘书的职位有空缺。重庆这边说"我们一个副处级干部凭什么要降级使用"，不肯放人。拉锯战持续了半年，父亲还是毅然调过来了——他这份基于父爱的牺牲，我一生铭记。好在他的工作表现很快得到认可，不久即从秘书提升为办公室副主任，然后"转正"为主任。

我的转学也颇耗了些时间。纺织厅派来协助办理的王叔叔，带着我先到成都市教育局开了转学介绍信，然后直奔校园环境和师资都算是相当好的十三中（成都市第十三中学，前身为华西协合中学）办入学手续。我们前后去了两次，好不容易见到一位四十多岁的男校长，却还是被以"对不起，没有位置了"的理由拒收。

王叔叔没有气馁。他转而联系在成都家喻户晓的"四、七、九"（成都最好的三所中学：四中、七中、九中）之"九"。巧的是，纺织厅下属单位的一个家属正好是九中的骨干教师。有了这个关系，我的转学就进行得很顺利了。

但是，插班生的日子并不好过。班上的同学基本都是成都人，因着成渝两地一直以来的矛盾，我这个转学来的"重庆崽儿"（有些同学就是这么叫我的）就难免被排斥了。在课上答问时，我的重庆口音总是被嘲笑，不免有"外来户"的孤苦感觉，不由得非常想念重庆，想念41中的老师和同学们。

全称为"成都市第九中学"的九中，位于宁夏街的树德里，巷口是一所监狱（成都有名的"四大监"），外观看去就很压抑。每到探监日，还能看到一群犯人的家属提着包在门外等候。

成都的冬天也比较冷。天还没亮，我就得出门上学了。虽然戴着手套穿着棉鞋，还是生了冻疮，又红又肿又痛，整整一个冬天都不好过。在寒风中挤上总是人满满的公共汽车，共四站路，在八宝街下车后还得走十几分钟才到校。下午放学回家后，我还得拿着当时流行的铝制饭盒去纺织厅食堂打饭。当时爸爸还在重庆，妈妈不会做饭，所以我们都是吃食堂的大锅饭，菜打回来后也凉了，味道也不好。

在成都的头半年，就是这样的"冷"，真的很不适应，夜深人静之时常会流泪思乡。

这一时期，我们班的英语老师艾江给了我不少温暖。当时只有二十四岁的艾老师，出身于教育世家（她的母亲是十三中的老校长），年轻、漂亮，就像我们的大姐姐一样。她对我这个新生的爱护，让我在感激之余，对她教的英语课也特别用心。二十多年后，我们师生在多伦多重逢时，艾老师仍然清楚地记得"何倩英语好，钢笔字漂亮"。

另一位我至今记得的老师，是语文老师朱平凡。朱老师毕业于吴宓先生任教的西南师范学院中文系，颇有些"迂夫子"的味道。我的作文多次被朱老师列为范文，有一次还点名要我逐字译读一篇古文。我译读完毕后，朱老师没有作任何更正和补充，还对全班同学说，"能（像她）这样就差不多了"。几年前，我很高兴地得知，朱老师在退休后出版了《论语类纂导读注译全本》。

初中毕业后，我在中考中取得了好成绩，顺利升入九中的高中部。那时的中考和高考一样严格，九中高中部对本校初中毕业生和外校考生一视同仁，没有降分照顾。我班很有一些同学因中考分数达不到录取线而不得不离开九中，去读中专、中等师范乃至职业高中。

高二时文理分班，也只有少量同学能进入号称成都第一的九中文科班。自幼喜爱文史的我，自然就进了文科班，一直读到高中毕业。

文科班的同学中，至今都保持着密切联系的，是与我经历相似、三观相近、性情相投的"二刘"。刘璐是我们文科班的学霸，北京外国语大学本硕毕业后进入北京大学任教，后出国留学，取得伦敦政治经济学院的硕士学位和普度大学的博士学位后又回到北京大学任教，是一位深受学生喜爱的好老师。初中时就已同班的刘忆，自美国密西根州的安德烈大学神学院取得硕士和博士学位后，成为一位有影响力的牧师。她如今隐居于世外桃源般的婺源山村，作为独立传道人自由传讲天国的福音。

九中（树德中学）的历史，是我们这三个文科生都很引以为豪的。

一进九中，我们就听说"九中是军阀孙震创办的，原名树德中学。影星秦汉的父亲孙元良（孙震之侄，黄埔一期）也是树德的董事"。我们在校期间，校名已改回"树德中学"。当时传说，孙震的后人从美国回来，捐款给九中，条件就是将校名改回来。

树德的创始人孙震将军，祖籍浙江绍兴，因高祖父游幕入川而落籍成都。孙震于 1892 年正月初七生于父亲孙芷卿游幕的四川绵竹县。期望儿子将来德才兼备的父亲，特取"德懋懋功"之意，为他取名定懋，字德操。十二岁那年，他不幸丧父，与寡母申氏和姐姐相依为命，居住在成都北门火神庙，全靠母亲每天熬更守夜地糊火柴盒才得以维持清苦的生活。1905 年，他考入免学费的成都县立中学堂（今成都七中）。次年，学校改名为成都县立中学校，开始收学杂费。他无法负担，被迫弃学，转入免费的四川陆军小学堂。当时才十四岁的他，在送给同学的一张小照上题了这样两句话——"男儿当以热血洒边疆，使碧眼紫髯者横尸于其侵略之土"。毕业后，他进入西安的陆军第二中学堂深造，在校内参加了同盟会和辛亥革命。1912 年，他考入保定军校第一期步兵科，次年参加"二次革命"。从军后，他将自己的名字改为孙震。

1929 年，已是 29 军副军长兼第五师师长的孙震，目睹川西农村的贫家孩子大都无法读书，想起自己早年的艰辛，于是决定利用他之前在父亲长眠的"浙江会地"旁建的家祠开办义学，帮助清寒学生就读。孙家祠紧邻华阳县保和场何家湾的"浙江会地"（浙人墓地），是一座青瓦粉墙的四合院，有大小二十余间房屋，后院还有两口古井和一株古香樟树，环境安静，很适合办学。孙震以父亲当年在绵竹县衙做刑幕时的堂名树德堂"（《尚书·泰誓》："树德务滋"），将学校命名为"树德义务小学"。

"树德义务小学"的办学费用均由孙震个人承担，不收取任何学杂费，还免费赠送课本和学生制服。然而，最初来报名的学生屈指可数。孙震亲自走访附近农户，了解到农家孩子都要干农活、做家务，没空来念书，于是决定给每个送小孩来读书的贫困家庭每月发两块银圆的生活补贴。在这样的善举下，保和场一带的很多穷孩子都来上学了。

为适应当时的教育体制，学校改名为"私立树德第一小学"。学校教师认真负责，大部分学生的学习成绩优良，受到华阳县政府的表扬。

有了这个好开端，孙震在成都县中学的老同学、教育家吴照华的建议下，又陆续在成都多宝寺办了"树德第二小学"，在宁夏街办了"树德第三小学"，在簸箕街办了"树德第四小学"。1932年，为了让小学第一班毕业的孩子继续升学，又办了树德初级中学，分为男生部（位于宁夏街树德里）和女生部（位于宁夏街树德巷）。1937年，又为初中班毕业的学生增设了高中。

为了办树德，孙震可谓倾尽家财。他将自家四百亩田的田租、在聚兴诚银行和中国银行的存款利息、在乐山嘉乐纸厂的股息、在成都的多处公馆和商铺的房租，全都拿了出来作为学校的经费。他曾跟随二十多年的老上司、29军军长田颂尧，见他多年尽忠职守、关怀部属而个人积蓄不多，在他因病辞职时特送十万元以表关切，他毫不保留地用于办学。他去上海治病，军中僚属知道他不宽裕，筹集了一笔费用，购置不动产致送。他回川后立即全部变卖，所得十万元全部投入树德。

作为私立学校，树德的学生不需支付学费和伙食费。到了期末，如果伙食费有结余，也发给学生。成绩优秀、家境清寒的学生还可申请"申太夫人奖学金""德操奖学金"（孙震字德操），特别优秀的还一直资助到大学毕业。树德录取学生严格，不徇私。作为树德董事长的孙震，有三个子女未达到树德的录取线，也不能就读。孙震的老上司、树德名誉董事长田颂尧之子，孙震的参谋长之子，在违反校规时也照样被开除。树德的毕业生大多能入大专院校深造，还有不少学生出国留学，比如留美博士、西南财经大学教授席克政，南京军区总医院外科专家刘成基等。

1937年卢沟桥事变后，日本全面侵华，川军毅然出川抗战。时任22集团军副总司令兼41军军长的孙震率部奔赴第五战区作战——后来在滕县壮烈殉国的王铭章师长即孙震手下的得力将领。出川之前，孙震将所有的银行存单、纸厂股金票证、房契租约等全部交给树德董事会，并注明这些属于学校基金，孙氏子孙永远无权过问，亦不得动用分文。

1939年，树德建校十周年时，孙震曾写过一篇自述：

> 震少孤，家贫，先母申太夫人，勤苦操作，以所得微资，供震膏火，课读甚严，惜童时荒嬉，不知奋勉，于学问之道，未窥门径。初肆业成都县中学，以饘粥不继，而又有感当时强兵富国之论，乃转考入官费之陆军小学，旋升中学，及军官学校。但以学问修养，均乏基础，故虽治军三十余年，毫无建树，靖献国家，每忆吾母期望之殷，深憾贫寒未竟所学，爰斥历年俸公，及长官所予者，约集热心教育之各同志，共同创办树德学校。小学初中高中，次第成立，征费较轻，管理较严，聘师极慎，取士必端，所有优待及奖学诸办法，均详定章则，凡可为勤苦学子谋者，靡不殚竭心力以赴。诚以处此时艰，寒畯读书，决非易事，而建国之际，国家社会，需才又极急迫，不能因其无力深造，致使楩楠杞梓，委于岩壑以老，是

以珍重护惜，加之规矩准绳，俾皆呈材奏能，蔚为国用，树木树人之喻，亦即震之素志也。岁月易逝，开校迄今，匆匆十年矣。英髦俊彦，分途进展，菁菁者莪，载欣载颂。因思胡广累世农夫，致位卿相；黄宪牛医之子，名动京师。余如吕文穆范文正，类多起自寒素，而皆能利国福民，勋业灿然，所望莘莘学子，不以现处困乏，而易远大之志，潜修迈进，达才成德，庶贤俊辈出，略有助于建设大计，自可卜校誉日隆，由十年乃至百年，永维斯校于不敝，匪特足补震少年时无力求学之憾，而同事诸君之苦心共济，相与乐观厥成，式符树德务滋之意，庶几为德不孤也夫。

1943 年，树德成为全中国"最好的六所私立学校之一"，与天津南开、长沙周南齐名，被当时中国最有影响的报纸《大公报》誉为"北有南开，西有树德"。

1949 年 12 月，孙震飞往台湾。他先后出任"总统府战略顾问""国策顾问""光复大陆设计委员"等闲职，并连任两届"国民大会主席团主席"。他居住在台北市长春路的一所平房里，生活简朴，没有地毯、新式沙发等家具，唯一的降温设备就是一部老旧电扇。他也没有私人汽车，出行时常搭乘公共汽车。1985 年，孙震逝世。

2024 年 8 月，从多伦多回到成都探亲的我，冒着近四十度的酷暑，回到整修一新、颇有几分民国建筑的风格的树德怀旧。

徜徉其间时，想起了一位白发校友写的一首诗：

二九年，保和场。四月四，树德堂。将军孙德操，家祠办学庠。怜己求学苦，倾囊为家乡。树德第一小，自此始滥觞。续办二三四，再办中学堂。忠勇勤为训，立德重学养。师高弟子强，盛名播远方。白发学童今尚在，闲坐犹念孙师长。

今日树德 (2024)

孙震将军之于树德，可谓"树德树人"。作为树德人的我们，永不能忘。

蓉城巧遇：

翦伯赞之女，陈寅恪之女，段祺瑞之孙

转学入成都九中后，我发现，这里没有重庆 41 中"春秋社"那样的历史兴趣小组。

母亲大概看出了我这份遗憾。有一天，她微笑着对我说，"翦伯赞的女儿就在我们厅里，你想不想见见？"

"翦伯赞"这个名字，在我小时候读过的一些历史读物里是经常出现的，被认为是具有代表性的"马列主义史学家"、中国历史学界的领军人物之一。

翦伯赞的女儿名叫翦心情，就在母亲主管的计经处工作。她看去就是一个普通老太太的样子，除了显得比较胖，在人群中一点都不引人注目。很少有人知道，她其实有维吾尔族血统。翦家的祖先本是来自吐鲁番的维吾尔族，因镇压湖南苗族叛乱有功，被明太祖朱元璋封为"荆襄都督"，赐姓"翦"，后又受封"镇南定国将军"，奉命镇守湖南常德一带。传至第七代，因事被革爵。翦家子孙定居于湖南桃源县枫树乡，或务农，或从商。

翦家也是书香门第。翦伯赞的父亲翦万效，在清末有秀才的功名，在民国时期曾出任常德中学的校长。翦伯赞则长期在北京大学历史系任教，曾任北京大学副校长。翦心情曾回忆说，父亲的藏书非常丰富，家中书房四壁的书架上都摆满了线装书。

作为文化人的翦伯赞，在"文化大革命"的第一年就被迫与妻

子一起服安眠药自杀，享年七十。女儿翦心惰的婚姻也随之破裂了。她结婚比较晚，丈夫在我们隔壁的省轻工厅工作。因受父亲翦伯赞的牵连，她被对方要求离婚。之后，她和独生子翦大明相依为命，就住在我们这个宿舍院里。翦大明是由名医林巧稚接生的，后来也学医（华西医科大学硕士），曾任四川省皮肤病研究所皮肤科主任。

2000 年 5 月，翦心惰在成都去世，享年八十。

说起来，母亲所在的纺织厅与我自小喜欢的历史很有些缘分，不但有翦伯赞的女儿，还有陈寅恪的外孙女。

我们家搬到成都不久，母亲就发现，纺织厅下属的纺研所（全称为"四川省纺织工业研究所"，现名"四川省纺织科学研究院"）竟然有一位景崧公（母亲的族曾祖、甲午时期的台湾巡抚唐景崧）的后人。

母亲的曾祖父芷和公（唐镜澄），作为景崧公的族弟和亲信幕僚，曾和景崧公一起参加了越南抗法、台湾抗日、自立保台。芷和公的堂兄芷庵公（唐镜沅）也曾和景崧公联袂赴越策动刘永福的黑旗军抗法。三位先祖的传奇故事和在越、台同生死共患难的情谊，是作为唐家后人的我们从小即知的。景崧公的孙子唐家琼、孙女唐家谷，曾是母亲的堂叔唐超寰（唐镜澄之子）在新桂系时期任南宁警察局长时的下属，一为会计，一为出纳。没想到，母亲的下属中也有景崧公的后人。这位名叫董晓红的女士听说新来的副厅长姓唐，籍贯为广西灌阳，特来询问是否与她母亲是同一个家族。

董晓红的母亲名叫陈流求，是景崧公的一位孙女唐家琇（唐筼）的长女，毕业于上海第一医学院，最初分配到重庆 610 纺织厂的厂医院，后随丈夫董有松调到成都，在成都市第二人民医院

（简称"二医院"）工作，是该院的内科主任。论辈分，我应称她"流求姨"。

流求姨的名字，正是来源于唐家几代人耿耿于心的台湾。当年景崧公为台湾落入日本之手而抱憾终生，于光绪戊戌年（1898年）初春书写了两首绝句：

> 苍昊沉沉忽霁颜，春光依旧媚湖山。
> 补天万手忙如许，莲荡楼台镇日闲。
>
> 盈箱缣素偶然开，任手涂鸦负麝煤。
> 一管书生无用笔，旧曾投去又收回。

二十多年后，当年曾协助景崧公保台的俞明震之甥陈寅恪在清华大学任教，因这诗幅与当时在北京女子师范大学任教的唐篔相识、相知、相爱。婚后长女出生，即以台湾的古称"流求"为名。次女取名"小彭"，也是隐喻与台湾同时被日本侵占的澎湖列岛。多年后，寅恪先生还曾饱含深情地赋诗纪念这段因缘：

> 横海雄图事已空，尚瞻遗墨想英风。
> 古今多少兴亡恨，都付扶余短梦中。
>
> 当时诗幅偶然悬，因结同心悟凤缘。
> 果剩一支无用笔，饱濡铅泪记桑田。
>
> 一卷新装劫后开，劫痕犹似染臭煤。
> 湖山明媚虽依旧，旧日春光去不回。
>
> 频年家国损朱颜，镜里愁心锁叠山。
> 历书太行人事路，傥能偕老得余闲。

这份台湾情结，几乎是铭刻在唐家后人的血脉中的。当年和景崧公一起饮恨离台的芷和公，也将这份绵绵不了情传给了我们。2015年6月，我在回国探亲途中首次踏上自幼即知的台湾，在台北的淡水河边缅怀历史，凭吊先人，心潮澎湃——一百二十年前的此时，景崧公和芷和公正是从这里离开了他们终生念念不忘的台湾。

流求姨和她的妹妹小彭、美延曾于2013年联袂访问台湾，走了不少地方，但始终未找到景崧公在台的故居。2017年，她们三姐妹又一起重访桂林寻旧，为景崧公扫了墓，还回了灌阳祭祖。

流求姨在八十六岁时（2015年）还为她在台湾辞世的姑父俞大维（也是曾协助景崧公抗日保台的俞明震之侄孙）做了一件大好事。在她的努力下，抗战胜利七十周年之际，曾为抗战时期的中国兵工作出重要贡献的俞大维先生的部分骨灰安葬于成都大邑的建川博物馆内。以抗战为主题的建川博物馆还为俞大维先生树立了一尊戎装雕像。俞大维先生最终以这样的形式魂归故土，长眠于他在抗战时多年驻守、感情深厚的四川，可说极具意义。

2021年10月，流求姨看到了我写的《百年家国：唐家故事》。四个月后（2022年2月），她在成都市第二人民医院辞世。

少时在蓉城，还见过另一位近代史人物的后人——段祺瑞之孙。

有一天，我去一位要好的高中同学家玩。她原籍四川广安县，和邓小平有点亲戚关系——她的姑婆和大姑妈都嫁到邓家，姑婆还是邓小平一个弟弟的原配。她家是"湖广填四川"时从广东迁移到四川的，几百年下来，已是地道的四川人了。

一进门，同学就告诉我，她父亲最近出差时认识了一位来自北京的朋友"段工"（当时对工程师都按其姓氏尊称为"某工"），是段祺瑞的孙子，今天也在她家做客。果然，我听到她父亲在隔壁用四川话和段工聊天，后者一口北京话，声音相当洪亮。

同学说，段工很健谈，等下肯定会来找我们说话。

没多久，一个知识分子模样、看去五十来岁的男子就爽朗地笑着进来了。他戴一副黑边眼镜，穿一件当时流行的米色夹克，口才很好，十足的自来熟。

一开始，他就问我，"你知道你段伯伯是什么人吗？"

我说知道。他就滔滔不绝地说起来了。

他说，段祺瑞为官清廉，去世后没有留下什么财产，给子孙的家训是"不从商，不从政，不从军"，所以他们家一直过得比较清苦，很长一段时间都只靠蒋介石每月2000元的接济生活。

他谈到过去几十年作为"军阀后代"所经历的磨难——曾下乡，被离婚，吃了很多苦，历经坎坷。还好，他第二任妻子（成都人）对他很好。这次他还专门去华西医科大学看了她的家人。

他多次提到"我女儿"，语气颇为自豪。他介绍说，女儿是个演员，正在拍一部以雍正为题材的电视剧，扮演的角色即与雍正生下乾隆的汉女李金桂。这部电视剧上映后，我特地看了一下演员表，李金桂的饰演者果然姓段，好像是叫"段悦"。

段工和我谈了整整一个多小时。双方都有意犹未尽之感。难得的是，他虽然是父执辈，和我对话时却完全像对平辈一般，一再夸奖我知识面广、读书多，"这么好的孩子"。

这是一段真正一见如故、至今记忆犹新的"忘年交"。可惜，当时竟没想起问"段伯伯"的名字，只知道他是"段工"，住在北京崇文门一带。

弹指三十余年。

祝愿段伯伯一切都好。

杜甫草堂的千年故事，浣花溪畔的思古幽情

如果说，重庆和桂林是属于"历史"的，成都则是属于"文学"的。

我少年时代的成都，是一座有书卷气的城市。很多名胜，如杜甫草堂、武侯祠、文殊院、青羊宫、望江楼、薛涛井，都洋溢着中国传统文化的气息。很多街名，如琴台路、草堂路、百花潭街、梵音寺路、书院街、春熙路，都很古雅，透出千年的沉淀。

成都也是一座闲适安逸的城市。坐拥"蜀道难"的天险和"天府之国"的肥沃，成都在中国历史上曾多次成为危急存亡之时的安全避难所，远如安史之乱，近如抗日战争，皆为例证。诚如明人于慎行所言，"每有盗寇，辄有出奔之举，恃有蜀也……而未至亡国，亦幸有蜀也"。

唐天宝十四年（755），安禄山起兵作乱。承平百年的大唐王朝，顿时狼烟四起，山河破碎。次年，号称"四十年太平天子"的唐玄宗李隆基也被迫逃离京都长安，西奔入蜀。

在这样的乱世中，被后世尊为"诗圣"的杜甫，也流亡到了成都。

乾元二年（759 年）冬，在战乱中"三年饥走荒山道"的杜甫，携妻儿从同谷（甘肃成县）来到成都。他们一家最初借住于西郊的浣花溪寺中。杜甫曾有诗记曰，"古寺僧牢落，空房客寓居"。

次年春，杜甫在一些亲友的帮助下，在浣花溪畔觅得一块荒地，开辟出一亩大小的地方，盖了一间简陋的草堂，在此栽种松

树，培植桃林，开辟药圃，安顿了下来。担任成都尹的故交严武，不时亲携酒馔前来探访。邻人王明府、朱山人、斛斯融亦均友善。

杜甫在这里居住了将近四年。草堂虽然简陋，但有茂林修竹和一溪清流环绕，风景优美如世外桃源，且有田园之乐。在他颠沛流离的一生中，这是一段难得的安宁岁月。

浣花溪水水西头，主人为卜林塘幽。
已知出郭少尘事，更有澄江销客愁。
无数蜻蜓齐上下，一双鸂鶒对沉浮。
东行万里堪乘兴，须向山阴上小舟。

清江一曲抱村流，长夏江村事事幽。
自去自来梁上燕，相亲相近水中鸥。
老妻画纸为棋局，稚子敲针作钓钩。
但有故人供禄米，微躯此外更何求？

舍南舍北皆春水，但见群鸥日日来。
花径不曾缘客扫，蓬门今始为君开。
盘飧市远无兼味，樽酒家贫只旧醅。
肯与邻翁相对饮，隔篱呼取尽余杯。

这段时期也是杜甫一生创作的高峰期。他在草堂共作诗二百四十余首，其中的《茅屋为秋风所破歌》，让草堂名扬天下。草堂，就此与杜甫的生命密切相系，以至于后世的人未必知道杜甫的出生地与去世地，但一定知道他在成都的草堂。

杜甫的老友、后又升任东西川节度使的严武，不但延纳他入幕，还表荐他为检校工部员外郎。"杜工部"之称，即出于此。严武去世后，杜甫顿失依靠，不得不举家离开成都，再度漂泊。

次年，严武的部下崔旰被任命为剑南西川节度使。他到任后，纳民女任氏为妾，后扶正为继室。人称"浣花夫人"的任氏，生长于浣花溪畔，与杜甫算是邻居，一向喜欢草堂的环境，崔旰遂将草堂扩建为别墅，供她居住。崔旰常在此宴客，宾客也以能一睹杜甫故居为幸。任氏后来舍宅为寺，称为"浣花寺"。

大历三年（768年），崔旰入京奏事，泸州刺史杨子琳乘机作乱，进犯成都。在这危急关头，任氏毅然散尽家财，募勇千名，一举平叛，避免了生灵涂炭。崔旰被朝廷封为冀国公，赐名崔宁。任氏也受封为冀国夫人。后人为了纪念她的功绩，便在浣花寺中建了"浣花夫人祠"，简称"浣花祠"，至今犹存。

北宋时期，"浣花寺"改名为"梵安寺"。因邻近草堂，俗称"草堂寺"。

其后百年，朝代更替，草堂也湮灭于一片荒凉中。

五代前蜀时期，诗人韦庄应西川节度使王建之聘为西蜀奏记。到成都后，他沿着浣花溪仔细寻访，终于确认了杜甫当年的草堂旧址，于是在其上重建了一间茅屋，并将自己的诗集命名为《浣花集》，以示纪念。他重建的茅屋也成为后世公认的杜甫草堂原址。

北宋时期，名相吕夷简之子吕大防出任成都知府。他一向崇拜杜甫，到任后即积极寻访杜甫故居。他在浣花溪畔找到了梵安寺，但已不见茅屋，只见松竹荒凉。他也在遗址上重建了草堂，并请画家在墙上画了杜甫的画像，供后人瞻仰。十多年后的另一位成都知府胡宗愈更将杜甫的草堂诗篇勒刻于石，成为诗碑，陈列于草堂园中。

南宋时期，吏部尚书张焘出任成都知府兼安抚使，也来草堂拜谒。他见屋颓园荒，墙上的杜甫画像斑驳不清，四周的诗碑也已破毁，立即整修，还新建了亭台，种了竹子和松柏，并将杜甫的一千四百多首诗刻在二十六块石碑上，置于草堂四周，初具祠宇形状。

三十年后，诗人陆游入四川宣抚使幕府，也来杜甫草堂拜谒。

其后，草堂屡兴屡废。最大的两次重修，分别是明弘治十三年（1500）和清嘉庆十六年（1800），奠定了今日杜甫草堂的布局和规模。

杜甫草堂之于中国文学，是历代读书人心目中的一方圣地。

杜甫草堂之于成都，不但是最著名的文化景点，也是最好的自然公园。

少时在成都，每到春日，父母总会带我们姐弟去杜甫草堂赏梅。

那时的草堂还属于郊外。从青羊宫前的公共汽车总站出发，坐三站路，就是草堂的后门。这条路在当时还显得有些荒凉，两边主要是农田，间杂着几个学校（草堂前一站的四川省水利电力学校和草堂后一站的西南财经大学）。又名"百花潭"的浣花溪，沿路奔流，水声潺潺，给这条路增添了一些诗情画意。

那时的草堂还比较幽静，尤其是后门一带，竹笼轻烟，风吟细细。入门是一个大照壁，上面是两个由碎青花瓷器片镶嵌的大字——"草堂"。立有"少陵草堂"碑的茅亭，被认为是真正的杜甫草堂遗址。唯一的一座茅屋，临水而筑，在当时用作小卖部。那时，还没有1997年才加建的有柴门、竹篱笆、茅草顶和竹批泥墙的茅屋。

除了历史上的杜甫草堂遗址，草堂寺和原为私家花园的梅园也属于草堂的范围。梅园是草堂最美之地。站在月洞门外，即可见梅园全景——一座四层的砖塔耸立于人工湖畔，有塔影倒映于水中。湖上有一座横跨的曲桥，是游人最爱的留影之地。

今日草堂中展出的杜甫草堂原貌

粉墙青瓦间，掩映着一树树嫣红粉白的梅花，绽放出一园的暗香。

那时的浣花溪，还是一条清澈的小河，流水间常有一些芳美的落花飘零。"百花潭"之名便因此而来。当年，总会沿溪而行，感受流水落花之美，伫立良久，而生思古之幽情。

那些年，常常和同学结伴骑行，从草堂沿浣花溪到青羊宫，进百花潭公园（内有纪念巴金的慧园），再过琴台路，入少城公园（内有辛亥保路纪念碑）。杜甫诗中的万里桥则早已不复存在，在原址上建了南门大桥，旁边就是锦里。

那些年，也常常去城北的文殊院。文殊院内康熙亲书的"回头早，回头了"，曾带给少年的我一种全心的震撼。文殊院后园那一树烂漫的粉桃，和草堂春日的梅花，浣花溪的流水落花，一直盛开在我的记忆里，永不褪色。

2024 年 8 月，我从加拿大万里归蓉，重访已整修一新的草堂。

徜徉于"万里桥西宅，百花潭北庄。层轩皆面水，老树饱经霜"之间时，感觉真是找回了少时那个"当年走马锦城西，曾为梅花醉如泥。二十里中香不断，青羊宫至浣花溪"的成都。

那段交织着古意与诗意的少年时光，是成都留给我的最美回忆。

杜诗中的锦里，
诸葛亮的武侯祠，刘备的惠陵

读过杜诗的人，应该都记得"锦里"。

成都至今都有一条保留着"锦里"之名的小街，被誉为"成都版清明上河图"，也曾被美国 CNN 旅游频道评为全球 21 条最美街道之首，与旧金山的花街、京都的哲学之道等世界著名旅游街道并列。

这是一条于 2004 年重修的步行街，大约 550 米长，街口有"锦里"的牌坊，街两旁是明清风格的房屋，有茶坊、客栈、酒楼、戏台、风味小吃、手工艺品等，门前都挂着大红灯笼，很有些古色古香的味道。

历史上的"锦里"，可比这条街要大多了。

早在古蜀时期，蜀人便学会了养蚕、制丝、织锦。春秋战国时期，蜀锦已享有盛名。

公元前 316 年，秦惠文王派丞相张仪和将军司马错率军灭蜀。五年后，张仪和秦国任命的蜀国守张若仿秦都咸阳建制修筑了成都城，"仪与若城成都，周回十二里……更于夷里桥南立锦官。锦官者，犹合浦之珠官也。"（《华阳国志·蜀志》）

三国时期，蜀锦不仅是蜀汉对外贸易的重要商品，也是军费开支的来源。诸葛亮为此恢复了"锦官"的设置，在城南集中了大量的织锦作坊进行规模化的生产，并筑城保护，称为"锦官城"，后人简称为"锦城"。

南朝萧梁的李膺在《益州记》中说："锦城在益州南笮桥东，流江（锦江）南岸。皆蜀时故锦官处也，号锦里，城塘犹在。"

由此推断，"锦里"的范围，应该是从今日的锦里步行街到百花潭（浣花溪）一带的锦江南岸，包括了杜甫当年的草堂在内。

与今日繁华喧嚣的锦里相比，杜甫生活过的锦里是一派宁静的田园风光。

> 锦里烟尘外，江村八九家。
> 圆荷浮小叶，细麦落轻花。
>
> 秋水才深四五尺，野航恰受两三人。
> 白沙翠竹江村暮，相送柴门月色新。

与今日的"锦里步行街"为邻的武侯祠，是我每返成都的必访之地。

自少时始，每入武侯祠，都有一种庄严肃穆的感觉，都会在心中默诵杜甫那首感人肺腑的《蜀相》：

> 丞相祠堂何处寻？锦官城外柏森森。
> 映阶碧草自春色，隔叶黄鹂空好音。
> 三顾频烦天下计，两朝开济老臣心。
> 出师未捷身先死，长使英雄泪满襟。

武侯，就是历代治蜀第一人——我们四川人世代敬爱的"丞相"诸葛亮。他生前被蜀汉后主刘禅封为"武乡侯"，身后谥号"忠武"，后人遂尊称为"武侯"。

相传，当年武侯去世，川人自发地缟素三年。三年后，仍有很多人继续戴白头巾，以示感念，终成习俗。直到如今，四川农村都还有一些老人喜欢戴白头巾。

成都的很多地名也是为纪念武侯而取，如武侯区、武侯大道、武侯祠大街、武兴路、营门口（诸葛亮当年的屯兵之所）、点将台（诸葛亮当年的点将之地）……其中，"武侯祠"的名字最能反映四川人对诸葛亮的尊崇。

到过武侯祠的人都知道，正门上挂的不是"武侯祠"，而是"汉昭烈庙"。这座中国唯一的一座君臣合祀的祠庙，本来祭祀的是谥号"昭烈皇帝"的蜀汉先主刘备，武侯祠是直到清代才加建的，但四川人仍然习惯称之为"武侯祠"。

民国时期的政治家、教育家、书法家邹鲁曾有一首诗道出了个中因由：

> 门额大书昭烈庙，世人都道武侯祠。
> 由来名位输勋业，丞相功高百代思。

公元 223 年，刘备伐吴失败，病逝于白帝城，灵柩运回成都，由诸葛亮亲自选址安葬，是为惠陵。按照汉制，有陵必有庙，故在惠陵旁建了汉昭烈庙。

公元 234 年，为蜀汉"鞠躬尽瘁，死而后已"的诸葛亮病逝于陕西的五丈原，葬于陕西勉县的定军山。他生前治蜀二十年，使蜀地"道不拾遗，风化肃然"，蜀人非常感念，除了自发地为他戴孝，川中各地都要求建庙。当其时，君王才有资格立庙，后主刘禅因而不予许可，但"百姓巷祭，戎夷野祀"。公元 263 年，中书郎向充和步兵校尉习隆等大臣再次上表，援引周人思念召公的故事，要求在武侯墓旁建祠。刘禅只得让步，下诏在勉县建了武侯祠。蜀汉末年，魏将钟会在伐蜀途中曾特地入祠敬拜，并令军士不得在墓旁伐樵。

其后五十年，割据蜀中的成汉李雄在少城为诸葛亮建了武侯祠。东晋桓温灭蜀，"夷少城，独留武侯祠"。南北朝时又建武侯祠于汉昭烈庙东侧，唐、宋、元三代曾多次修葺。

因着川人对诸葛亮的尊崇，武侯祠香火鼎盛，汉昭烈庙却很冷清。明太祖朱元璋第十一子、蜀王朱椿就藩成都后看到这一现象，认为以臣压君于礼不合，于是下令拆除武侯祠，将诸葛亮的塑像和牌位移入汉昭烈庙并置于殿东，关羽、张飞则置于殿西。然而，川人并不买账，不但照样祭拜武侯，还从此将"汉昭烈庙"称为"武侯祠"。

明末张献忠占据成都时，将武侯祠拆毁。现在的武侯祠是清康熙十一年（1672年）重建的，由时任四川按察使宋可发主持，改建为前殿（昭烈殿）供奉刘备，后殿（忠武殿）供奉诸葛亮。前殿地势稍高，后殿地势稍低，以示君臣有别。而按照古代建筑的传统，后殿才是主殿。这样的设计既顺应了民心，也顾及了儒家强调的君臣伦常，颇有智慧。

武侯祠中纪念武侯的对联很多，其中最著名的一幅，是清代赵藩所书写的"攻心联"：

能攻心，则反侧自消，从古知兵非好战；
不审时，即宽严皆误，后来治蜀要深思。

武侯祠最美的风景，是一片青翠竹林掩映下的一条红色宫墙夹道。夹道尽头，就是汉昭烈帝刘备和甘、吴两位皇后合葬的惠陵，外形简朴。

武侯祠东侧是当年率三十万川军出川抗战的"四川王"刘湘的墓园，在我小时候叫"南郊公园"。据老成都人传说，刘湘自称为刘备后人，对其十分崇敬，遗愿也是葬于刘备之旁，却不幸于"文革"时期被破墓掘尸。

有好事者稽考刘湘族谱，发现并无证据显示所谓的后人之说，但也可见三国英雄在中国人心目中的地位。譬如本人，八岁读"四大名著"时便最喜三国，端的是英雄辈出，精彩纷呈。十四岁读《三国志》，方知历史上的刘备与曹操和《三国演义》的脸谱化其实不同。真实的刘备也算得上是一位气度宽宏、慧眼识人、礼贤下士的英雄，出身贫寒而终成帝业，颇有汉高祖刘邦和汉光武帝刘秀之风。真实的曹操则于谋略之外亦见性情，诗歌更是雄浑大气而慷慨悲凉。1994年版的电视剧《三国演义》在这方面就平衡得很好，尤其是片尾曲，沧桑苍凉而大气磅礴，至今难忘。

> 黯淡了刀光剑影 远去了鼓角铮鸣
> 眼前飞扬着一个个鲜活的面容
>
> 淹没了黄尘古道 荒芜了烽火边城
> 岁月啊 你带不走 那一串串熟悉的姓名
>
> 兴亡谁人定啊 盛衰岂无凭啊
> 一页风云散啊 变幻了时空
> 聚散皆是缘哪 离合总关情啊
> 担当生前事啊 何计身后评
>
> 长江有意化作泪 长江有情起歌声
> 历史的天空闪烁几颗星
> 人间一股英雄气 在驰骋纵横

那样的"三国"，才是真实存在过的那个"三国"吧。

锦江边的望江楼，竹林深处的薛涛墓

　　位于成都九眼桥畔的望江楼公园，是一处与杜甫草堂和武侯祠齐名的蜀中文化古迹。

　　望江楼公园的主体建筑是临江而建的崇丽阁（因晋代左思《蜀都赋》中的"既丽且崇，实号成都"而得名），系中国九大名楼之一。其前身是明万历二十一年建的回澜塔，明崇祯十七年毁于战乱。清代四川战乱频繁，文风不盛。光绪年间，蜀人遂建崇丽阁以振蜀中文风。楼成后首次科举考试，四川就出了十二位进士，之后又出了清代四川第一位状元骆成骧。从此，这里成为成都的文脉之地，蜀中学子多来参拜，以求学业有成。这里也是进出成都的必经之路，江楼送客，锦江行舟，因而成为成都的标志性建筑，俗称"望江楼"。

　　望江楼上有一副至今无人能对出完美下联的"绝对"：

　　望江楼，望江流，望江楼上望江流，江楼千古，江流千古。

　　登望江楼望锦江，对成都人来说，就像范仲淹在《岳阳楼记》中的描述，"登斯楼也，则有心旷神怡，宠辱偕忘，把酒临风，其喜洋洋者矣"。

　　因古代蜀民在江中濯锦而得名的锦江，是成都的母亲河，早已被历代诗人歌咏不绝，从杜甫的"锦江春色来天地，玉垒浮云变古今"，到陆游的"剑南山水尽清晖，濯锦江边天下稀"，从刘禹锡的"濯锦江边两岸花，春风吹浪正淘沙"，到张籍的"锦江近西烟水绿，新雨山头荔枝熟"，都可见锦江之美。

锦江边的望江楼公园，则是成都人为纪念唐代女诗人薛涛而修建的。

薛涛的身世很坎坷。她生于京兆长安一个官宦之家，父亲薛郧学识渊博，为人笃厚，因直言得罪权贵而被贬剑南，阖家流寓入蜀。薛涛是独生女，自幼聪慧，八岁能诗，很受父亲钟爱。父亲不幸去世后，她和母亲顿失依靠。迫于生计，她不得不在十六岁那年入了乐籍，成为成都的一名官妓。

唐代盛行歌舞侍宴。中唐时期，地方效法朝廷，蓄养官妓以乐舞佐酒宴。官妓集中住在乐营，故又称营妓。营妓的资费用度由官府供给，受地方最高长官调派，脱籍也需长官批准。营妓中除了穷苦乐户，也不乏因家人获罪或家道中落而堕入风尘的官宦之女。薛涛与南宋时期的严蕊都属于后者。

沦为营妓的薛涛，不但貌美，还有才情，通音律、工诗赋、善辩慧，很快就有了名气。

当时成都的最高军政长官是剑南西川节度使韦皋，年方不惑，文武全才，能诗词，博诸艺，是一位与诸葛亮齐名的治蜀能臣，也是一位和南诏、拒吐蕃的镇边名将。他闻薛涛之名，召来侍宴赋诗。时年十七的薛涛，当场写就《谒巫山庙》，令他拍案叫绝，当即留在身边，"或相唱和，出入车马，诗达四方，名驰上国""其敏捷类比特多，座客赏叹"。

韦皋还让薛涛处理一些幕府中的案牍工作。薛涛起草的公文不但富于文采，井然有序，书法也无女子气，笔力峻激，颇有王羲之的风格。韦皋对此非常欣赏，拟奏请朝廷授她为"校书郎"（校书郎为从九品，负责公文的撰写和典校藏书，一般要进士才有资格担任），被幕僚谏阻。不过此事很快传扬开去，人们因而称薛涛为"女校书"。

蜀中"女校书"薛涛，就此名动天下。韦皋之后的多任剑南西川节度使对她都很赏识。她虽是女子，却关心国事。她与节度使李德裕酬唱的《筹边楼》，可见其襟怀：

平临云鸟八窗秋，壮压西川四十州。

诸将莫贪羌族马，最高层处见边头。

当时的很多名诗人，如白居易、刘禹锡、杜牧、李商隐、张祜、元稹、王建等，也都与她有往来唱和。

薛涛后来脱离了乐籍，隐居于杜甫曾生活过的浣花溪畔万里桥边，种琵琶花、芙蓉花、菖蒲花满门，赏花、采莲、写诗，也以清客的身份出入节度使幕府。王建在《寄蜀中薛涛校书》一诗里曾赞道：

万里桥边女校书，琵琶花里闭门居。

扫眉才子知多少，管领春风总不如。

当时的浣花溪一带是造纸中心，因溪水清冽，适合造纸。薛涛嫌市面上的纸笺尺幅大，自行研制了一种深红色小笺，小巧精美，非常适合题诗，因而流行一时，被称为"薛涛笺"。李商隐有诗曰"浣花笺纸桃花色，好好题诗咏玉钩。"

才貌双全的薛涛，却是一生孤苦。她虽受韦皋爱重，却也曾因"性亦狂逸"而得罪这位一代枭雄，被贬到苦寒的松州边营；呈上《十离诗》求恕，才被召回成都。她自此谨言慎行，直到韦皋去世。四十二岁那年，她遇到了比她小十一岁的元稹，引为平生知己，却在短暂的露水姻缘后，被元稹遗弃。

薛涛晚年搬到城西的碧鸡坊，建了一座吟诗楼，常年着女道士服，深居简出。她去世后葬于成都东门外锦江畔。时任节度使段文昌为她撰写了墓志铭，并题墓碑"西川女校书薛洪度（薛涛字洪度）之墓"。

薛涛故后颇受蜀人怀念。明代蜀王朱椿致力于弘扬蜀地文化，欲仿制薛涛笺。因城西的百花潭（浣花溪）渐渐淤积，而城东薛涛墓附近的玉女津井水清冽，蜀王府遂于每年三月三在此取水制笺，民间呼为"薛涛井"。

清康熙年间，成都知府冀应熊在"薛涛井"刻石立碑。自此，薛涛井成为世人凭吊薛涛之地。薛涛晚年居住的吟诗楼也在此重建，并建了浣笺亭、濯锦楼、望江楼、五云仙馆等。因薛涛一生爱竹，更在此广植修竹．

今日的望江楼公园，已成为全中国竹子品种最多、面积最大的竹类公园。

望江楼公园的竹林之美，是我少时的美好记忆之一。园中荟萃了一百多个品种的竹子，有细长挺秀的凤尾竹，也有叶如杨柳的日本大明竹；有竹节凸出的佛肚竹，也有遮天蔽日的琴丝竹；有常见的四季竹，也有四川江安独产的人面竹；还有鸡爪竹、道筒竹、胡琴竹、方竹、实心竹、龙丹竹、月月竹、观音竹、紫竹、麦竹……篁竹万竿，苍翠欲滴，凤尾森森，龙吟细细，别有一番清幽景象。读初中时来此春游，很多同学都喜欢效法古人，在竹林中寻一株色如翡翠的修竹来刻自己的名字，表示"到此一游"。

掩映在一片竹海中的望江楼茶馆，也是成都喝茶的好去处。小小的竹桌竹椅，清香的茉莉花茶，四川特有的瓷质盖碗，紫铜长壶嘴的茶壶，佐茶的瓜子花生……那是属于闲适成都的茶趣。望江楼的 Tea Time 则是我生命中的 beautiful moment 之一。春日午后的灿烂阳光，幽幽竹林中的袅袅茶香，豆蔻年华的莘莘学子……那是至今思之悠然的浮生乐事。

当年的望江楼公园，与蜀中第一高校——四川大学只有一墙之隔，有一道小门相通。据老成都人说，薛涛墓原来不在望江楼公园内，而在四川大学校园内，近南大门，毁于"文革"，后来才在望江楼公园重建。

> 南天春雨时，那鉴雪霜姿？
> 众类亦云茂，虚心能自恃。
> 多留晋贤醉，早伴舜妃悲。
> 晚岁君能赏，苍苍劲节奇。

对于一生爱竹、在《洪度集》开篇便咏竹的薛涛来说，长眠在望江楼公园的茂林修竹间，大概也是最好的归宿吧。

正通顺街的巴金老家，
《家》《春》《秋》的慧园

对于我们这代人来说，20 世纪 80 年代是一个真正的"文艺复兴"的时代。

那个时代的图书和电视剧，都制作严谨，堪称精品。拍摄过程长达三年的古装电视剧《红楼梦》，便是其中的代表作之一。该剧于 1987 年上演后，林黛玉的扮演者陈晓旭和薛宝钗的扮演者张莉又双双出现在四川电视台和上海电视台合拍的电视剧《家春秋》中，一饰"梅表姐"，一饰"鸣凤"。

土生土长的成都人、原成都军区战旗文工团舞蹈演员张莉当时接受记者采访时曾说："我是从'家'里走出来的"。那一次，我才知道，《家》《春》《秋》作者巴金先生的老家旧址，正是位于成都正通顺街的战旗文工团的一部分。

本名李尧棠的巴金，在这个现已消失的老宅里生活了十七年。

旧时成都的名门望族有"南吴、北李、西徐、东李"之说，前两家以财富著称，后两家以宅院著称。巴金出生的李家就是"北李"，也被称为"北门首富"。

巴金的高祖父李文熙，原籍浙江嘉兴，乾隆年间应聘于山西马氏教馆，因教学认真负责，马家子弟在十余年间连中功名，遂获马家资助捐了一个从八品的布政司照磨，于嘉庆二十三年（1818年）分发四川，后曾任崇庆州同知。巴金的曾祖父李璠，历署四川南溪、筠连、兴文、富顺知县。巴金的祖父李镛，曾任四川南部、宜宾、南溪知县，告归林下后买了许多田地，并在成都北门的古佛庵街建了一座大公馆，即巴金在《家》《春》《秋》中描写的"高公馆"的原型——李公馆。

当年的古佛庵街是一条石板道的小街，街南有古佛庵，西侧为福音堂，街北有大仙祠，有包括李公馆在内的几座大公馆，还有云南会馆和几家店铺。附近有口可供整条街的居民用水的古井，井口有两个井眼，故称"双眼井"，一直保留至今。巴金晚年回家时曾深情描述"只要双眼井在，我就可以找到童年的足迹"。辛亥革命后，古佛庵街改名为"正通顺街"，与东、北、横通顺街三街相通，寓"通达顺畅"之意。

当年的李公馆是一座院墙巍峨、五进三重堂的深宅大院，占地 3000 平方米。门前有一对石狮子，门前台阶下有两口盛满水的长方形大石缸。门墙上挂着一副木对联，红漆底子上现出八个隶书黑字："国恩家庆 人寿年丰"，白色的照壁上则有四个红色篆字"长宜子孙"嵌在蓝色的图案里。二门内是方石板铺的天井，天井一边为大厅，大厅堂屋壁挂画屏，神龛上有穿戴着清代朝服的祖先画像。上大厅转进拐门，过天井进上房，左上房为巴金祖父居住，右上房为巴金父亲这一房居住。从边厢房穿过道，一边是花园，一边是仆婢室和厨房。顺着窗下过一道小门便是桂堂。桂堂的后面是一片清翠欲滴的竹林。竹林前面的一块空地有一个戏台。花园里有各种形状的假山，上披藤萝、青苔，中有洞穴。花园小径墙的尽头是上花厅，纸窗嵌有玻璃，挂着绘着花鸟的绢窗帘。沿着墙往右走，有一个大鱼缸，经过两棵垂丝海棠、一棵腊梅，是一个长方形的花台。花台一面临墙，一面对着下花厅。花园里曾有一大片水池，因巴金小时候有一次掉进水池中，险些出事，于是祖父下令把水池填平了。

作为《家》中"高老太爷"的原型，李镛在家中说一不二，是一个典型的封建大家长。他平日喜作诗，喜收藏古玩字画，亦好戏曲。他的原配夫人汤淑清（即巴金的祖母）出自江苏武进（常州）的世家望族——西营汤氏，也能诗擅词，其高祖父汤健业曾任四川南充知县、巴州知州，叔祖父汤成彦是道光年间的进士，也是晚清学者缪荃孙之师。

入川已数代的李家，一直保持着原籍浙江的一些习俗，如祭祖时都用浙江酿制的黄酒；年夜饭的饭桌上必有一道嘉兴故乡的特色菜"冰糖肘子"，但不能吃，要等过了年初五才能动筷子，以示不忘祖籍；祭祀时，女主人都遵从浙江水乡的风俗，按年龄系上素色或红色的围裙，祭祀完毕才解下围裙，坐上麻将桌打牌。

巴金的父亲李道河是李镛夫妇的长子，以最优等的成绩毕业于四川官班法政学堂，曾任四川广元知县。巴金的母亲陈淑芬也是浙江人（十岁时随做官的父亲入蜀），品性善良，为人谦和，知书达理，是一位标准的贤妻良母。

巴金是李道河与陈淑芬的第三个儿子，生于1904年，在家族中排行第四。他五岁时随家迁到父亲署理知县的川北广元。在广元，母亲亲自教他们这些孩子读古诗词。她剪了白纸，为每个孩子都做了一个小本子，每天在一页纸上抄一首《白香词谱》里的词，晚上教他们读。孩子们站在方桌前的清油灯下，跟着母亲逐字诵读，直到成句。母亲随后拿出印泥和牛骨做的印模给读过的词加圈点，第二天晚上再让他们温习，直到能背诵出来。

巴金的父亲李道河在广元任职近两年，增办新学，设改警局，兴办行会，举附生王维桢、刘光汉（后来都成为四川新政的著名人物）为孝廉方正，是以官声不错。他卸任后回到成都，买了四十亩田，一边在家协助父亲管理家务，一边在李家为大股东的成都劝业场（后改名商业场）代父履行职责。他性格和善，既是法政高材生，又做过知县，是以得到广泛的尊重，人缘很好。

巴金的父母给了他一个温暖、幸福的童年。他和哥哥姐姐的感情也很好。他曾回忆说，

> 在我们这个大家庭里，我们这一辈的男男女女很多。我除了两个胞姐和三个堂姐外还有好几个表姐。她们和大哥的感情都很好。她们常常到我们家里来玩，这时候大哥就忙起来。姐姐、堂姐、表姐聚在一块儿，她们给大哥起了一个"无事忙"的绰号。

> 常常在傍晚，大哥和她们凑了一点钱，买了几样下酒的冷菜，还叫厨子做几样热菜。于是大家围着一张圆桌坐下来，一面行令，一面喝酒，或者谈一些有趣味的事情，或者评论《红楼梦》里面的人物。那时候在我们家里除了我们这几个小孩外，没有一个人不曾读过《红楼梦》。父亲在广元买了一部十六本头的木刻本，母亲有一部石印小本。大哥后来又买了一部商务印书馆出版的铅印本。我常常听见人谈论《红楼梦》，当时虽然不曾读它，就已经熟悉了书中的人物和事情。

巴金的父亲喜欢京戏，是成都最早的公共戏园"可园"的股东之一。当时的成都戏园演京剧、聘京班名角，大半由他主持。由上海到成都来的京班角色，在登台之前也常来他们家吃饭，有时在客厅里清唱。巴金和三哥常去可园看武戏，回来在家里学着翻筋斗、翻杠杆。他们几兄弟还组织了一个新剧团，在家表演。剧本是他们自己编的，观众是姐姐、堂姐、表姐们。父亲也被拉来看剧，还为他们编了一个名为《知事现形记》的讽刺喜剧。

可惜，巴金的母亲在他十岁那年就去世了。三年后，父亲也撒手人寰，遗下孤儿寡母（续弦妻子和十个子女）在封建大家族的勾心斗角、争权夺利中艰难度日。

巴金的二叔李道溥曾中过举人，后留学日本，在早稻田大学学法律，毕业回国后成为成都颇有名气的大律师，在家里却严守封建礼教，逼自己的女儿缠脚。三叔李道洋也曾留学日本，回国后当过南充知县，在家过着抽大烟、玩小旦的放荡生活，在儿女面前却是个专制暴君。五叔李道沛是个败家子，调戏老妈子，包养娼妓，产业荡尽后被妻儿赶出家门，流落街头成了惯偷，后被抓进监牢，死于狱中。

当时不过十来岁的巴金，已经萌发了强烈的叛逆精神。他讨厌那些虚伪的礼节和应酬，经常一个人呆着看书，甚至有两次连家里吃年夜饭时都躲起来。他喜欢去门房、马房、厨房和下人们呆在一起，听他们讲穷人的故事。有时，轿夫们在马房里煮饭，他就替他们烧火，把柴和枯叶送进柴灶里去。这些下人也将他当成一个同情他们的小朋友，什么都不隐瞒。比如有过丰富的流浪阅历的轿夫老周，常为他讲各地风物、人间不平，告诉他"火要空心，人要忠心"。

祖父去世后，这个封建大家族开始分崩离析。为了争夺遗产，叔叔婶婶们甚至每天在牌位前吵架、打骂，几房人彼此争斗、倾轧。作为负有"管家"之责的长房长孙，巴金的大哥李尧枚成了众矢之的。

李尧枚是一个有才华的人，学过武术，懂医，功课也好，对化学很有兴趣，还经常购买《新青年》和《每周评论》，并带领弟弟们热烈讨论。中学毕业时他名列第一，本来想去北京或上海有名的大学继续求学，然后去德国留学。可惜，在传统的"孝"

文化下，父亲秉承祖父的意志，要求他早日完婚、生重孙，同时为他找了一份他不喜欢的工作，在商业场做职员。生性懦弱的李尧枚从此暮气十足，成为封建礼教的牺牲品，处处委曲求全。父亲去世后，才二十出头的他成了李家长房的顶梁柱。巴金曾回忆说：

> 我还记得深夜我在这里听见大厅上大哥摸索进轿子打碎玻璃，我绝望地拿起笔写一些愤怒的字句，捏紧拳头在桌上擦来擦去，我发誓要向封建制度报仇。好像大哥还在这里向我哭诉什么；好像祖父咳嗽着从右上房穿过堂屋走出来；好像我一位婶娘牵着孩子的手不停地咒骂着走进了上房；好像从什么地方又传来太太的打骂和丫头的哭叫……

大家庭分家后，田产收入减少，李尧枚为了维持一大家子的生活，同时帮助两个弟弟出外读书，想方设法地增加收入。他开过书店，但因经办人选择不当，被迫关门。他继而将田产抵押出去，以贴现换取高息，不料在一场大病后发现几家银行倒闭，损失了一大半。他因而精神抑郁，有时神经错乱，在发病时将所有票据撕碎、倒掉，结果彻底破产，写下二十余页的遗书后服安眠药自杀。

在这之前，巴金已经在大哥的支持下和三哥一起离开了成都，外出求学。

巴金的三哥李尧林，燕京大学毕业后在天津南开中学做英文教员。他也是一个很有资质的人，喜欢看电影、溜冰、演话剧、听古典乐，上课风趣幽默，循循善诱，很受学生敬爱。他的很多学生，如作家黄裳，剧作家黄宗江，中科院院士申泮文、叶笃正，比较文学家周珏良，出版家邢方群等，都对他很是感念。大哥自杀后，家里只剩下 16 块银元，他挺身而出，接下奉养继母、弟妹、大嫂、侄儿侄女等十口人的重担。为此他放弃成家，将每个月的大部分收入都寄回成都老家，自己省吃俭用，积劳成疾，年仅四十二岁便离开人世。

巴金对两位哥哥有非常深厚的感情。他曾说，大哥是他爱得最多最深的人，三哥是最关心他的人。他将他的思念、愤怒和悲伤都寄于笔下——大哥李尧枚是《家》中"高觉新"的原型，三哥李尧林是"高觉民"的原型，而"高觉慧"的原型就是他自己；只是李尧林的生活中不曾有过"琴"，巴金的生活中也不曾有过"鸣凤"。

我少时常去的百花潭公园的园中园——慧园，就是以《家》《春》《秋》中的高家宅院为蓝本，也是成都人对巴金这位成都老乡的最好纪念。

慧园之"慧"，即原型为巴金的高觉慧之"慧"。

据慧园的工作人员说，巴金在八十三岁高龄时（1987 年），曾在女儿李小林的陪伴下专程前来实地察看即将兴建的慧园周边环境。他在审阅慧园的建筑模型时，连说"很像、很像"，十分欢喜。他对慧园的选址也十分满意，因百花潭公园毗邻青羊宫和文化公园，与杜甫草堂也相去不远，文化气息浓厚。这之前，成都市曾几次想整修巴金的故居，都被他拒绝了。他语气坚决地说："我不喜欢这个家，背叛了这个家，走出这个家，你们为什么还要给我修'家'？"因慧园是对公众开放的园中园，而非故居，他才没有反对。

1989 年，慧园正式落成。视此园如"家"的巴金，特地捐赠了他在各个时期的著作、部分手稿及几十件文物，包括他写《家》《春》《秋》时用的钢笔，写作时用的书桌，他与三哥李尧林一起收集

《家》《春》《秋》中的高家宅院（慧园）

百花潭公园中的慧园

的老唱片、老唱机、唱片柜、旧式台灯，以及吴作人、关山月等名画家送给他的画，等等。

　　巴金曾多次表示，希望和大哥、三哥在慧园相聚。他也曾说，"我多么想回到我出生的故乡，摸一下我念念不忘的马房的泥土……"2005 年，他去世后，部分遗物从上海运到成都慧园安放，也算部分达成了这一心愿吧。

江汉路的成都军区，
抗战时期的中央军校成都本校

大概是因着血脉中的军旅基因（外公外婆在抗战时期曾经投笔从戎），我从小就对军人、军旅有天然的好感。

在我的父辈中，三姨父王亚赞也曾是一位军人。他原籍东北，其父出身于四野系统的陆军47军（47军首任军长为梁兴初），后被选拔到桂林步兵学校（今中国人民解放军特种作战学院）任教。当年的桂林步校是军级单位，校长杨大易少将原是38军112师师长。

据三姨父回忆，1964年初的一天，桂林步校各单位集中在大操场上接受广州军区检阅。军区的一位副司令拿着花名册，点到哪个单位的哪个人，需持枪打卧、跪、立三种姿势，每打完一种姿势，还要翻越障碍再打一种，五发子弹打落三个靶子就算过关。时任正营级中队指导员的他父亲枪枪命中，三发子弹就打落了三个靶子，全场掌声雷动。那位副司令当场说，这个指导员不简单，比军事干部还强。为桂林步校争了光的他父亲，那年年底晋升为副团级少校。

三姨父在桂林长大，和我三姨唐小雁是桂林中学的同班同学。年轻时的三姨容貌美丽，成绩优秀，且能歌善舞、书法、绘画、裁衣、绣花无一不通。三姨父在众多的追求者中获得成功，在相当程度上也得益于他当时已是一位参军入伍的"革命军人"。

那时，军人的形象意味着正气和信任，很受老百姓尊敬。

儿时在重庆远大织布厂，有孩子当兵的家庭，门楣上都有一块"光荣军属"的牌子。逢年过节，居委会的人还会提着一些年货上门看望。带我弟弟的老工人王婆婆，与带我的胡婆婆为邻的吴婆婆，都是"光荣军属"。她们的儿子（我叫"良德叔叔"和"润明叔叔"的）从部队转业回来时，很多邻居围着问长问短。

一直到我在成都九中（树德中学）读初中时，社会风气依然如此。学校不时邀请成都军区的人（学生中有很多是军区子弟）来给我们上课，比如请过一位北京籍的女军人来讲民法。1985年，我进九中不久，即遇到已在电视上见过多次的老山英模报告团的臧雷、姚红来校演讲。臧雷是我们重庆人，毕业于重庆二十九中，却能讲一口标准的普通话，更像是北京人，能说会道。他的演说极富感染力，尤其是结尾那句"我们的身前，是残忍的侵略者；我们的身后，是亲爱的北京"，让无数听众为之热血沸腾。

那一年，我读了很多军事题材的小说和报告文学，至今都记得其中的一句话：

> 军人，是一个国家最可敬的一群人。你可以嘲笑一个政客，但千万别去嘲笑一个军人！

次年寒假，弟弟的十来个同学来到我们家，在他的房间里一起包扎他们班给老山前线的慰问品。东西不算多，就装了一个不大的纸皮箱，但都是他们用自己的零花钱买的，心意难得。这群小孩本来说要一起送去成都军区，最后不知是想偷懒还是胆怯，只将东西丢在我们家，说是委托弟弟代表他们班送去。结果，那天父母下班时，就看到弟弟急哭了——他还是个小学生，知道成都军区的门往哪里开啊？

列位看官想必能猜到，这个送慰问品去成都军区的光荣任务，就在我爸妈的指派下，落到区区在下头上啦。谁叫我从小胆子大、不怕生呢。过了些天，快到春节了，我就带着弟弟，两人抬着那个纸皮箱，搭乘公共汽车，去到位于江汉路的成都军区。

记得我们找到的是军区的侧门，在一条安静的小街上。门口站着两个全副武装的卫兵。远在数十米之外，就能感觉得到"闲人勿近"的气氛。初生牛犊不怕虎的我们，倒是一点不以为意，直接走到门口。当时还戴着红领巾的弟弟用四川话对那两个戴着钢盔的卫兵说："叔叔，我们是来给老山前线送慰问品的。"他俩打量了我们几眼，眼神有些狐疑，像是在问，两个孩子来劳军？其中一个就去门边的电话亭打电话，说的也是四川话，"群工部吗？门口有两位同志来给老山前线送慰问品。请你们派个人来处理一下。"

群工部派来的是一个三十多岁的军官，穿一身当时流行的85式军装，戴大檐军帽，也是一口四川话。他看到我们的时候，神情也有点吃惊（画外音大概是"两位同志怎么是两个孩子呢？"），不过立即转为笑容，带我们进了军区。

记忆中，军区好大。我们一路都看到好多兵在操练，好多人在敬礼。从士兵到军官，都是军容整齐，威武、昂扬，和电视里一模一样。那种龙腾虎跃、铁马金戈的军营氛围，至今难忘。

我们跟着军官走了好一阵，才到达位于一座平房内的群工部。办公室内摆着几张当时常见的油漆木条长椅，墙上挂着一些锦旗。落座后，军官向我们问清了来龙去脉，大大地表扬了我们一通。他的领导也出来称赞了几句，并指示送两本书给我们。

那是两本当时流行的《庞中华钢笔字帖》。我的那本，扉页上写着"何倩同学留念"，落款为"群工部"。然后军官送我们到门口，握手道别。离开的时候，我们还一再要求，一定要把我们的东西送到老山前线啊！他满口答应。

大学毕业后，我在位于江汉路的四川省纺织品进出口公司工作了一年。公司对面就是成都军区大院，同事中有不少转业军人。由是得知，军区大院就是抗战时迁到成都的黄埔军校旧址，里面有一栋蒋介石离开大陆前最后居住的"黄埔楼"。

当时在附近另一个省级公司工作的我的一位高中同学，正好是黄埔军校的后人。她的外公本是冯玉祥的部下，从中原大战到抗战，一路枪林弹雨地打下来。黄埔军校迁到成都后，他从前线下来任教官。因着这段历史，他在1949年后生活困窘，为养家糊口，甚至不得不在马戏团拉狗熊表演，五十年代去世。

迁到成都的"黄埔军校"，正式的称呼是"中央军校成都本校"。

黄埔军校于1928年从广州迁到南京，改名为"中央陆军军官学校"，简称"中央军校"。1935年10月，中央军校成都分校成立。中央军校南京本校的教育处处长李明灏被任命为成都分校的主任。他选定曾是清代演武之地和四川武备学堂、陆军小学、陆军速成学堂、陆军军官学堂、陆军测绘堂旧址的成都北较场为校址，学校于1936年4月正式开学。分校学生多为川军整军后的编余军官，前后两期培养约六千人。

1937年，抗日战争全面爆发。日军进犯南京，国民政府被迫西迁，重庆成为战时陪都。中央军校南京本校也长途跋涉，历经江苏、安徽、江西、湖北、湖南、四川，在重庆铜梁整训后，于1939年初到达成都，与1938年1月为战时保密而改称"中央军校第三分校"的成都分校合并，称为"中央军校成都本校"。

"江汉路"的名字是1935年修建中央军校成都分校时才有的。当时附近几条街道都以中央军校在各地设校的所在城市命名，分别为黄埔路、白下路（南京别名白下）、洛阳路、江汉路（武汉别名江汉）、昆明路等。江汉路原名"苦竹林街"，附近多是蔬菜地和竹林。校本部迁来后，成都城内唯一的一座山——古蜀国的遗迹武担山也被划入了军校的范围。当时，山上还有一座"武担山寺"和一座六角形七级的"芙蓉塔"。军校在山上建了一座砖塔和一座木亭，塔上设了炮兵观测所，学生称之为"瞭望塔"（一塔一亭至今仍在）。因军校紧靠北门城墙，为出入方便，还在城墙上开了一个门（这个门洞保留至今），并在门外的护城河上建了一座石拱桥。因军校紧靠北门城墙，为出入方便，还在城墙上开了一个门，取名"存正门"，并在门外的护城河上建了一座石拱桥。

当年军校占地约三百余亩，校本部所属各处、各机关和三个步兵总队、勤务团团部及警卫连队、军医院等均驻于此。主要建筑有中正堂、黄埔楼、图书馆、军医院、三民台、武民堂、新生社楼、浴室、水塔、灯塔等，大都是校本部迁来后修建的。军校门前是一条宽阔的柏油路，名为"黄埔路"。路南端街中心有一座钢筋水泥的碉堡，四方均有机枪眼，能以火力封锁附近的三条街道，碉堡下还有暗道通往校内，学生称之为"军校堡垒"。

军校大门为牌坊式三拱门，两侧铸刻着一副传承自当年广州黄埔的金字对联"升官发财请走别路，贪生怕死莫入此门"。门后是能容纳一个师或一个学生总队的大操场，每逢重要节日或毕业典礼，校长蒋介石都会在此检阅教职员生。大门往前150米是二校门，两侧的金字对联"研究崭新军学，期为党国干城"也是蒋介石亲笔题写。二校门附近还有一尊蒋介石的立姿铜像。军校学生多在此铜像前集合站队、外出登车、毕业留影。

钢筋水泥的"中正堂"又称"中正台"，因前端形如观礼台，两侧各有一座亭子。中正堂的主体建筑是军校的小礼堂，里面悬挂着孙中山的巨幅画像、青天白日的党旗国旗、军校校旗，还有多幅楹联，包括孙中山署名的"安危他日终须杖，甘苦来时要共尝"等。总理纪念周、各种纪念日、军政要员来校训话、师生听训等活动均在中正堂与二校门之间、能容纳千人的内操场举行。内操场西侧是器械练习场，设有天桥、木马、单双杠、秋千等体育器械。靠近城墙一边是一个射击教练场，设有机动的活动靶。

"黄埔楼"是一栋德式三层小楼，本是军校负责人的办公和休息之所，汽车可直接开到楼前。蒋介石每次来都住在二楼。抗战八年，他在重庆日理万机，但仍不时抽空来成都向军校学生训话。1949年12月，他最后离开大陆时，也是从这里乘车去凤凰山机场，然后飞往台湾。

中央军校成都本校先后培养了十期学生（14期到23期），总计近三万人，是黄埔军校在大陆办学时间最长、培养人才最多的一个时期。

当年的军校学生虽然号称"天子门生"，学习条件也很艰苦。成都环境相对稳定，军校招生数量多，很多营房、马厩、厨房、洗澡间都是临时搭建的，木料为柱，竹片抹泥为墙，屋顶以稻草覆盖，夏热而冬冷。遇上雨天，室内漏水严重，书籍、被褥都会被淋湿。遇上大风天，屋顶的稻草大部分会被吹走，只能在室内搭起帐篷或雨衣来抵御。学生们吃的是混着稗子、谷子、石子、草籽等杂物的"八宝饭"。开饭时，六人一桌，中间是一盆带汤的菜，经常是空心菜或白菜，没有肉，连油都很少。一个队有一百多人，一天的食用油供应量却只有半斤。伙夫只好用油炒辣椒粉，在菜汤煮好后浇上一层看去油汪汪的辣椒粉，下面其实是清汤。因各类机关、学校和大批难民蜂拥入川，成都曾出现粮荒。军校伙房经常买不到米，学生们有时一天只能吃两顿。

在这样的环境下，军校的办学质量也没有降低。教官多是保定军校和黄埔军校早期毕业的，也有留日、留德的，还有从美国、苏联请来的。晚上的自修时间也改成正式的课堂教学。为适应抗战的需要，学生学习的外语在英语之外还有日语，以便今后上战场时使用。因四川周边少数民族多，军校还特别招收了一批少数民族学生。

在艰苦卓绝的八年全面抗战中，作为中国培养军事人才的大本营，中央军校成都本校为前线输送了一批又一批的基层军官，前仆后继地为国家民族出生入死，义无反顾。抗战胜利后，黄埔毕业生仅存 11000 余人，与抗战期间入校受训的 20 万学生相比，牺牲率高达 95%，真正是"故土新坟抗日冢，何处白骨无黄埔"。

当年位于江汉路的中央军校成都本校，有一首广为流传的歌曲《黄埔同学》：

> 黄埔的同学，前进，前进！
> 大家一条心，踏着先烈血肉筑成的路。
> 我们是中国的钢城。
> 同学们，努力奋斗向前进！
> 挺着胸怀，努力迈进，直把敌人杀尽！
> 努力迈进，努力迈进，努力发扬吾校精神！

每一个国家，每一个民族，都有自己的历史记忆。

中央军校成都本校的历史，是我们民族永不能忘的抗战历史的一部分。

很庆幸，当年曾与这段历史如此之近。虽然，三十年后才蓦然惊觉，当时只道是寻常。

春熙路的书摊一条街，科甲巷的石达开就义处

平生至乐，莫若读书。

童年时在重庆和桂林，读起书来真可以说是废寝忘食、夜以继日——一边走路一边读；坐在公共汽车上读；周日早晨躺在被窝里读……结果，小学五年级时就戴上 400 度的近视眼镜了。

当时读的书，主要还是家里现成的。因每月的零用钱不多，自购的书很少，其中有一本《晚清宫廷生活见闻》，倒是奠定了今生对晚清史的兴趣。

到成都后，父母的工资比之前高些，我所得的零用钱和压岁钱因而也比之前多，加上经常来的一个远房亲戚也会给我一点零花钱，买书便成为常事。

逛书店也是一大乐趣。

在成都的头两年都是搭公共汽车上下学，途中的骡马市有两间书店，归家时半途下车逛书店便成为顺理成章的事——所持的学生公交月票可以无限次乘车，很方便。

骡马市，这个带着游牧气息的地名，本是清初因应驻守成都的八旗兵丁对战马的大量需求而设的骡马市场，后来发展成街道和商业区。我少时的骡马市，则已是与春熙路、盐市口并列的繁华商业地带，店铺林立，以一条人行天桥为中心。天桥的一个出口处就是新华书店和外文书店，店面不大，逛起来不太过瘾。

等我学会骑自行车之后，成都最大的书店——人民南路新华

少年时代的
个人藏书

书店就成为最常去之地了。

这是一座灰色外观、苏式风格的两翼合围式四层大楼，建于 1952 年，可说是包括区区在内的成都几代读书人心目中的圣地——一进门，就是书海的感觉，一排排高大的楠木书架上垒着满满的书，每一个书架前都有读者穿行或伫立。摆着很多样书的玻璃展柜后面是收银台，每一个收银台前都有一群人在排队等付款。书籍的油墨清香弥漫于室内，令人备感舒畅。

对于读书人来说，没有比书店和图书馆特有的这种氛围更觉亲切了，真是入门则喜，欣然而归。

当时的书价非常便宜，从几毛到两元钱不等。不过，作为兜里没几个钱的学生，看中的书不可能都买，所以我经常是捧着一本一时还无力购买的书，站在书架前一读就是几个小时。很多高中生和大学生也是如此。书店员工也从来不赶人，任由我们读完后空手离开。茨威格的《命丧断头台的法国王后》就是我分几次读完后才存够钱买的。

当年，除了逛书店，也常逛书摊。不是从前在重庆刘家台常去的那种有小板凳坐、一分钱看一本的小人书摊，也不是在人和街居住时楼下就有的那种一个篷子两架书的租书摊，而是在路边或店门口架一块铺塑料布的板、摆一些在书店比较少见的书、像商品一样静待过客购买的书摊。如果买后不中意，还可九折退货。

当时我家附近就有两个书摊，一在文化官旁，一在人民商场旁。书摊的书品种有限，题材却常是我喜欢的，比如少时读过无数次的《我与拿破仑——瑞典皇后黛丝蕾秘史》和《生死之恋——蒋碧薇回忆录》都是在书摊买的。

当时书摊最集中的春熙路书摊一条街，我每月也会去两到三次。

春熙路原本就有好几家书店，如古籍书店、新华书店、外文书店。邻近孙中山铜像的古籍书店是最有旧书店氛围的，店面不大，却古色古香。店外的两个橱窗内陈列着几套古本的线装书，还有纸质已经泛黄的字帖。店内一排排的高大书柜内都是竖排版、繁体字的旧书，很多都是民国时期出版的。还有一个以线装书为主的书柜，大都是唐诗、宋词、元曲、杂剧，还有几册大号的《古文观止》。

当年的我，更喜欢附近的书摊一条街，往往是直奔而去，一逛就是整个上午——在绿树浓荫下的清风徐来中逛书摊，不但愉悦，更有一份自由自在。坐在书后面的摊主们，几乎不出声兜售，而是守株待兔，愿者上钩，大概也是一种书所赋予的沉静气度吧。

那时，每次购书归家，都是迫不及待地展卷。大概因为有祖传的"过目不忘，一目十行"的本事，通常两三天就能读完一本书，尤其最喜静夜长读，一盏清茶，一书在握，明月当窗，一灯如豆，悠然读来，心驰神往，浑不知夜之将尽也。

二十多年后，万水千山走遍，蓦然回首少年，我告诉自己的孩子说：

> 热爱读书的人，是真正幸福的人，一生都拥有一个比海洋和天空更宽广和丰富的精神世界。比如旅游，对于爱书的人而言，不是走马观花，而是文化之旅和历史之旅，亲临其境地体会书中的场景，和历史对话，向古人致敬，那种全心的感动和愉悦是难以言宣的。读书的过程，不仅是和作者对话，和古人对话，也是和往日之我对话。同一部书，在不同的年龄段，能读出不同的感悟。重读的时候，能穿过时光的隧道，看到童年和少年时代的自己……当时的房间，窗外的环境，清风，明月，风雨声，老树，鸣蝉……历历在目。

崇尚读书、博学与思考的二十世纪八十年代，是读书人的春天，是我一生的怀念。

少时常访的春熙路，是成年后每次回成都必到的怀旧之地。当年的书摊一条街虽已不复存在，新建的太古里方所书屋还是很值得一去，每次都能找到几本值得买的好书。

直到 2024 年回川，在与方所书屋近在咫尺的科甲巷发现了2000 年立的一块纪念太平天国翼王石达开的碑，才知当年石达开便是在此地英勇就义——原来，科甲巷即清代主管全省司法刑事的按察司（臬台）下属的司狱署及其直辖监狱所在。当年石达开兵败大渡河，"舍命以全三军"，赴清营议和，结果被扣留并押送到省城的臬台监狱，在狱内被凌迟处死。这块纪念碑上刻了一首传说是石达开入川时所写的《入川题壁》：

> 大盗亦有道，诗书所不屑。黄金若粪土，肝胆硬如铁。
> 策马渡悬崖，弯弓射胡月。人头作酒杯，饮尽仇雠血。

那一刻，真是心神震撼。"翼王石达开"曾是我少年记忆的一部分——从史书里，从诗词中，从"文革"时代下放广西贵县（石达开家乡）执教的大姨妈口中，从川中父老的古老相传里，我认识了这位太平天国的悲剧英雄。因着此，少时的我曾立志将来一定要去研究太平天国史，尤其是关于石达开的章节——官史的那套"不顾大局，出走分裂"的说法实在是令人厌烦。可惜，时也命也，少时孜孜以求的"治史，是我终身的职业"（唐德刚先生语）终是镜花水月，但每每看到石达开这个名字的时候，还是会有所思忆，因着那份少年情结。

中国传统文化向来歌颂"断头将军"而鄙视"降将军"，石达开却是个例外——舍命全三军，慷慨赴死，在历史上留下了"悲情英雄"的形象。从他的诗文和一生作为都可看出，他一生胸怀大志，慷慨悲歌，希望拯民于水火，也深受部下和百姓爱戴。他的悲剧在于，他为之奋斗了一生的理想，其实不过是洪秀全用来建立一个更加专制、野蛮、愚昧、荒淫的封建王朝的铺路石而已。所以他选择了出走，但势单力薄，独木难支，终于失败。失败归失败，却连他的敌人也表示尊敬和震撼。

这样的人，大概就是所谓"虽败犹荣""虽死犹生"吧。

抗战必胜的光华铁树，辛亥保路的少城公园

有"中国金融人才库"之称的西南财经大学，位于离杜甫草堂不远的光华村。

走进这所大学的时候，我才十六岁。

那时的高考，被称为"千军万马过独木桥"，每十三个考生中才有一个能进大学。当年的我倒是没有这个压力，因我所在的树德中学文科班是全成都最强的，历年的大学本科录取率都高达85%以上。虽然我的数学一直学得不好，但总成绩在班上仍然算不错的，语文和历史更是拔尖，被同学们称为"未来的历史学家"，如无意外，应能考入北京师范大学中文系或华东师范大学历史系，一如童年的梦想，在大学讲台上继承祖业——当时，在全国师范大学中排名第一的北师大和排名第二的华东师大的毕业生一般都分配到大学任教。

那时的我，真的以为日后会有理想与职业的完美结合。可惜，1989年的那个重大事件改变了这一切。因文科生（大学生和研究生）被认为是闹得最凶的，那一年的高考文科招生数量大幅削减，考生的得分和录取线也作了技术性调整。因着这些影响，我没能读成自己从小热爱的文史，也没能去成母亲本希望我去的上海，而是莫名其妙地进了与家同在一城的西南财经大学，专业则是在当时还比较热门、但我一点都不喜欢的"国际贸易"。

于我而言，这是一辈子的遗憾。那份遗憾，在我心中持续了

很多年，一直到我后来留学美国，以全 A 的成绩获得硕士学位，回国任教于华南农业大学并获得学生的高度认可，再到这几年写的"家国三部曲"中，历史传记《百年家国：唐家故事》和长篇历史纪实小说《西江逝水》已被哈佛燕京图书馆、普林斯顿大学图书馆、斯坦福大学东亚图书馆、哥伦比亚大学东亚图书馆、多伦多大学东亚图书馆、北京大学图书馆等世界一流学术图书馆收藏，并被一群研究加拿大文学的中国学者列为"加拿大视域下的广西叙事研究"课题的研究作品，这本《红河谷中忆家国》也即将面世，才算弥补了。

说起来，当年无奈而进的西南财经大学，与本来大概率会进的华东师范大学，倒是同根同源，都是民国时期的沪上名校光华大学的血脉。

1925 年，上海发生"五卅惨案"。上海民众罢工、罢课、罢市，以示抗议。有"东方哈佛"之称的圣约翰大学的华籍师生也在校内组织罢课、向国旗行礼、唱国歌等活动，与美籍校长卜舫济发生了冲突。6 月 3 日，553 名学生和包括孟宪承、钱基博在内的全体华籍教师，出于爱国义愤，集体宣誓脱离圣约翰大学。次日，离校师生商议自行设校，得到学生家长们的鼎力支持，决定筹办"私立光华大学"。

"光华"之名，取自当时作为国歌的《卿云歌》中的"日月光华，旦复旦兮"（复旦大学的校名也是出自于此）。学生家长王省三捐出大西路的数十亩地来建校舍。1925 年 9 月，光华大学在租来的霞飞路校舍正式开学，由捐出三千元并大力筹资办校的另一位学生家长张寿镛（前清举人、时任沪海道尹）任校长，以脱离圣约翰的 6 月 3 日为校庆，以"研究高深学术，培养专门人才，谋新中国建设"为办学宗旨。学生除原圣约翰的五百多人外，还有慕名前来报考的四百余人。开学当日，还为在离校时声明不接受圣约翰毕业文凭的九名应届毕业生颁发了光华的毕业文凭。

在张寿镛校长的主持下，光华大学发展得很快。在大西路建成了占地一百多亩的校园，有文、理、商三个学院和附中部。光华与大夏、复旦、大同并称为沪上四大著名私立大学，文学院长张东荪、中国文学系主任钱基博、政治学系主任罗隆基、教育系主任廖世承、社会学系主任潘光旦都是当时的著名学者。朱经农、张歆海、王造时、吕思勉、章乃器、徐志摩、胡适、田汉、何炳松、李石岑、梁实秋、黄炎培、钱钟书、周有光等各界名家也曾在光华任教。光华附中也是当时沪上的三大著名中学之一。

1937 年 8 月 13 日，淞沪抗战爆发。11 月，光华的大西路校舍遭日军炮火焚毁。校长张寿镛在被炸的校园内先是嚎啕大哭，继而仰天长笑，决心在战火中继续办学。他知道这场战争非短期内可停止，又知国家社会因战事而需才益亟，乃委托当时身在四川的光华大学商学院院长谢霖（中国第一个注册会计师、第一个会计事务所创办人）筹办成都分校。

1938 年 3 月，光华大学成都分校在王家坝街租房开学。之后，获学生家长张仲铭捐出的草堂寺西 50 亩田地及四川省政府的五万元补助，得以在草堂寺建成新校舍，1939 年 1 月正式迁入。校园内花木成行，小溪潆洄，校门前挂着一块高大的横匾"出为圭璋"，寓意光华毕业生必为社会栋梁。

光华在成都十年，云集了叶圣陶、萧公权、容启兆、薛迪靖等一批名师，为抗战中的国家培养了许多金融会计人才，毕业生共计 2352 人，其中川籍学生占 80% 以上。抗战胜利后，部分光华师生回上海复校，将已发展到一百五十余亩的草堂寺校址赠予四川省，文、法、商三个学院也全部留在成都，以示反哺，是为

"私立成华大学"。成华大学在 1952 年变成"四川财经学院"，1985年改名为"西南财经大学"。

回到上海的光华大学，也于 1951 年与大夏大学合并，成立"华东师范大学"。光华大学附中也和大夏大学附中合并为"华东师大附中"。大西路的光华校园由新成立的"华东纺织工学院"入驻，大西路改名为"延安西路"。我父母便是在此度过了五年的大学岁月。

只有二十六年历史的光华大学，培养了包括乔石、姚依林、尉健行、汪道涵、荣毅仁、周有光、张允和、周而复、何炳棣、赵家璧、储安平、邓拓、叶霞翟等知名人士在内的一万四千余名学生，在中国教育史上留下了不可磨灭的一页。

当年，我们一进西南财经大学，就听老师说："我们学校的前身是上海光华大学。"学校所在的光华村，便是因光华大学而得名。我们的校园也叫"光华园"，但面积比一般的大学校园小很多。老师们总说"我们的校园本来大得多。赵紫阳做省委书记时，硬是划了一半给省委党校"。

光华园的确小，主要建筑就是一栋名为"明德楼"的教学大楼和从"一舍"到"六舍"的六栋学生宿舍楼。运动场、食堂、澡堂、小卖部、校医院、研究生楼则分散在校园各处。各系的办公室只能设在一舍到六舍的底楼，二楼以上才是学生寝室。每间寝室有四张铁架双层床，中间两张大桌子配八张折叠椅，门两侧有壁柜供学生放衣服杂物，壁柜旁有两个多层的面盆架。每人都有自己的热水瓶，平时集中放在壁柜前的地上——水用完了也可用别人的，但每日黄昏须轮流去水房打水。楼梯口有洗手间和报栏。一楼有电话亭。

我所在的寝室是"二舍 308"。连我在内，共住着七个女生，都是同班，日夜相处，姐妹相称。三十年后天各一方的姐妹们，

位于明德楼前、抗战内迁的光华大学师生手植的铁树

有毕业后即去加拿大温哥华闯荡的，有毕业后一直从事财会工作的资深会计师，有在四川师范大学取得教育学硕士后在成都的一所商务学院执教的副教授，有美国 IBM 公司成都分公司的元老，有在美国约翰·霍普金斯大学获得技术管理硕士后在巴尔的摩开技术咨询公司的商务精英……各有各的精彩。

而今回首，虽然当年并不喜欢这个与我从小热爱的文史没有丝毫关系的大学和专业，在光华园中度过的青春岁月仍然令人怀念。

那时的光华园，除了后门外那片金黄金黄的油菜花，几乎没有什么风景。我们因而每日黄昏都会去那里散步。走在田间陇上之时，颇有些"油菜花开满地金"的诗情画意。后门外约一公里处就是被农田围绕的峨眉电影制片厂，有同学有次骑车路过时还遇到了该厂的著名影星潘虹。那时的光华村也比较荒凉，但也有小小的饭店、茶馆、书店、录像厅、卡拉 ok 厅。我们常常结伴去看港产的武打剧，在寒夜去吃热腾腾香喷喷的"麻辣烫"（川式小火锅）……

那时，学生宿舍都是晚十点自动熄灯，但我们会点着在小卖部买的蜡烛，继续看书、听音乐、写信（落款总是"于光华园，烛光下"）。全寝室都进被窝后，还有夜聊会，一直聊到午夜。放下蚊帐，就是我们各自的小天地，虽然床单不是格子布就是花布的，也装饰得各有特色，有在蚊帐内搭块板摆书的，有饰古式月牙钩的，有挂风景、明星照的，有换成欧洲宫廷式纱帐的……同学之间流行"共产"，因周末回家而临时空出的床位往往会被来访的外校同学借住，也没人觉得不方便，甚至不需提前打招呼，用后说一声即可。

那时，男女生之间流行结"友好寝室"。我们的友好寝室是"四舍312"，住着同班的八个男生。我们两个友好寝室经常在一起玩——因为人多，去食堂打饭得端着脸盆去，然后在小卖部用也可当钱使用的菜票买些汽水、花生、瓜子，供饭后聊天、打牌、算命时享用。我不喜欢打牌，看手相倒有些心得，大家都说"好准"，遂被封为"算协主席"（算协者，算命协会是也），所以总有一群人排队等"看"，甚至还有一些外校同学慕名而来。

那时的西南财经大学直属于中国人民银行总行，校长刘诗白教授是国内著名的经济学家，所以办学条件相当好。运动场很新很漂亮，英语课都由美籍外教任教，计算机课则在专门的机房上。当年的电脑可是稀罕物，都盖着丝绒布，我们进机房前还得换上软拖鞋。

计算机课以外的所有课则在主教学楼明德楼上。我们的系主任何泽荣教授和系里最会讲课的两位年轻老师宋骏平和潘德平，都是在这里为我们"传道、授业、解惑"。明德楼前有一棵挺拔的、树形呈"V"形的双株铁树，名为"光华铁树"，是当年抗战内迁的光华师生在谢霖校长率领下种的——"V"就是"Victory"（胜利），寓意抗战必胜、正义必胜、中国必胜。

> 鲲鱼久蛰北溟中，今已化为鹏。去以六月羊角风，重霄一奋冲。我有前圣羲与农，肇造文明启晦蒙。我有后圣周与孔，旁流教泽施无穷。观国之光远有耀，重任在吾躬。中华民气原俊伟，奋起自为雄。平原宽广带长川，有基噎在田。风雨不动安若山，广厦列万千。科分教育冀薪传，更参文明究人天。复以商业扩其用，产才分道扬先鞭。父兄师保瘁心力，乃至美且全。光我中华万亿年，毋让他人专。

这是当年光华大学的校歌，已被一脉相承的西南财经大学作为校歌，以铭记光华精神。前几年，西南财经大学还和同根同源的华东师范大学合作编撰出版了《光华大学与成都十年》，再现了抗战时期光华师生同仇敌忾、共克时艰的奋斗历程。

2024年9月，我在当年的寝室姐妹"小付"（付莉华）陪伴下，重返阔别多年的光华园，一起缅怀我们的青春岁月。

当年，小付和其他几位寝室姐妹曾和我一起从光华村出发，经草堂、百花潭、琴台路，过人民公园，一路骑行去位于东华正街大有巷的我家玩。

人民公园，就是老成都人口中的"少城公园"。

清康熙年间，因"川省地居边远，内有土司番人聚处，外与青海西藏接壤，最为紧要"，三千满蒙八旗兵奉命常驻成都。当时在城中筑了一个内城，专供八旗官兵及眷属居住，称为"满城"，正位于秦国丞相张仪所筑的"少城"遗址之上，故又称"少城"。满城共有城门四道，官街八条，兵丁胡同三十三条。每条胡同有四十多个小庭院，每家有住房三间，四周有围墙，院中种植花木——作为草原民族，旗人天生喜栽花种树。汉人不能进入四面高墙、关卡重重的满城，旗人也不能轻易出城。有一首当时流传的竹枝词为证：

满洲城静不繁华，种树栽花各有涯。

好景一年看不尽，炎天武庙赏荷花。

清末，朝廷废除了旗米供给制度，并大量裁汰旗兵。成都旗人当时已发展到男子一万二千余名、女子九千余名，生活却日益窘迫。时任成都将军的玉昆采纳了劝业道总办周孝怀的建议，将少城小东门附近关帝庙旁一大片空地和附近三条胡同开辟出来建了一个五十余亩的公园，设楼亭、荷池、茶铺、餐馆、戏园，让旗人开业谋生，并出售门票任人游览。

这是成都的第一座公园。因位于少城，遂被称为"少城公园"。开园首日，即卖出门票三千二百多张。除了旗人，汉人也可入园经商。少城内新开了很多商铺，如酒铺、烧腊铺、茶铺、杂货铺、茶食铺等。原本日渐荒凉的满城转为繁盛，满汉交融，乃至通婚，在全国都算是开风气之先。闻名全国的成都小吃，其中便有相当一部分是成都旗人的作品，比如"甜水面""萨琪玛""芙蓉糕"，都是典型的北方风格的食品。

1911年，四川爆发保路运动。当时，民众的主要集会场所就在少城公园。包括园中茶馆在内的成都大小茶馆，成为保路运动的信息传播地。是故，老成都人爱说"保路运动是在茶馆里喝出来的"。作为辛亥革命的先声，保路运动大大加速了满清的覆亡。思想开明的玉昆将军，与新成立的四川军政府进行了斡旋，和平易帜，让旗兵及眷属得到安置，避免了西安等地那样的杀满惨剧。是故，今日成都人中有不少当年的满蒙后人。

我在九中（树德）初中部读书时的一位数学老师雷老师，就是讲一口成都话，却不似川人，长着一张典型的蒙古人的大脸盘。全班同学也都知道"雷老师是蒙古人"。旗人"提着鸟笼，哼着小曲"的传统也保留了下来。我读初中时，每天早晨上学都能看到一些悠闲地提着鸟笼遛弯儿的人——学校附近的长顺街和八宝街都属于当年的满城。

1913 年，少城公园进行扩建时，根据保路运动领导人之一张澜的提议，为保路死难同胞立了"辛亥秋保路死事纪念碑"。

1924 年，在教育家卢作孚主持下，少城公园内开办了"通俗教育馆"，又修建了各种陈列馆、博物馆、图书馆、运动场、音乐演奏室、游艺场、动物园。少城公园逐渐发展成为成都政治、文化、科学、艺术、展览、体育的中心场所。

1937 年 9 月，川军出川抗日的誓师大会便是在少城公园举行。张澜代表成都民众为蜀中子弟兵壮行，川军首脑刘湘在大会上作了慷慨激昂的演讲："为了抗战，决心率部出川，并贡献四川的人力物力……"。

少城公园也是成都民众喝茶、赏花、观景、看戏、练武之地。园内有浓荫、绿荫阁、永聚、鹤鸣、枕流、同春、射德会、文化、荷花池等茶舍，有静宁、桃花源、聚丰园等饭馆，有名为"万春茶园"的戏园，有国术馆，每年秋季还举办菊花展。

抗战时期，不少文化人流寓成都，少城公园是他们常到之地。画家齐白石和张大千最爱在鹤鸣茶社小聚，作家朱自清和叶圣陶常到绿荫阁喝茶。叶圣陶后来曾有诗怀旧：

成都忆，常涉少城园。

川路碑怀新史始，海棠花发彩云般，

茶座客声喧。

　　如今的人民公园仍然保留着当年六大茶馆之一的鹤鸣茶社。这是一座川西风格的老建筑，凉棚下挂着鸟笼，根雕的茶桌配了一圈竹椅；在人声鼎沸中穿行的堂倌手握长嘴的铜茶壶，一边吆喝，一边点滴不漏地添加茶水；盖碗茶溢出的茉莉花香（川人爱喝茉莉花茶）中，热闹的"龙门阵"（四川话"聊天"）此起彼伏……这一切，就是老成都的味道吧。

大儒方孝孺居住的方正街，
加国传教士创办的仁济医院

在大有巷住了八年后，我们家搬到了方正街。

1993年初，父亲被任命为四川省国际工程咨询公司副总经理（副厅级），在离公司只有几分钟步程的方正街分到一套100平米的四房两厅新房。对于这个无论是地段还是周边环境都不如大有巷的房子（门外是一个嘈杂的菜市场），母亲本不想搬，但从父亲到我们姐弟都喜欢这里（宿舍院只有一栋单元楼，楼前是两

父母于大有巷家中（1993年1月）

个水泥砌成的小花坛和一个自行车棚，比大有巷清静多了，且多了一个房间），她最后也同意了。

那时，中国人的生活水平又上了一个台阶，一般都会在迁入新居前装修一番。我父母也不例外，不但动用了全部的积蓄，还向一位亲戚借了些钱，全力打造这个只有厨房和卫生间铺了瓷砖、其余都是白墙水泥地的新家。

那时，我正对家居设计颇有兴趣，母亲遂让我参与新家的建设。我很喜欢一本台湾出版的家居杂志中几乎家家都有的"和室"，便融合了"和室"的风格和我自己的一些构思，请装修师傅打掉客厅的落地窗并将阳台改建为一个有日式推拉门的榻榻米地台——地台上设一张日式方几，配四张软布坐垫，方几上摆一套紫砂茶具，地台两端则是茶叶柜和洗茶具的水槽。这个日式饮茶区与客厅既为一体，又相对独立，若有亲友留宿，几垫一撤，推拉门一关，即可作客房。我的这个设计博得交口称赞，凡有熟客来访，总是宁愿不坐客厅的黑色真皮沙发，而是移步至此，盘腿而坐，隔几相对，品茗谈心，茶香袅袅，乐也融融。

除了这个日式榻榻米地台，我们家首次拥有的书房也可兼具客房的功能。我们特意选了四个房间中唯一有阳台的一间做书房，也用了一番心思来布置。左右两排黑漆书柜靠墙而立，中间是一张宽大的黑漆书桌，配一张圆形的黑漆木椅。门边则是一个有黑漆木扶手的单人沙发床，平时可倚来看书，需要时则作客床。

经过装修，新家的客厅和餐厅铺了浅赭红色的瓷质地砖，书房和三间卧室是当时风行的方块型木地板。母亲将已退还给纺织厅的大有巷家中的宝丽板家具折价卖了，再请木工做了几套新的哑光漆家具——客厅是棕黄色间黑边的，书房是黑色的，我的卧房是白色缀粉红边的，弟弟的卧房是白色缀浅蓝边的。父母的卧房则是一套棕红色亮漆的家具。

新家还添置了两架古典风格的屏风，是母亲的一位同学在其居住地代购的传统工艺品——一架黑漆底百子图的六扇屏风摆在客厅与主卧、次卧之间，一架金漆底荷花图的四扇屏风摆在餐厅与厨房、卫生间之间，都起到了很好的屏障作用。

方正街的这个家，是我记忆中的第五个家，也是我亲手为父母设计的一个"家"，至今都很怀念。

当时的方正街是一条不到二百米的小街，除了菜市场，还有两三间川式老茶馆和一些美发室、五金店、面店、肉铺，因此总是有热闹的人声，连同鸡鸭的鸣叫声、磨刀摊上的磨石声、收破烂的人骑着三轮车穿街过巷的吆喝声，构成了一幅典型的成都小街风情画。

这条寻常市井巷陌的小街，曾是以忠烈著称的一代大儒方孝孺的旧居地，因其而得名。

方孝孺出生于浙江宁海的一个官宦之家，自幼聪慧，酷爱读书。据《明史·方孝孺传》记载，他"幼警敏，双眸炯炯，读书日盈寸，乡人目为'小韩子'（韩子，即唐代文豪韩愈）"。他的老师宋濂也是一位大儒，曾被明太祖朱元璋誉为"开国文臣之首"。宋濂在众多弟子之中最看好方孝孺，以"百鸟之中见此孤凤"赞之。

洪武十五年（1382年），在东阁大学士吴沉、杨枢的举荐下，二十五岁的方孝孺晋见了皇帝朱元璋。朱元璋见他举止端庄，学问渊博，甚是称赞，对亦是宋濂门生的太子朱标言道："此庄士也，当老其才，以辅汝。"

洪武二十五年（1392年），方孝孺再次因朝中大臣推荐，受到朱元璋召见，随后被委任为从九品的陕西汉中府教授，主管学校上课、考试等事务。此时，也是宋濂弟子、素闻方孝孺之名的蜀王朱椿（朱元璋第十一子）正在为他五岁的世子朱悦爌觅一位启蒙师，知方孝孺如今身在与四川广元相邻的汉中，乃礼聘之。方孝孺对人称"蜀秀才"的朱椿亦有耳闻，知其"资禀甚高，而务学甚笃；闻道甚早，而力行不怠"，乃欣然受聘。

洪武二十七年（1394年），方孝孺自汉中入蜀。比他小十多岁的蜀王朱椿对他敬重有加，言必称"先生"，专门为他在今日的方正街所在地修建了一座寓所。自此，方孝孺每年都会在成都住一到三个月，为蜀王世子朱悦爌授课，其余时间则在汉中教学。

洪武二十八年（1395年），方孝孺第二次入川。朱椿为他在方正街的书斋题名"正学"。推崇程朱理学的方孝孺因而被后人称为正学先生。朱椿经常称赞说："方先生，古之贤者也。"方孝孺也认为朱椿是一位贤王，在《学孔斋记》中称赞朱椿说："以臣观乎蜀王殿下，其圣人之徒而得其大全者乎！"

洪武三十年（1397年），方孝孺第三次入川，也是最后一次入川。他应朱椿之要求，专门写了《蜀道易序》《蜀鉴》《蜀汉本末》《仕学规范》等文章，主张用礼教教化人心。时人有言：

当时蜀治依于礼乐，公（方孝孺）之功。

洪武三十一年（1398年），朱元璋驾崩。二十一岁的皇太孙朱允炆（朱标之子）登上皇位，是为建文帝。朱允炆早就听说方孝孺是祖父当年为父亲预留的辅佐人才，于是诏令其入京，任命为翰林侍讲，次年迁任侍讲学士，对其礼敬有加，遇到重大政事都要问询其意见，读书中碰到疑难问题也请其讲解。在方孝孺的帮助下，朱允炆以仁义礼治为本，采取了一系列变革措施，被史家称为"建文新政"。

建文四年（1402年），起兵篡夺皇位的燕王朱棣（朱元璋第四子）攻陷南京。已被誉为"天下第一大儒"的方孝孺，因拒绝归顺他口中的"燕贼"，被残忍杀害，夷灭十族。远在成都的蜀王朱椿，虽然无法援助这位曾经如师如友的"正学先生"，暗地里还是有所纪念——在蜀王府的授意下，成都官民将方孝孺旧居所在街道改名为"方正街"。

我家在这条因方孝孺而得名的"方正街"住了近九年。

2001年，父亲所在的四川省国际工程咨询公司与其他一些省级单位在附近三槐树路合建了两栋单位与职工共同出资的集资房，父母遂退了方正街的房子，搬到这里居住至今。

三槐树路是新华大道的一部分，来往的人和车很多。我家所在的这栋楼位于路边，楼下就是商铺。房子有120平米，附带一个水泥砌成的平台。喜爱花木的父母，将这个本来设计为晒衣区的地方营建成一个小小的中式花园，种了一丛竹，两株梅，数本兰花，铺了一条白石小径，架了一个紫藤花架，还建了一个细水长流的水池，养了一些金鱼，蔚然成景，被纷纷前来参观的邻居们誉为"都市中的花园"。

离府南河（锦江）不远的这个家，距离成都市第二人民医院（简称"二医院"）也只有几分钟的步程。父亲的身体一直比较弱。从我有记忆开始，他就经常看医生、熬中药。这个家竟然有一个医院近在咫尺，实在太方便了。

位于四圣祠北街的二医院，即巴金笔下的"四圣祠医院"和琼瑶出生的"仁济医院"。

1892年，生于加拿大安大略省一个铁匠家庭、在加拿大皇后大学取得医学博士学位后成为加拿大卫理公会传教士的 Dr. Omar Leslie Kilborn（启尔德）和同伴等一行九人来到成都。他们在四圣祠一带买了一块菜地，建了一座礼拜堂（后扩建为一座可容纳千人的教堂恩光堂），还在四圣祠北街租了一处民房，开了一间西医诊所，取名为"福音医院"。

福音医院最初只有启尔德医生一个人，一身而兼院长、医生、护士、护工，设备也极简陋，却是西医入川之肇始。当时的四川，医疗条件很差，病患有很迫切的就医需要。福音医院开业第一天，就来了18位患者。

两年后，启尔德与第一位被派到中国西部的西医女医生、毕业于多伦多大学的医学博士Dr. Retta Gifford Kilborn（启希贤）在成都结为夫妻。

启希贤在四圣祠附近的新巷子创办了四川最早的妇女儿童医院——"妇孺医院"。在启尔德夫妇的辛勤工作下，一些白内障患者重见光明，生孩子不再成为妇女的"鬼门关"，很多鸦片吸食者成功戒毒……

1907年，启尔德在加拿大基督教会捐赠和四川官府资助下，建成一座有120张病床的四层大楼，取名"四川省红十字会福音医院"，后改名"仁济医院"。因只收男病人，又称"仁济男医院"。妇孺医院也迁到附近的惜字宫南街，称"仁济女医院"，以妇产科和儿科为主，有52张病床。仁济男医院和仁济女医院还分别开办了男、女护士高级职业学校。

作家巴金曾回忆说，他的二姐曾患"女儿痨"，几乎死掉，就是"四圣祠医院"（仁济医院）的一位英国女医生救回来的。他母亲为此特地叫人买刀叉、做西餐，请医院的几位"洋太太"来家玩。他记得这些"洋太太"能说中国话，也很和气。

1911年辛亥革命爆发，大汉四川军政府在成都成立。省城爆发巷战。启尔德以红十字会的名义率医疗队奔赴火线救治伤员。他本着人道主义精神，无论伤者是清军还是革命军，都全力救护。

一位美国传教士曾回忆：

> 随军数月，他常常穿着草鞋在战地奔走，分发食物，以至于在军中无人不知。启尔德还是一位伟大的医生，他开放医院，为普通士兵诊治。以至于当时的中国人认为他肯定是一个圣人，因为他们此前从未见过如此仁爱之人。

之前的一年（1910 年），启尔德已在英美加联合教会的支持下，和美国传教士毕启、英国传教士陶维新一起创办了志在服务中国西部的华西协合大学。仁济医院成为该校医科（后来发展为医学院）的教学和实习基地，即今日闻名中国医学界的华西医院的前身。

在当时有一亿人口的中国西部，华西的医学院是唯一一所大学级别的医学院，为相对闭塞的西部打开了一扇现代文明之窗。一些成都市民因而第一次用牙刷，第一次种牛痘，第一次服西药，第一次做外科手术……

启尔德夫妇和生于乐山、毕业于多伦多大学的长子启真道（Dr. Leslie Gifford Kilbron）都长期在华西任教。数十年间，多达十人，启氏三代服务于华西和仁济，呕心沥血，救死扶伤，为现代医学在中国的发展作出杰出贡献。

位于成都城南的华西协合大学校园，从最初的 150 亩发展到后来的 1200 亩，被成都人用四川话亲切地称为"华西坝"。

能说一口四川话的启尔德医生，还专门请了一些有学问的人和他一起编撰了一本英文版的四川话教材《华西第一年学生用中文教材》，1917 年由华西协合大学出版。直到现在，在华西医院攻读六年制本科的外国留学生仍然每人都有一本。

抗战爆发后，华西协合大学接纳了在战火流离中来到成都的中央大学医学院、金陵大学、金陵女子文理学院、齐鲁大学、燕京大学在华西坝办学。

作为东道主的华西协合大学，除了紧缩本校师生用房以支持友校，还允许学生在校际之间任意选课。各校均承认学生读得的学分，从师资到教学设备都互通有无，彼此精诚团结，共渡国难，被称为"华西坝五大学"，人才汇集，盛极一时。

位于四圣祠的仁济医院，也由抗战前的一所大学教学医院变成中央大学医学院、齐鲁大学医学院与华西协合大学医学院联合组建的"三大学联合医院"，培养了一大批后来成为医学泰斗的人才，如吴阶平、张涤生、杨振华、罗德诚、张光儒、冉瑞图等人。

具有基督教背景的仁济医院，在抗战期间更是"仁爱济民，勤慎服务"，对部分受伤民众完全免费。当时来医院诊治的病人数大大增加，平均每日在院病人约四百人，门诊人数年约十万。1939 年 6 月 11 日，108 架日机对成都进行大轰炸，仁济男医院施行急救手术救治重伤的病人就达七十人。1945 年 7 月，成都遭日机轰炸后发生霍乱大流行，仁济男医院在旁边的福音堂楼下设立临时隔离医院，收治病人达六百之众，而死亡率仅 10%，创下了当时成都市的最低。

医术精湛的中央大学医学院院长戚寿南，被公推担任"三大学联合医院"（仁济）院长。"戚院长"之名，在当年的成都可谓家喻户晓，有口皆碑。他在条件极为艰难的情况下，尽一切努力救治受伤民众，经常是饭未吃完即丢下筷子去为病人治病，挽救了无数贫穷病人的生命。

作为当时大后方实力最强的综合性医院，"三大学联合医院"也被指定为空军后方医院。抗日飞行员"以少胜多"与日军英勇作战，负伤之飞行员皆送往"三大学联合医院"抢救。戚院长在医院内安排了特别医疗区，对每一伤员均亲自诊疗或会诊。

抗战时期，在母腹中流亡到成都的作家琼瑶和其孪生弟弟也在四圣祠仁济医院出生。后来，琼瑶曾写信给二医院，还将其自传《我的故事》寄赠给当年护理过她的二医院退休职工段仪明。

走入今日的二医院，首先映入眼帘的，是一座古铜色的大型群雕，有高鼻梁、长卷发、手持听诊器的外国妇女，也有用担架抬着病人的医生护士。这座名为《百年大爱》的群雕，正是当年仁济医院一脉相传的精神所在。

在四川出生的启尔德外孙女 Marion Walker，曾几次从加拿大来二医院"省亲"。看到《百年大爱》的群雕时，她非常激动，"我一下就认出了我的外祖父和外祖母。他们都心怀仁爱为中国人治病。感谢这里的人们并没有忘记他们，并传承弘扬着那段精神。"

这的确是一段我们四川人不能忘记的历史。仁济济川，百年大爱。

广州篇

浩气长存的黄花岗，
冒死葬忠骨的义士潘达微

广州，是我的第二故乡。

同属岭南，并称两广，广州对于有一半广西血统的我而言，有一种天然的亲切。

我的外公唐肇华，少时曾在广州的国立中山大学附中读书，能讲一口流利的广州话。外婆周婉琼则生长于曾被称为"小香港""小广州"的梧州，从相貌到气质都很像老广州的"西关小姐"。外公外婆年轻时还在广州生活过一段时间，请了一位顺德自梳妹做家务，我少时曾多次品尝的顺德煎酿三宝（凉瓜、茄子、尖椒）就是外公因此学得的。

我家在广州也有一些亲戚。外婆的亲侄女、我的表姨周斯葆和她的丈夫、新加坡归国华侨黄金鳗，20世纪50年代毕业于大连工学院，双双分配到广州的新中国造船厂工作，在豪贤路居住，"文革"结束后携独生女黄靖波赴港定居，1997年移民美国加州。外公的甥孙、我的表哥冯原，在广州美术学院取得学士和硕士学位后留校任教，后辞职开办了广州第一间画廊——时代画廊，之后取得华南理工大学的建筑学博士学位，入中山大学执教至今。

我第一次到广州，是十九岁那一年。

那时的广东号称"改革开放的窗口"，是全中国最繁荣、最开放的地区，尤其是从一个小渔村变为现代都市、有一种朝气蓬勃加欣欣向荣氛围的深圳，吸引了来自全国各地的从青年到老年的

"追梦者"。

在这样的时代大潮下，母亲安排我远赴广东实习，先去深圳的两间小型纺织厂学习从棉纱到纺织品的生产过程，再到广东省纺织工贸进出口公司学习外贸业务。

至今记得，离家的时候是清晨六点多，天仍未晓。八点就要上班开会的母亲送我到宿舍院外的巷口。父亲则请了半天假，一直送到双流机场，一路未发一言，却是目送飞机起飞后才坐大巴离开。那位被他先行打发回家的司机后来告诉我，"你的父亲真的非常爱你"。

飞抵广州后，再搭火车去深圳。当时的广州火车站正是南下民工的蜂拥之地，人山人海。去深圳的火车更是人满为患，挤如闷罐一般。

在位于深圳水贝村的厂房里，我受到了父母的两位大学同学——林翌和郁乃瑜夫妇的欢迎。身兼厂长和总经理的林叔叔戴一副黑框眼镜，身材高大，个性豪爽，讲一口地道的北京话。斯文秀气的郁阿姨则讲一口上海口音的普通话。他们之前在杭州工作，中年时毅然投入"闯深圳"的大潮，通过几年努力，拿到了极难拿到的深圳户口，在长城大厦安了家。

按照母亲的要求，林叔叔把我直接送到厂里的车间，和女工们一起在流水线上干活，踏踏实实地锻炼了一段时间。事实上，母亲和林叔叔他们当年都是这样，从工人干起，经多年摔打，后来都成为独当一面的技术骨干。

在深圳实习完毕后即北上广州。当时的深圳还像个大工地，广州则稳定、成熟得多。

父母的另一位大学同学、广东省纺织工贸进出口公司副总经理区雅儿阿姨是地道的广州人，面貌慈祥，个性忠厚，心地善良，对我这个她口中"很灵、很能"的"小鬼"（当时流行的对晚辈的爱称）关爱有加。巧的是，她的公公刘天行教授和我外公唐肇华一样曾在国立广西大学执教。

到广州的第一天，区阿姨就带我去公司附近的远洋宾馆吃粤菜，饭后再带我逛对面的"黄花夜市"。从小喜欢近代史的我，当即询问这"黄花"可是"黄花岗七十二烈士"那"黄花"？区阿姨给予了肯定的回复，并告诉我，黄花岗烈士墓园就位于附近的先烈中路；这一带的三条马路，先烈东路、先烈中路、先烈南路，都是为纪念黄花岗先烈而命名的。

历史，原来如此之近。

第一次去黄花岗烈士墓园瞻仰，是在一个安静的黄昏。

正值薄暮时分，墓园几无一人。静寂无声中，只觉有一种英灵环绕的庄严气氛扑面而来。那一刻，我才明白，何谓"浩气长存"。

烈士墓构筑于岗陵之上，墓后是一座由海外华侨捐款的七十二块连州青石叠成的崇山形的"缔结民国七十二烈士纪功坊"。纪功坊的顶端是一尊由美洲华侨捐献的高擎火炬的石雕自由神像，象征烈士们为建立自由平等国家而奋斗的革命理想。

七十二烈士墓的东侧，是一座大约一百八十平方米的方柱形纪念碑式墓葬，题名为"潘达微先生之墓"。

潘达微，即当年冒死收殓烈士忠骨、死后与烈士同葬黄花岗的义士。

潘达微出身于广州一个官绅之家，父亲潘文卿曾是清朝的一品武官，也是两粤广仁善堂的创始人之一。因自幼体弱多病，潘达微在求医问药的过程中结识了当时还在行医的孙中山，受其影响而萌发了革命的信念，不顾父亲反对，加入了孙中山领导的兴中会，后成为同盟会香港分会和南方支部的骨干。同盟会广州分会成立后，他任副会长，创办了《平民日报》，积极宣传革命。

同盟会筹备广州起义期间，潘达微和妻子陈伟庄冒着生命危险，多次以探亲、祝寿、新妇归宁等不同形式，为起义偷运枪械弹药及物资。他本想亲自参加战斗，但起义领导人黄兴派人告诉他："君乃才子，并非武夫，冲锋陷阵，非君所长。且在社会上站稳脚跟，代民立言，亦非易事，不宜轻易放弃。此次起义成功与否，均需报社仗义执言，君坚守报社阵地，更为有利。"他觉得有理，才放弃了。

起义失败后，死难者横尸街头，断头折臂，血肉模糊，加上连日凄雨苦雨，尸体膨胀，生虫发臭，惨不忍睹。因官府追捕同党，烈士的亲人也不敢出来认尸。

五天后，官府才将尸首堆放在咨议局门前的空地上，准备让善堂（民间慈善机构）运往东门外的臭岗埋葬。臭岗是当时广州专埋死刑犯的地方，通常是挖一巨穴将尸骨草草掩埋。这一带平时臭气熏天，故名臭岗。

眼见烈士们为国捐躯，死后还要遭如此侮辱，潘达微痛心疾首，肝肠欲摧。他毅然冒着杀头灭门的风险，以《平民日报》记者的身份到处奔走，希望将烈士妥善安葬，入土为安。他以广仁善堂创始人之子的身份，找到各善董，力陈大义："诸义士为国捐躯，纯为国民谋幸福。彼等国民志士，若如是藁葬，施棺舍地，乃善堂理所应为，岂能草草完事？"说服善董后，他又请潘家世交、时任两广清乡督办江孔殷帮助疏通官府，以维护卫生的名义，由善堂出面安葬。

为找到一块适合掩埋忠骸的坟地，他四处寻觅。

先找到东门外沙河的一块地，地主是一位西医，本已答允出让，却又变卦。潘达微遂向广仁善堂善董徐树棠陈情，竟至声泪俱下。深受感动的徐树棠将善堂位于沙河马路旁红花岗的一块义地让出，谓此地青草白地，用来安葬烈士，也算净土埋忠骨。

在交游甚广的堂妹夫郭伟泉协助下，潘达微带着一百多名仵工清点出七十二具烈士忠骸，以较好的棺木装殓安葬。他认为红花比较娇弱，而诸烈士品节之坚贞、赴难之慷慨恰如他喜爱的诗句"菊残犹有傲霜枝"，故将忠骨埋葬地易名为"黄花岗"（黄花为菊花别称）。

葬完烈士后，平生善画的潘达微还画了一幅国画，并冒险刊登在1911年第11期的《平民画报》上。画中的黄花岗，一片荒烟蔓草间，有烈士墓碑耸立，坟前松柏寥寥，却傲然伟岸，还有一轮明月当空而照，透出一股悲壮与浩然之气。同时，他还撰写了《咨议局前新鬼录，黄花岗上党人碑》作为该画的释文一并刊出。

黄花岗之名，就此流传于世。

七十二烈士合葬于黄花岗后，有广州民众不畏风险，自发前往悼念。1911年8月22日的《华字日报》有载："黄花岗上，为革党七十二丛葬处，好事之徒，每携只鸡斗酒，登临凭吊。复闻有妇女四五十人，乘坐肩舆，携带花圈花球，由大南门入城，出东门，直达葬所，行鞠躬礼，欷歔流涕，徘徊一小时始联袂归去。"

据后来统计，参与黄花岗起义的革命志士其实远不止这七十二位，大约有一百三十多人，大多出自富家，受过良好教育，堪称民族精英。为了国家和民族的未来，他们满腔热血，慷慨悲歌，以书生之身，手持短枪，背负炸弹，英勇无畏地冲向象征清朝反动统治的两广总督衙门，如飞蛾扑火一般壮烈。

黄花岗精神，是崖山之后沉寂数百年的汉家精神的回归，是传承自先秦两汉的国士之风，更是必定光照千秋的华夏英风。那个风云激荡的年代，那种惊天地、泣鬼神的精神，在百年之后，依然感动着海内外无数华夏子孙的心灵。

当年，除了黄花岗，我也常去青龙坊瞻仰另一处辛亥革命遗迹"兴中会坟场"。

青龙坊与我工作的广东省纺织工贸进出口公司近在咫尺，是一条住宅和商铺林立的热闹小街。位于其间的兴中会坟场，虽寂寂于市，却有一种和黄花岗相似的、远望即感肃然的忠烈气氛——黄色外墙，绿琉璃的庑殿瓦顶，门额上以黑色隶书刻着"兴中会坟场"五个大字。牌坊状的门下方嵌有《革命元祖兴中会先进坟墓碑记》，读之令人肃然起敬。

1894 年 11 月由孙中山创立于美国檀香山的兴中会，是近代中国第一个民主革命团体。1895 年 2 月，孙中山在香港建立了兴中会总部。3 月，他偕陆皓东、郑士良等人北上广州，在位于繁华商业区的双门底王家祠、云岗别墅（今广州青年文化宫所在地）设立了兴中会分会，很快吸纳了数百人入会。10 月，兴中会准备在广州发动起义，史称"第一次广州起义"。不幸的是，因事前有人告密，起义还未爆发就已失败。以陆皓东为首的多人被捕、殉难。孙中山也被通缉，流亡日本。

1905 年，兴中会在日本东京和黄兴领导的华兴会合并为"中国同盟会"。1911 年，同盟会领导的辛亥革命成功。1923 年 10 月，孙中山以大元帅的名义下令广东省长在东郊大宝岗（即青龙坊）拨地建立兴中会坟场。

从黄花岗烈士墓园到兴中会坟场，这些笼罩着辛亥志士的不灭英魂的历史遗迹，是广州给青年时代的我留下的最深刻的记忆。

二十多年后（2018 年），我才知道，抗战时投笔从戎、热血勇毅不让须眉的外婆，原来有一位参加了黄花岗起义的堂兄周亚洲。可惜，因着年代的久远，历史的变迁，外婆这位"三哥"（家族排行第三）的事迹已几近湮灭。只知道，他原名周维榜，晚清广西梧州府藤县南安乡丹村人氏，家境富裕，留学日本时加入同盟会，曾是同盟会广西分会的骨干之一，民国时期历任藤县县长、藤县参议长、广西省参议员，1950 年在土改运动中被枪毙。

这样的人，不应被忘记。于是，我决定以历史小说的形式写一本书，以为永久之纪念，书名为《西江逝水》，第一部曲便是《东京，同盟会，黄花岗》。

以出版好书著称、深受海内外读者敬重的广西师大出版社新民说团队，早在此书尚未完成的 2019 年 6 月就为之报了图书选题，又连续报了两年的"年度选题"（出版社每年最重要的图书出版计划），惜均未获准。2023 年 10 月，此书由曾任商务印书馆教科文中心主任、新星出版社副总编辑、百花文艺出版社副总编辑的刘雁女士在旧金山创办的壹嘉出版社出版。加拿大国家电台以包括中文在内的六种语言对此书进行了报道。

一生无愧于国族的三舅公，应能含笑九泉了。

长洲岛上的黄埔军校，黄埔学子的黄埔情怀

作为中国近代民主革命的策源地，广州有很多相关的历史景观。其中，"黄花岗七十二烈士墓"与"黄埔军校"可谓重中之重，并驾齐驱。

在近代中国的百年风云中，"黄埔军校"是一个令人肃然起敬的名字。美籍华裔历史学家唐德刚先生曾说：

> 可以说没有黄埔军校就没有现代中国，整个一部中国近代史，逃不掉黄埔的影子。黄埔军校诞生于中国的军阀时代，它的诞生统一了中国的革命军，打掉了军阀，开启了中国的一个新时代。

我第一次去黄埔军校旧址瞻仰，是从四川省纺织品进出口公司调到广东省纺织工贸进出口公司工作后的第一个夏天。

那时，广州的黄埔区还是一个比较偏远的郊区。据广州本地人说，"黄埔"原名"凤浦"，因古代曾有一对五彩凤凰飞临此地，加上岭南称水边地为"浦"，因而得名。清朝时，凤浦被辟为港口，停靠了许多外国商船。外国人发音不准，老是将"凤浦"读成"黄埔"，久而久之，"黄埔"便成为正式的地名。

那时，从市区去黄埔，需要转两三次公共汽车，途中还经过了一条崎岖颠簸的泥泞道路，耗时三小时，才到达当时还有些荒凉的新洲码头，然后搭乘一艘老旧的渡轮进黄埔军校旧址所在的

长洲岛（又名黄埔岛）。

当时的新洲有个渔轮厂。据一位曾在新洲渔轮厂工作的广东朋友说，音乐家马思聪在"文革"初期就是从新洲码头搭乘他们渔轮厂的一艘电动拖船偷渡去的香港。新洲渔轮厂凡有新船，都要先试航才能正式启用。原籍广东、在广州有不少人脉的马思聪一家，以及另外的一些偷渡客，就是搭乘蛇头偷出的一艘还在试航阶段的电动拖船去的香港。

与新洲隔江相望的长洲岛是一个江心岛，四面环水，空气清新，林木葱茏。下了渡轮，还需步行好一段路，才到军校旧址。沿路都是广东乡村常见的那种砖造民居，不时可见黄狗悠闲地卧伏于门前，一派田园景象，民风淳朴，与广州市区的繁华、喧嚣很是不同。

1924 年，孙中山先生为"创建革命军，挽救民族危亡"，在长洲岛上的原广东陆军小学堂旧址上创办了"中国国民党陆军军官学校"，也就是俗称的"黄埔军校"。它的出现，如一声霹雳的惊雷，一场荡涤六合八荒的疾风骤雨，一轮光芒万丈的朝阳，深刻地影响了这个古老的国家和她的历史。

我第一次去瞻仰的时候，黄埔军校的旧址还没有进行大规模的整修，主要景观就是当年军校的主建筑——一座日字形的岭南祠堂式楼房，砖木结构，上下两层，青砖素瓦，风格简洁肃穆（原楼已在抗战时毁于日机轰炸，这是重建的）。

至今记得，当日伫立其间时，深刻地感受到，四周弥漫着一种和"黄花岗七十二烈士墓"非常相似的氛围，一种浩然清正之气。这，大概就是与黄花岗精神一脉相承的黄埔精神的折射吧。

二十多年后的 2018 年，我才知道，外婆的另一位堂兄周本金（原名周维金），即参加了黄花岗起义的周亚洲（周维榜）之胞弟，曾是黄埔学生，曾和林彪同桌，在黄埔学生军东征前因故离校返乡——也就是说，这位舅公是将星辈出的黄埔四期的入伍生。

一对亲兄弟，从黄花岗到黄埔，前赴后继地参加革命，这是怎样的一段历史？外婆这位"六哥"，当年一定也是位热血青年。

当年的黄埔军校，大门上挂着一副令人热血沸腾的对联：

升官发财请往他处　贪生怕死勿入斯门

横批：

革命者来

当年军校招收的学生，大都是有一定文化水平、怀抱救国理想的青年。

当年军校的艰苦，也超乎后人的想象。最初的学生训练用枪都是木头制的，宿舍则是临时建的茅草棚，用毛竹和葵叶搭盖而成，上下铺都是竹子搭的。早晨五点，天还未亮，起床号一响，就必须起床，一起跑步一小时。上午下午各出操两小时，接受新兵训练。学科各一个小时。晚上九点半熄灯睡觉。最初的伙食只有最简单的米饭白菜。每餐限十分钟吃完。每个入伍生都要担任守卫、放哨等勤务，还要轮流采买。每天的生活都非常紧凑，没有片刻是虚度的，就连上厕所也有时间限制。

学制只有半年、实际上等于是一个速成军事培训班的黄埔军校，就是在这样的环境下，为中国培养出无数日后叱咤风云、战功赫赫的将帅。国民革命军的上将之中，出身黄埔的就有近四十人。中国人民解放军的十大元帅中，有一半有黄埔渊源，十名大

上、中、下：
原样复制的黄
埔军校教学楼、
宿舍、食堂

将中也有三位是黄埔毕业。

当年的黄埔师生，每天清晨环岛跑步十五公里，同时唱充满男儿气概的《跑步歌》：

> 军人军人要争气，咱们中国被人欺，
> 热血要洒发奋起，不能受制做奴隶……

还有李大钊先生写的《黄族歌》：

> 黄族应享黄族权，亚人应种亚洲田。
> 青年青年，切莫同种自相残，坐教欧美着先鞭。
> 不怕死不爱钱，丈夫决不受人怜。
> 洪水纵滔天，只手挽狂澜……

当年的黄埔，校园里四处可见"黄埔精神""奋斗牺牲""先烈之血 主义之花"等题字，"打倒帝国主义""准备流血牺牲"等标语，学生人人皆知"两不"（不要钱、不要命）"两爱"（爱国家、爱百姓）。

黄埔军校的爱国情怀，深深感染并激励了这些当时大多只有十八九岁的青年学子，并影响了他们的一生。在彪炳千秋的抗日战争中，261 位以身殉国的将军有 97 位都是当年的黄埔学子。在抗战期间入校受训的 20 万黄埔生（中央军校毕业生），一毕业就直接开赴抗日前线，前仆后继地为国捐躯，牺牲率高达 95%。这些以热血和生命捍卫了国家尊严和民族独立的黄埔学子，为母校铸就了不朽的光荣。

黄埔军校之于其学生，也是永远的感念。

据当地人说，曾有一位出身黄埔、后来从商的老人，千里迢迢地从德国回来重访母校。当时，他要求导游帮着从军校大门前的大榕树上摘下了一支带根须的枝叶，然后，他颤巍巍地弯下腰，

军校旧址上屹立至今
的孙总理纪念碑

捧起一把土，用手绢一起包好，满怀深情地说："这是黄埔的根，黄埔的土，我要把它们带到德国去。"

黄埔建校 60 周年之际，一群白发苍苍的黄埔学子——宋希濂、李默庵、李仙洲、宋瑞珂等人，从全国各地回到母校聚首。这些戎马半生、当时都已年过八旬、满头白发的老将军，站在他们青年时曾无数次伫立过的孙总理纪念碑碑座"和平 奋斗 救中国"之前，手拉着手，齐唱校歌，个个热泪纵横。其中，已九十高龄的李仙洲将军，不顾老病，从山东千里南下，在阔别母校六十年后故地重游。他坐着轮椅，激动地走遍了校园的每个角落，在有 101 级台阶的孙总理纪念碑前，竟然颤巍巍地站了起来，要自己走上去。他说：

生我的是父母，育我的是黄埔！

那一刻，所有人都为之动容。这是怎样的感情？怎样的眷恋？

黄埔不朽！

淞沪抗战的十九路军，环市东路的四野后人

在广州的水荫路，有一座古罗马建筑风格的纪功式凯旋门。

门楼是米黄色花岗岩的质地，两面都镌刻着红色的大字——门额上是原国民政府主席林森题书的"十九路军淞沪抗日阵亡将士坟园"，背面是原国民政府行政院长宋子文题书的"碧血丹心"，非常醒目，远远地就能望见。

当年的我，经常坐在同事的摩托车上经过这里，举目瞻仰，心生肃敬。

那时，我正在离水荫路不远的环市东路工作。当时号称"广州中环"的环市东路，有花园酒店、白云宾馆、世贸中心和人称"63层"的广东国际大厦等标志性建筑，是当时广州最高尚的地带，写字楼林立，白领云集。虽然，据广州本地人说，十几年前（20世纪80年代）这里还是一片农田而已。

我所在的广东省纺织工贸进出口公司隶属于广东省纺织工业总公司，位于珠江大厦的东三楼，与花园酒店、白云宾馆、世贸中心、国际大厦都只隔着一条人行天桥。公司的规模并不大，只有二三十人，但洋溢着一种年轻人特有的朝气和活力——以年轻人为主的业务人员有广州、梅县、潮汕、清远、韶关的，也有四川、湖南、江苏、江西、海南的，大都住在公司的单身宿舍里，白天一起工作，下了班也一起玩乐，颇有一种"家"的感觉。

除了年轻人，公司也有不少转业军人和军人后代，包括不少

"四野"的后人。

作为中国人民解放军五大主力之一、号称"最能打仗"的第四野战军，在历时四年的解放战争中立下了赫赫战功：发动并取得了辽沈战役的胜利；和华北野战军一起发动并取得了平津战役的胜利；随后挥师南下，先后进行了湘赣、赣南、衡宝、广东、广西及海南岛等一系列重大战役……四野的百万将士，从东北打到海南，势如破竹，傲视天下。

作为华南重镇的广州，可说是四野官兵的大本营——广州军区最早的部队都是来自四野。

因着此，广州有很多四野的后人。

我在广州最好的朋友兼旧同事王向红，就是一位四野的后人。

她父亲原籍山东平阴，在家乡参加当时路过的山东军区部队，随军开赴东北。这支部队在东北被整编为东北民主联军（即林彪的东北野战军前身）第4纵队，是东北战场的主力部队之一，以善打硬仗、恶仗著称，在辽沈战役的关键一役——塔山阻击战中有着辉煌的战绩。之后入关参加了平津战役，改编为解放军第41军，仍然隶属林彪的第四野战军（原东北野战军），一直打到广东汕头，之后长期驻守潮汕地区。身经百战的王伯伯，也从普通战士一路升到广东省军区汕头警备区政委（正师级）。王伯母原籍广西南宁，在家乡参加了解放南宁的四野39军116师，因有些文化，在116师开赴朝鲜时被留在国内任机要员，后来转业到地方工作。116师是解放军的王牌师，号称逢战必胜，在朝鲜也创下了接连攻克平壤、汉城的赫赫战绩。很巧的是，我的堂姨妈唐榕邹（唐现之的小女儿）也差不多同时在桂林参加了39军116师，16岁即开赴鸭绿江边，战后随39军驻守辽阳。

王向红在汕头出生，从小在军营长大，十八岁时随父母迁到广州，住在省军区的一个干休所内。她家是一套四房两厅的100

平米单元房，布置简单，颇有几分军营之风。我第一次见到王伯伯时，他已年过古稀，仍身板挺直、声音洪亮，是一位令人敬重的老军人。

作为军人的后代，王向红个性单纯、爽朗、善良，与小她六岁的我极其投契。

那些年，作为公司财务部出纳的她，常骑着她那部黑色的女装本田摩托车，载着我去珠江、麓湖、白云山、石牌、黄埔兜风……我们之间，有着太多的欢乐记忆：午间的小休，一起溜回家泡功夫茶；夏日的黄昏，一起在街边的大排档"打边炉"；隆冬的深夜，一起品尝暖暖的狗肉火锅……我们的友谊，一直持续至今，那份温暖，永在我心。

公司的进口部经理王岩，也是一位祖籍山东的四野后人。她的父母都是林彪的老部下，后转业到广东省气象局，"九一三"事件后双双被隔离审查。当年只有十岁的她，因父母被隔离、哥哥姐姐下乡，不得不自己洗衣、做饭，像个成年人一样地照顾自己。这段经历，让她远比实际年龄成熟，没有干部子女（她父亲是局级）常见的娇骄二气，处事周到，态度亲切，人缘很好。我是公司里年纪最小的一个，她对我很照顾，有大姐之风。

同是四野后人、同样祖籍山东，王岩和王向红也很合得来。军人的后代一般都有几分军人之风，说话做事都比较简洁利落，不拖泥带水。包括她们各自的兄姊，一在澳大利亚，一在英国，都是单枪匹马闯出来的。包括当时在公司出口部工作的另一位四野后人翟晓红，在公司同事之中率先移民新西兰，带动了全公司学历最高、均有当时颇有含金量的华南理工大学硕士学位的综合部经理和出口部副经理步其后尘。

公司出口部的经理卢苇，也是四野子弟，原籍湖北黄冈。他父亲因与"林总"同乡而在"九一三"事件后挨整，他提起来就满腔愤怒。虽是外省人的后代，他却只讲广州话，完全像一个地道的广东人。他说，"我是广东的老太婆带大的，普通话讲不好，和我父亲也是各讲各话"。当他接到讲普通话的来电而不得不硬着头皮讲"粤普"时，在旁的我们就不用工作了，个个笑不可抑。

卢苇个性豪爽，颇有些江湖气，来往的朋友大都是广州土著。他爱说广州的历史掌故，经常向我这个他口中的"靓妹"（粤语：小妹妹）吹"孙大炮""番禺汪精卫""纪念朱执信的执信中学""十九路军"等，眉飞色舞，头头是道，俨然也是一个广州土著。

作为广州土著兼军人后代，卢苇很以"十九路军"为荣，常将广州人俗称的"十九路军坟场"挂在口边。

"十九路军坟场"，即位于水荫路的"十九路军淞沪抗日阵亡将士坟园"。

以淞沪抗战而闻名的"十九路军"，是一支地道的广东人部队，绝大多数军官和几乎全部士兵都是广东子弟。

十九路军的"老长官"，是曾主政广东、与陈济棠并称"二陈"的陈铭枢。十九路军的前身，即陈铭枢任团长的粤军第一师第四团。

以邓铿为师长的粤军第一师，是日后在中国军政界叱咤风云的李济深、邓演达、严重、叶挺、陈诚、张发奎、薛岳、陈济棠、余汉谋、钱大钧等将领的"老家"，更是北伐战争时赫赫有名的"铁军"（国民革命军第四军）的前身。

由原粤军第一师第四团扩编成的第四军第十师，在北伐胜利后因功升为"国民革命军第十一军"，陈铭枢任军长，蒋光鼐（原粤军第一师第四团的营长）任副军长，蔡廷锴（原粤军第一师第四团的连长）任师长。

中原大战时，十一军改称十九路军，由蒋光鼐任总指挥，蔡廷锴任军长。他们一个谨慎有谋，一个倔强骁勇，性格互补，珠联璧合，屡立战功。

毕业于保定军校的蒋光鼐，出自广东东莞虎门的一个书香之家，祖父是进士出身，曾任翰林院编修，父亲也是举人，故而颇有些国学功底，对联写得很好。蔡廷锴则出自广东罗定县的贫苦农家，是一个很有血性的人，从一个大头兵一路"打"上来，人品好，孝顺父母，忠于朋友。

因蔡廷锴军长是罗定人，曾在罗定招过兵，所以十九路军的士兵很多都是罗定籍。因十九路军的老长官陈铭枢是广东合浦人（合浦后划归广西），十九路军也有不少合浦人。

1930年，时任广东省政府主席的陈铭枢，眼见这支由他一手带出来的部队征战中原，虽战功赫赫，却也损失惨重（勇将张世德旅长、蒋光鲁团长先后折戟沉沙），回想"自第四团成立至今日，南北万里，转战十年""死者骨枯，生者力瘁"，与蒋光鼐、蔡廷锴等袍泽聊起，都不禁"捉腕凄怆伤怀"。

蒋、蔡等遂建议在广州择地建一公墓，"为本军同人殁而永宁之所"。

时任十九路军参谋长的黄强，听说同僚们有意为阵亡袍泽建一公墓，便慨然让出他位于白云山之阳、沙河顶一带的私家狩猎场，只收取十年前购买时的原价，几乎等于捐赠。

这块地，就是今天位于水荫路的十九路军坟园之所在。

鲜为人知的是，十九路军坟园最初名为"十一军公墓"，因陈、蒋、蔡等人当时更看重的是"国民革命军第十一军"这块招牌。

"九一八"事变后，日军侵占了中国东北，在一片指责声中，为转移国际注意力，又在上海蓄意挑事。1932年1月28日，日本海军陆战队登陆闸北，向驻守上海的十九路军发起攻击。

十九路军在总指挥蒋光鼐、军长蔡廷锴的率领下，奋起还击，史称"一·二八淞沪抗战"。文化程度不高、基本靠自学的蔡廷锴将军，当时还曾赋诗一首，以表心志：

戎马倥偬到此间，身心劳瘁任艰难，

家书两载叮咛寄，不扫倭寇誓不还。

以轻武器为主的十九路军，在移防不久、相对陌生的淞沪地区，浴血奋战，英勇卫国，打破了拥有飞机、军舰、坦克的日军"四小时占领上海"的狂言，以区区三万之师，加上半月后赶来增援的万余友军（张治中率领的第五军），在历时33天的淞沪抗战中，经历一百多次战斗，御敌十万之众，屡挫敌锋，迫使日军三易主帅，伤亡一万一千人，赢得了全国民众和港澳同胞、海外华侨的热烈赞扬，成为家喻户晓的抗日之师。

淞沪之役中，十九路军伤亡一万四千人，其中数千人壮烈殉国。因条件有限，交通不便，无法统一安葬，大部分只能就地掩埋。十九路军总指挥部认为，如此一来，英魂难免游离之苦，也有伤士气，遂决定以抽签方式将各部阵亡同袍的忠骸选运回穗，葬于本军所建公墓，等同归乡。

原本已在建设中的"十一军公墓"，因十九路军在淞沪名动天下而更名为"十九路军坟园"，在华侨捐资支持下，于1933年在广州正式落成。

1934年1月，392名广东籍淞沪阵亡将士的遗骨被运回广州安葬。坟园占地很广，绿树成荫，道路整洁，凯旋门、先烈纪念碑、英烈题名碑、抗日亭、战士墓、将士墓、先烈纪念馆等建筑物排列得井然有序，气氛庄严而肃穆。392位阵亡将士墓（包括202座将士墓和190座战士墓）前都立有石碑，简要记录了将士的姓名、籍贯、入伍时间等。

日军占据广州时，曾将坟园内的雕塑拆毁熔化，用来制造武器，但并未将曾与他们在淞沪进行过生死搏斗的十九路军将士忠骨灰飞烟灭以泄恨。不时还有日军将领率部前来鞠躬致敬。

无分敌我、不论中外，军人都敬真正的军人吧。

抗战胜利后，前来坟园拜祭的蔡廷锴、蒋光鼐等人，看到园内杂草丛生，满目荒凉，痛心疾首，乃发起捐资重修。

蔡、蒋二位将军毕生亲如手足。

中华人民共和国成立后，他们同住北京东单沟沿头17号院。院内有两排东西向、走廊相连的房子，蔡家住前排房，蒋家住后排房。走廊东边有一个种着丁香、海棠和牡丹花的花园，两位将军常在此谈家事、国事。每逢中秋，两家人都一起团圆，前院的葡萄架所结的"新疆马奶子"葡萄总是席上的一道美味。

后来，两家的孩子陆续从香港回到北京，住不下了，蔡家才迁到石碑胡同27号，但每年去北戴河度夏时，两家必定比邻而居。

1967年5月，蒋光鼐病重。蔡廷锴和夫人一同前去看望，在老友的病床前驻足良久，百感交集。他回身以手帕拭泪，却听到蒋光鼐说："大丈夫视死如归，有什么好难过的啊！"他于是转过身来，提高声调答说："是啊，我们几十年来身经百战，要死早就死了，早把生死置之度外，能活到现在够本了。"话虽如此，老友去世后，他还是哭了整整三天三夜，从此精神一蹶不振，次年四月也离开了人世。

20世纪90年代，广东对十九路军淞沪抗日阵亡将士坟园进行了大规模的整修。蔡廷锴、蒋光鼐二将军的遗骸也专门从北京迁回，安葬于园中的将士墓背后，名为"将军墓"。

对于两位将军而言，与当年淞沪抗战的袍泽同埋故土、长伴左右，是最好的归宿，也是最大的欣慰吧。

榨粉街的梁鼎芬故居，
砲台镇的陆秀夫后裔、南昌起义军遗迹

在广州实习时，我遇到了日后成为我丈夫的阿华。

我们的故事，只能用"缘分"二字来形容。

阿华，全名吴潮华，广东人，毕业于上海水产大学经济管理专业和暨南大学会计专业，当时在中国纺织器材工业广州技术贸易服务中心工作，任财务部副经理。

第一次遇到比实际年龄显得成熟、稳重的他，我便想，日后的伴侣一定不会是他这样的。当他开始追求我时，我连一点感觉也没有，因为他完全不是我喜欢的儒雅、博学型，而且，和其他的追求者相比，他是外表最普通、看去和我最不般配的一个。可是，我最后还是被他的付出和诚意打动了，在不忍拒绝中开始了交往。

接踵而来的，是所有人的反对。我没有听。直觉告诉我，他会爱我一生一世，即使世界大乱，我们漂流到一个荒岛上，他也能好好地照顾我，而且，他将来一定会有所成就——

后来，阿华果然在三十五岁时成为香港和记黄埔在广州的合作伙伴——广州润丰实业公司的财务总监并获得了高级会计师的专业资格，被同学和同行公认为"成功人士"。

相识四年后，我们结了婚。当时，我二十三岁，阿华三十岁。

婚前，阿华把我带到器材公司分给他的房子里，对我说："这就是我们的家"。这是一套小小的两房一厅，位于中山四路榨粉街一栋灰色外墙的普通住宅楼的六楼，当时只有一张书桌、一个旧

的布沙发、一个铁架子的两层床，几乎是"家徒四壁"。

因着阿华"有情饮水饱"的鼓励，当时基本还是一个大孩子的我，轻装上阵，跟他一起白手成家。起初，菜得用电饭煲炒，洗澡水也得用电饭煲一次又一次地煮热，书桌兼作了妆台的用途。慢慢地，客厅的家具和电器一件件地"省"出来了。我在成都的父母也倾尽积蓄赞助我们进行装修。为节省空间，卧床、书桌、书架都由我自行设计，再请木工制作。衣柜的门和抽屉也是阿华和我亲手油漆的。渐渐地，我们的家变得越来越雅致温馨，浅灰色的瓷砖地、白色的落地纱帘、黑色的真皮沙发、织锦面的靠垫、玻璃餐台、原木家具……凡有客来，无不称赞。

在这一点上，阿华一直对我感佩于心。有一次，他当着他一些大学同学的面说，我在他一无所有时不惜放弃娘家的优越条件来跟他受苦，他永远感念。

榨粉街是一条只有四百米长的小街，有一种浓浓的老广州味。"榨粉街"之名，缘于此街在清朝时曾有多间榨粉店（那时制作米粉是把粉团压出一条条，扔进沸水中煮成形，故称"榨粉"）。我们居住时，这条街已没有一家榨粉店，倒是有几间卖粉、面、云吞的小店，从早到晚热气腾腾、人声鼎沸。除了我们这几栋新建的商品房，都是老式的平房、店铺，间杂着几栋民国风格的中西合璧式小楼，住户多是地道的广州人。

看去颇有市井烟火气的榨粉街，在历史上曾一度充满书香气息。

清代以广州府衙（位于今广大路）为中心，周边聚集了数百间大大小小的书院，榨粉街上就有多间。从广东各地来省城赶考的士子都在这些书院投宿，读书备考，谈经论道。与榨粉街相连的雅荷塘街，当时是一片清幽的池塘，后来也变成喧嚣的居民区，只有其中的"豪贤中学"和"雅荷塘小学"还保留着几分当年的雅气。

榨粉街还曾是广州历史上第一间私立公共图书馆——梁祠图书馆之所在。

梁祠图书馆的创办人是世居榨粉街的晚清翰林梁鼎芬。记得九岁那年读《晚清宫廷生活见闻》，其中就有为光绪守崇陵的"忠臣"梁鼎芬；十四岁那年读高阳《慈禧全传》，也有几章涉及梁鼎芬——他年少得志，中法战争时因参劾李鸿章而丢官，特地刻了一方图章"年二十七罢官"。

梁鼎芬是广东番禺（今广州）人，出生于一个世代书香的大家族，祖辈中有进士、翰林，也有举人。他"罢官"回乡不久，就被同是翰林出身、"高其风节"的两广总督张之洞起用为重要幕僚和得力助手。张之洞去世后，他从湖北回到榨粉街的老家，将这座人称"太史第"的宅院的藏书楼"葵霜阁"辟为"梁祠图书馆"，将家传的藏书对外开放，附近的市民和广州各学堂的学生可免费入内阅读，是为广州第一间私立图书馆。

梁鼎芬于1919年在北京去世后，其子遵照遗嘱将葵霜阁的二万余册藏书全部捐给了新成立的广东图书馆（今中山图书馆），数量相当于当时广东图书馆藏书量的两倍。这些盖有"番禺梁氏葵霜阁捐藏广东图书馆"朱印的藏书，至今仍是离榨粉街不远的中山图书馆的珍贵馆藏。

住在榨粉街的那几年，是一段我至今怀念的幸福时光。

每天清晨，一睁开眼，首先看到的是阿华的笑容——他倚在床边注视着我，眼中满是疼爱之色，餐桌上已摆好了他一大早起来煲的白粥和我爱吃的小菜；黄昏，他常常用摩托车载着我，一遍又一遍地飞驰在珠江边，一任清凉的晚风吹过我们的头发；夜深，为了让我在客厅的宁静中独自感受音乐的美好，他悄悄地退到书房去看他的专业书；周末，他随我一早登上白云山顶，在清凉的山风中悠然而坐，浅品慢尝用泉水冲出的新茶；中秋，在麓湖边那张事先预订的小圆桌上，在幽幽的烛光中，我们一边用餐一边赏月；生日，在花园酒店旁边那间充满旧上海风情的餐厅，他和我在柔柔的钢琴声中不知归去……

阿华是潮汕人，世居粤东揭阳砲台镇。

揭阳是粤东古邑，已有二千二百多年的历史。秦始皇三十三年（公元前214年），设戍所于五岭之一的揭阳岭，后设置揭阳县，隶属南海郡。砲台镇则位于揭阳、潮州、汕头三市的交界处，扼榕江南北入海口，被誉为"潮汕明珠"，是一个很有历史文化沉淀的古镇。

砲台古镇建于明代天启壬戌年（1622年），最初名为"铺前"。明代官道以十里为一铺并设驿站，为防倭寇入侵，在这里的铺前设西营。当时，民众还在榕江的南河与北河（双溪）汇流处填下七堆巨石，以阻倭船入侵，名曰"七星石"。月明之夜，在双溪汇流处泛舟赏月，令人心旷神怡。"双溪明月"遂成为当地一景，清代揭阳庠生卓伯先有诗赞曰：

> 南溪水接北溪流，影落银蟾缟夜秋，
> 我欲弄潮吹玉笛，徘徊如泛海中洲。

清顺治十三年（1656年），以左都督衔驻防潮州的总兵吴六奇为防止郑成功的水师侵犯潮州，下令驻揭阳的清兵在榕江"铺前"段南北两岸分建砲台，一在南岸，属潮阳县界，称南砲台；一在北岸，属揭阳县界，称北砲台。砲台附近逐渐发展成集市，"砲台"乃取代"铺前"成为地名。

南明永历十四年（1660年）十一月，郑成功亲率水师大军抵达砲台，取得大量稻谷，逾月才返厦门。这次所获的粮饷，为四个月后的收复台湾之战作了很好的物质准备。

吴六奇当年下令修建的砲台，其遗址就是今砲台镇的"营仔内"，至今仍存部分古城墙。这位原南明永历政权的降将，曾大力帮助清廷平定粤东和抵御郑成功，在潮汕实行严厉海禁以断郑成功部的补给，为此杀害过上万出海谋生的潮汕海民，与《鹿鼎记》中那位反清复明的天地会红旗香主正好相反。当然，他在"明史案"中救过金庸的先祖查继佐，金庸出于感恩之心而以小说之笔为其洗白，也可理解。

古镇砲台有个东岭村，居住着一群以忠义著称的南宋丞相陆秀夫的直系后裔。阿华在揭阳一中的一个陆姓同学（比他高一届，在广州港务局工作）便是其中之一。东岭村的村民大都姓陆，都是陆秀夫长子陆繇的后人。

1276 年，被贬谪居潮州海阳辟望港（今广东澄海港口村）才

郑成功大军和南昌起义军都曾到过的榕江（京北渡口边）

半年的陆秀夫，奉诏回到当时已败退到潮州外海的南澳岛的流亡朝廷，留下长子陆繇在辟望港照顾家人。1279年，以左丞相身份总揽军国大事的陆秀夫在崖山（位于今日的广东江门市新会区）背着八岁的宋少帝赵昺跳海殉国，陆夫人和三个儿女也同时投海，就剩下长子陆繇一脉隐于民间。元至正二十六年（1366），陆繇的裔孙迁居揭阳东岭，也就是今日的砲台东岭村。祭祀入潮始祖、宋左丞相陆秀夫的宗庙——陆氏家庙，至今完好保留于村中。

砲台镇还有一个南潮村，是宋代高士吴复古的故里。吴复古与大文豪苏轼意气相投，来往甚密。苏东坡当年被贬惠州，曾到南潮村访吴复古，并应吴复古之约，书写了"海不扬波"四字。这块苏东坡手书的石碑，曾立于砲台镇榕江边的京北渡口旁，后不复可见。

建于北宋绍圣年间的京北渡，因渡口旁边的京北村而得名，不仅是水上交通的要道，也是海防的要隘。渡船都是京北村的村民在经营。阿华的二舅母即是京北村人。

1927年10月1日，南下潮汕的部分南昌起义军（贺龙第一师、第二师和叶挺第二十四师）正是经京北渡去普宁流沙镇（即普宁县城，阿华的大舅一家即在此）与从汕头撤出的、周恩来率领的前敌委员会汇合。当时，村民们将一百三十多条大小木船用绳索连接起来，横排成临时浮桥，供起义军渡江。因京北渡的水流湍急，浮桥摇晃不定，有几位战士稍不留意，连人带马不幸掉进榕江。贺龙军长当机立断，改为摆渡过江。队伍由木船来返运载，终于在10月3日日落时全部渡过榕江。

起义军上岸后，曾在砲台的关帝庙和祠堂宿营，然后前往流沙。贺龙、叶挺参加了前敌委员会在流沙教堂侧厅召开的军事决策会议，主持这场会议的是当时正发高烧的周恩来。之后，起义军向海陆丰方向转移。这段历史，在中共党史上被称为"砲台三日红"。

吴姓是砲台镇的大姓，是从福建迁过来的，在砲台已住了几百年。

作为吴家媳妇的我，婚后第一次回砲台时，有种由衷的感动——从镇上的青石板路、香火鼎盛的关爷宫（关帝庙）到邻里的浓厚人情；从忠厚善良的公公吴洽波、婆婆陈月兰，勤快能干的小姑子吴细华，到家中的红木沙发和雕刻着金鱼荷花、挂着四方蚊帐的红木大床；从醇厚清香的潮州功夫茶、汉族传统民俗的"丁酒""出花园""中秋拜月娘"到潮汕话中"大兄""二兄""二妗"等称呼透出的古汉语那份端庄典雅……都洋溢着在书上才能读到的、我从小热爱的那个传统中国的味道。

我的公公在砲台镇的涵华大道上经营着一家以茶叶烟酒为主的杂货店。这个店就位于家所在的两栋三层联体小楼的前栋一楼，公婆住在二楼。左邻右舍都是类似的住家型店铺。地理位置优越的砲台，历来是潮汕的一个重要商品集结地，也曾是对外贸易的关口（清康熙二十四年，粤海关成立，在砲台设立了正税口），所以镇上几乎家家户户都开店。

民国时期，阿华的祖父就在镇上开杂货店，家境小康。20世纪50年代，当时只有二十多岁的阿华父亲曾在抽纱公司工作，后在"反右"运动中被打成右派。幸而砲台民风淳朴，他只是被象征性地开除了公职，没有像当时全国几十万右派那样从此沦为贱民，连家属都受到牵连，陷入万劫不复之境。"四清"运动中，家里的杂货店被充公，幸好早年去柬埔寨谋生的阿华叔公不时寄钱和食品回来。红色高棉进入金边后，在柬埔寨的叔公也没有音讯了。公婆带着六个子女过了一段苦日子，改革开放后得以重新开店，家境再度小康。

20世纪80年代，一些当年也曾受益的亲戚曾特地去柬埔寨寻找叔公的下落，最终失望而归——想来，他已和几百万的无辜死难者一样死于红色高棉的野蛮驱赶和大屠杀了。

我的婆婆是原籍广东五华、生于揭阳的客家人。抗战时期，她在五华的老家被日本炸毁，家族被迫迁到揭阳玉湖镇。她的父亲成为当地一户人家的养子，改姓陈，以教书为业，娶了邻乡一女子为妻，即阿华的外婆。她的叔叔则凭着五华人传统的打石手艺上山打石，成为一群五华籍打石人的首领。

五华籍的红十一军军长、东江纵队开创者古大存，与婆婆一家有亲戚关系，当时正好被国民党部队追击到揭阳玉湖的山下，幸得婆婆的叔叔将他藏在地洞里。阿华这位叔外公很仗义，骨头也硬，在"国民党部队"的逼问和毒打下也抵死不肯说出古大存藏身处，救了他一命。

古大存出任广东省副省长后，特地登门道谢救命之恩，并安排包括恩人家的所有男丁去广州。阿华的外婆舍不得让当时唯一的儿子远走，自动放弃了这个机会。阿华的大舅后来考上广州的华南师范大学，毕业后在普宁二中教了一辈子生物。

阿华的外公外婆后来迁到地理位置佳、生活比揭阳其他地方好的炮台，一直住到去世。外婆去世时，住在广州晓港路的叔外公已长眠于广州烈士陵园，曾和我婆婆一起受外婆哺育的叔外公之长子特地从广州赶来送葬。

有趣的是，阿华家还有一个"国民党部队"的亲戚，是他外婆那边的，1949 年被"胡琏掠兵"（潮汕话"掠兵"即"抓壮丁"）去了台湾，差不多四十年后才得以回乡探亲。当年，这个亲戚有一天干完活回来，抱着孩子在家附近转悠，莫名其妙就被胡琏的部队抓走了——胡琏的第 12 兵团在 1949 年 6 月退驻广东潮汕时，曾大量抓捕青壮男子以补充兵员，造成包括这个亲戚在内的数以万计的家庭被迫分隔海峡两岸的悲剧。

据当地人说，胡琏的部队从汕头最后撤出时，连在马路维持秩序的交通警察都被抓去充数，但没抓学生。胡部 10 月 22 日撤走，10 月 24 日就参加了著名的古宁头战役。阿华的亲戚和同时被抓的一位同乡（阿华一位高中同学的伯父）都在其中。据阿华的同学说，他伯父后来从台湾去美国加州定居，不时寄钱回来，他读大学的费用也是伯父负担的。

古镇砲台这些年繁荣了很多，建了很多新楼，还有一个现代化的"揭阳潮汕国际机场"。

我年近九十的公公，已于 2023 年 10 月在砲台家中无疾而终。他是一位颇具传统美德、令人尊敬的长者，我很怀念他。

公公一直很疼爱我这个儿媳，曾在一些亲戚面前夸奖我"知书达理、性格直爽"。当年初归吴门时，他就特地为我买了好几套功夫茶具，有紫砂的，也有白瓷的，有"寒夜客来茶当酒"，也有"忠厚传家久，诗书继世长"，还专门包了几大袋安溪的铁观音、饶平的白叶单丛、潮州的凤凰茶，让我带回广州慢慢喝。

自那以后，功夫茶成为我终生的嗜好。

功夫茶起源于宋代，盛行于广东潮汕、闽南、台湾，已有千年的历史。所谓"功夫茶"，是指泡茶的方式极为讲究，操作起来需一定的功夫，即沥泡和品饮的功夫。其茶味之醇，茶香之浓，堪称中国茶道之最，也是日本茶道的源头。

功夫茶的茶具小巧玲珑，非常考究。一套茶具一般为一壶三杯，也有两杯和四杯的。泡制功夫茶一般不用红茶、绿茶，而采用介乎红、绿茶之间的半发酵茶——乌龙茶，如铁观音、水仙和凤凰茶，以福建产的铁观音为最佳。凤凰茶产自潮州凤凰山区，茶汤色泽微褐，茶叶条索紧、叶质厚实，很耐冲泡，一般可冲二十次左右。凤凰单丛茶最有名，具桂花、茉莉、蜂蜜的风味。

泡功夫茶的水以泉水、井水为最佳。泡茶时需先将水烧开后冲茶，冲时要掌握以下几个要领，即"高冲""低洒""括沫""淋盖""烧杯热罐""澄清"等。标准的功夫茶艺有后火、虾须水（刚开未开之水）、捅茶、装茶、烫杯、热罐（壶）、高冲、低斟、盖沫（以壶盖将浮在上面的泡沫抹去）、淋顶十法。

潮汕功夫茶一般是主客四人围几而坐，由主人亲自操作。先以茶炉点火煮水，并将茶叶放入冲罐中，茶叶多少以占其容积之七分为宜。待水开，即冲入冲罐中。首先是冲杯，以初沏之茶浇冲杯子，茶的精神与气韵因而浮现。洗过茶后，再冲入虾须水，此时茶叶已泡开，性味俱发，可以斟茶了。斟茶时，将四个茶杯并围一起，以冲罐巡回穿梭于四杯之间，直至每杯均达七分满。此时罐中之茶水亦应恰好斟完，如有剩下的余津，还需一点一抬头地依次点入四杯之中——潮汕人称此过程为"关公巡城"和"韩信点兵"。四个杯中茶的量与色须均匀相同，方为上等功夫。最后，主人将斟毕的茶以双手依长幼次第奉于客前，先敬首席，然后左右嘉宾，自己最末。

功夫茶以浓度高著称，初喝似嫌其苦，习惯后则嫌其他茶不够滋味了。

回想当年，在广州榨粉街的温馨小家里品茶、读书、听音乐，颇有些"躲进小楼成一统，管他冬夏与春秋"的逍遥自在。闺蜜王向红常来寒舍做客，一起煮茗谈心。红泥小火炉，宜兴紫砂壶，茶香袅袅，音乐绕梁，主客皆悠然忘我，一品就是一个下午。直至月上柳梢头，她才恋恋不舍地起身辞去。而今回想，真是神仙一般的岁月啊。怀念！

白云山的刘永福遗墨，苏家山的苏东坡后人

喜爱古诗词的人，大都有一个浪迹天涯、隐居山林的梦想。

少年时代的我，便是如此。

当年，在那份对中国古文化的沉迷中，常常一人关在房间里发白日梦，头脑中，总是有几个很美的画面——一叶扁舟，烟雨江南；一骑白马，夕阳夕下……伴我一起浪迹天涯的，应该是像李清照和赵明诚那样志同道合的神仙眷侣，"小舟从此逝，江海寄余生"……

二十三岁那一年，出嫁的那一天，是在海南三亚，因着"天涯海角"四字的意境。不过，在亚龙湾与大东海的沙滩上与我共听涛声的，不是"赵明诚"，而是一个平实、沉稳的男子，和一份海一般深厚宽广的爱……

初婚那几年，每到周末，阿华和我都会在清晨的新鲜空气中攀登白云山，因为，如青城山一般幽静的白云山，尤其是半山那座如出世般不染凡尘的能仁寺，很有些我少时向往的"山林"的感觉。

作为南粤名山的白云山，是五岭之大庾岭的余脉。传说，山名的由来，是因每到雨过天晴之时，拂晓薄暮之际，诸峰常为白云覆盖，历久不散，远望如渺渺烟霞，半壁皆素，故称"白云山"。

白云山有深厚的历史文化沉淀。山北的黄婆洞曾是新石器时

代的史前文化遗址所在；晋代著名的方士葛洪曾在白云山炼丹，并在此著成道家名作《抱朴子》；唐宋著名诗人宋之问、杜审言、李商隐、李群玉、韩愈、苏轼、杨万里等都曾登白云山吟诗。

白云山也是广州的风水宝地。山中曾有十三座佛寺（白云寺、双溪寺、能仁寺、弥勒寺、蒲涧寺、景泰寺、云岩寺等），暮鼓晨钟，山鸣谷应，充满着佛家的祥和与智慧。可惜，这些佛寺后来大多湮灭，只有能仁寺保存至今。

白云山有"羊城第一秀"之誉。明清时期的"羊城八景"，白云山便占其三，分别是"蒲涧濂泉""白云晚望""景泰僧归"。白云山的主峰摩星岭是广州传统的登高之所，可远眺广州全城。

当年，阿华和我总是在山下的云台花园停好摩托车，沿着后山的崎岖小道，一路登顶。途中有很多古墓，以明清时期居多。这些古墓中，最有名的一座是"苏太尉墓"，即南宋太尉苏绍箕（苏轼之孙）之墓。

相传，当年苏轼因"乌台诗案"获罪，一再被贬、流放，次子苏迨因而举家南迁广东南雄县珠玑巷。苏迨之妻欧阳氏是苏轼恩师欧阳修之孙女，聪明贤淑。他们的长子苏绍箕，字嗣良，号晴川，六岁那年在安徽当涂泪别祖父后，在珠玑巷成长，弱冠之年考中武举，赴北方参加抗金大业，颇受名将李纲、宗泽赏识。靖康之难后，他随后来成为宋高宗的康王赵构一路转战江南，二十八岁便官至太尉，曾在与金兵的战斗中身先士卒，身负重伤。

苏绍箕在五十五岁那年辞官养疴，先回到珠玑巷，次年来到广州白云山隐居。他十分喜爱白云山的风景，在月溪之旁建了月溪寺，置田十顷作为寺产，并在月溪寺后山买了三百亩土地以备后葬。七年后（1150 年），他病逝于月溪寺，葬在后山，人称"苏家山"。

八百多年来，苏绍箕的后人居住在广州车陂和顺德碧江，每年重阳都会聚众前来白云山"苏太尉墓"祭祀这位"太公"。当年的月溪寺有苏家历代祖先的牌位，故又称"苏家祠"，后改为"月溪书院"。如今的山庄旅舍即是月溪书院改建而成。摩星岭则有一条林荫小道通往"苏家山胜迹"。

当年，我和阿华总是一口气爬到摩星岭，在凉爽宜人的山风中闲闲看景，悠然品茶，然后再徒步下山。下山的途中会经过位于半山的能仁寺。这是我记忆中最有禅意的一座古寺。直到今天，依然记得当年第一次步入掩映在山林中的"能仁古寺"的震撼感——真正的清幽、静寂，不染半点凡尘。

能仁寺是在清道光年间由吟坚和尚创建的，最初只有茅屋数椽，仅蔽风雨而已。吟坚的弟子了尘（又名寄幻）发愿扩建。了尘本是顺天府人氏，父兄官至总兵，自己也中过武举，因悟"大丈夫不当壮游万里乎"，乃游历四方。他闻广州文物之盛甲于东南，遂来到白云山，喜洞壑之美，就此驻足。在他的努力下，能仁寺在咸丰年间开始扩建，筑台、修殿、栽花、建房，配上园圃、田畦、溪涧、幽壑，蔚然大观。

到了光绪年间，能仁寺已成为白云山最大的佛寺，大雄宝殿、慈云殿、六祖殿、地藏殿、大圣殿、三摩地、无尘境、宝月阁等殿阁依山而建，玉虹泉、甘露泉、虎跑泉等灵泉洄漾其间，万绿掩映，三面环山，岩壑幽邃，泉石青奇，是一处清净幽雅的山中禅寺。

民国时期，能仁寺香火仍盛。孙中山曾偕宋庆龄在寺中读书、养病。笃信佛教的戴季陶，在广州担任中山大学校长期间也常来寺住宿。日军占据广州期间，能仁寺毁于战火。现在的能仁寺是1993年参照旧制重建的。

能仁寺的一处岩壁上，有一个刘永福将军题写的"虎"字幸运地在战火中保存了下来。此"虎"形状奇特，上面的两个圆圈很像虎头、虎眼，身上的多个圆圈则如虎身，左边代表虎爪，一竖则代表虎尾，字体苍劲，很是醒目。

于我而言，"刘永福"是一个自幼耳熟的名字。

中法战争爆发前，在两广总督曾国荃麾下的外高伯祖唐镜沅，与从北京请缨南下的外高族祖唐景崧联袂出关，赴越南联络刘永福的黑旗军抗法。之后，外高祖父唐镜澄也投笔从戎，加入了景崧公创立的"景"字军。三位先祖和刘永福在越南患难相从，守望相助，共同取得了宣光大捷和临洮大捷的战果，是真正的生死之交、患难之交。

战后，刘永福拟率黑旗军回国。邻近越南的云贵总督岑毓英和广西巡抚李秉衡都不愿接纳这些原来的"草寇"。最后是远在广州的两广总督张之洞慷慨安置，将黑旗军改名"福军"编入两广督标，在东门外十五里的龙泉岗为其修建了军营，还在豪贤街为刘永福安排了公馆（位置大约在今日的豪贤路小学）。刘永福是个闲不住的人，而朝廷所授的"记名提督"是个虚衔，张之洞遂让年事已高的南澳镇总兵李扬陞（叶挺夫人李秀文的曾祖父）辞职，让刘永福继任这个实缺。

南澳岛位于广东和福建的交界处，距高雄一百六十海里，距厦门九十七海里，距香港一百八十海里，有"潮汕屏障、闽粤咽喉"之称，属兵家必争之地，数百年来皆为军事重镇。明、清二朝三百多年间，有173位正、副总兵赴任，除加强海防，也打击猖獗于东南沿海的倭寇和海盗；自康熙二十四年起，还负责闽粤二省及台湾、澎湖海防军务。

这是全国唯一一个海岛总兵府。总兵府又称总镇府，设于岛北深澳。府前立有一碑，碑名"闽粤界"。

闽粤界的南澳岛，铭记着一代又一代的忠臣义士的名字。

南宋末年，元兵进逼，忠臣张世杰、陆秀夫等人护着年幼的宋端宗赵昰从福州南逃到这海天一隅的南澳岛。当时，为解决人畜饮水，他们挖掘了三口水井，有一口保留至今，人称"宋井"。这口宋井相当神奇，掘于海边，潮水漫上时淹没于海面之下，潮水退去后，井水竟然还是可饮的淡水，大概也是苍天不绝忠义之气使然吧。

距宋井约八十米，就是宋端宗赵昰之弟、在他病死后继位的宋少帝赵昺当年在南澳岛驻跸时的住所遗址，人称"太子楼"。陆秀夫在崖山举家沉海、背负少帝殉国后四年，元朝枢密院副使兼潮州路总管丁聚，敬其忠义，特地在南澳岛为其修建了墓园（衣冠冢）。

自明朝起，倭寇屡犯南澳。民族英雄戚继光曾在南澳练兵抗倭。到了明末，另一位民族英雄郑成功又在南澳举义旗抗清。

1647年1月，郑成功在深澳的总兵府大门外一株古榕树下树旗招兵抗清。此后十多年间，他多次登临南澳，训练兵马，操演水师，部署作战，并数次在这株古榕树下检阅兵将。这株高18米、已有四百多年树龄、树干树根已浑然一体的古榕树，至今尚存，人称"招兵树"。

1886年3月，以抗法而闻名的民族英雄刘永福出任南澳镇总兵，同年8月正式履职。

南澳人称这位总兵为"刘义大人"（刘永福原名刘义）。他

白云山能仁寺中
刘永福题写的"虎"字

白云山的能仁古寺

们很快发现，"刘义大人"写得一手好草书，尤其善写独具一格的草书"虎"字（传说刘永福为黑虎托世，又称"黑虎将军"，所以他喜欢以草书书写"虎"字），应邀为岛上的官员和书友题书时，总是在宣纸正中草书一个大"虎"字，下则以楷书署名"刘永福赠"，再盖上两个红印章。

据当地人说，刘永福当年曾题写一"虎"字条幅赠予原籍南澳的澎湖副将蔡安国之子。这条幅高约一米多，宽约半米，正中的"虎"字一笔千钧而成，首笔酷似虎之双目，末墨则如虎尾。

在南澳任上，刘永福还在辖下的海门营莲花峰题了"虎"字石刻，至今保存完好。

明清两代，潮州、漳州等地水师皆归南澳副总兵（清康熙24年起升设总兵）管辖。1892年10月，刘永福到潮阳县海门巡阅营伍，偕幕僚到莲花峰大石边游览，见右边石上有潮阳中军守备陈尚发在九年前题的草书"龙"字石刻，便说："有龙岂可无虎？"于是乘兴挥毫，书写了高达一米有余的"虎"字刻于左边斜对面约十米远的石壁。

刘永福最初来南澳履职时，黑旗军因逐年裁撤，已只剩下三百人。中日甲午战争爆发后，他奉旨从南澳招潮勇千名，率师渡海赴台湾帮办军务，在台湾写下了轰轰烈烈的一页。我的外高祖父唐镜澄，作为当时临危受命署理台湾巡抚的唐景崧之族弟兼亲信幕僚，也参与了那段悲壮惨烈的抗日保台史。他回到灌阳老家后，曾在大门前书写了一副对联：

长歌怀旧逝 最难忘海上神山 湖边秋月
无事此静坐 好领取家藏书味 园种花香

其中那份对台湾刻骨铭心的怀念，大概也是后来同样含恨内渡的刘永福的心情吧。

1897 年，两广总督谭钟麟电催自台归来后回到钦州老家的刘永福再度出山。刘永福遂回广州重组黑旗军。因军营的日常食用需求不少，附近发展成一个新的墟市——沙河墟。次年，刘永福在沙河动工修建刘氏家庙。

刘氏家庙建成后，刘永福从豪贤街搬过来居住。他将先祖和父母的牌位供奉在大堂明间，每日必早起行礼，还在家庙右边建了一间忠义祠，祭祀黑旗军的阵亡袍泽。逢年过节时，刘氏家庙都会大放烟花，在空中飘舞的纸人纸马大多是关于刘永福越南抗法的事迹。直到今天，沙河还流传着一句民谣"刘义打番鬼，越打越好睇，石龙烟花都有得睇"。

有一年重阳节，刘永福与部属游览白云山，登峰远眺之际，抚时感世，归营后便写了一个"虎"字。部属随后将"虎"字刻在了能仁寺的岩壁上。之后某年，好友兼钦州同乡冯子材来广州看望他，同游白云山，行至能仁寺的后山时，冯子材大赞此处风水好，笑说"若百年之后能安身于此，于愿足矣"。后来，冯子材在广西平乱时病逝于南宁。刘永福在广州闻得噩耗，悲痛之余，想起故友当日的这番话，便为其在白云山立了衣冠冢。

刘永福在广州驻扎了二十多年，营寨位于今日的燕塘、瘦狗岭、五山一带。华南理工大学五山校区（原国立中山大学石牌校区）至今保存着一座他当年建造的碉堡，有两层枪眼、四个瞭望台，还有一座建于 1937 年的"刘义亭"。这是一座绿色琉璃瓦面的六角亭，内有一碑，碑文为时任中山大学校长邹鲁所书，注明"本校校地为刘义将军营寨之遗址。湘主席何云樵先生捐资千元，建筑此亭而留纪念"，并慨然有感曰：

登斯亭者，咸能继将军御侮之志，则民族复兴可指日焉。

今日的广州，仍然保留着纪念刘永福的"永福路"和"永福村"。曾经为国家民族抵御外侮的人，永远不会被后人遗忘。

西关的十三行，太平街的对邻李准、唐镜沅

在广州的流花湖畔，有一座玻璃幕墙的"中国出口商品交易会"大楼。每年春秋定期在这里举行的"广交会"，是中国对外贸易的重要窗口，也是全国外贸行业的年度盛事。

当年身在外贸行业的我，曾几次偕同事参加。

那时，我们在位于广交会大厅的摊位上展示从毛巾、布料到衣服、帽子的各类样品，和来自东南亚、日本、欧美、非洲、中东的进口商洽谈，努力促进出口，为国家创造外汇。这些进口商一般都说英文，偶尔有些也能说中文。比如有位来自意大利的女士，金发碧眼，却能讲一口流利的普通话，令人赞叹。

那是一个自信开放、生机勃勃的年代。那时的广州，号称"中国的南大门"，有一种海纳百川、丰富多彩的气氛。

我们下班后常去溜达的花园酒店，就有一个西洋风情的大堂，雕工精致的整幅木雕墙，华丽的枝形水晶大吊灯，螺旋形的橡木楼梯下还有一架潺潺流淌出轻柔乐声的巨型黑色钢琴。穿梭其间的各国来宾有外交官、记者、商人，衣香鬓影、举止优雅，氛围高尚。二楼的荔湾亭餐厅则是浓浓的老广州风情，小桥流水间分布着一艘艘"艇仔"，空中弥漫着普洱茶、菊花茶、铁观音、及第粥、艇仔粥、皮蛋瘦肉粥、虾饺、烧卖、肠粉、叉烧包的混合香气，操粤语、普通话、英语的食客们有滋有味地品着桌上的"一盅两

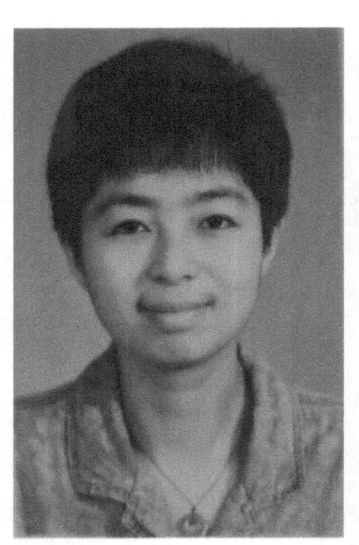

在外贸行业时的我（1998）

件"……这一切，很像电影中的老上海和香港，华洋杂处，中西合璧。

说起来，广州在历史上就是中国传统的对外开放之地。

位于珠江口的广州，因着连通中国内河和海运航道的天然优势，早在宋代已是"海上丝绸之路"的重要口岸。到了清代，广州的口岸地位更是独一无二。清政府于乾隆二十二年（1757 年）实行闭关锁国政策后，闽海关、浙海关、苏海关都被撤销，只保留了广州的粤海关，实行"广州一口通商"。之后的八十多年，中国的丝绸、瓷器、茶叶都只能从广州出口到全世界，西方的工业品也只能从广州进口到中国。世界各国的商人和中国各省的商人都云集广州，通过广州十三间专门负责对外贸易的商行（简称"十三行"）为中介进行贸易，粤海关也通过"十三行"获得巨额财政收入，向国库上缴大量白银。

"十三行"就此长期垄断中国的对外贸易。他们多是具有冒险意识、敢于闯荡的福建籍商人，不但从事对外贸易，还负责监管来华外商的一切活动（比如为外商做保，承办官府与外商的一切交涉），属于半官半商性质。他们在同西方各国商人做生意的过程中，一方面保持了中国的传统文化，一方面勇于学习西方的语言、宗教、西医药学、建筑、科学技术、教育、绘画艺术、音乐、贸易理念、消费文化等，使广州在当时的中国城市中独树一帜，具有传统、开放、多元、包容的城市文化特色。

当时的广州，成为"洋船争出是官商，十字门开向二洋；五丝八丝广缎好，银钱堆满十三行"的国际大都会。有一首流传下来的《岭南乐府·十三行》描绘了当年的盛况：

> 粤东十三家洋行，家家金珠论斗量。
> 楼阑粉白旗竿长，楼窗悬镜望重洋。

全盛时期的"十三行"其实多达二十六间，其中伍、潘、卢、叶四大行商的家产总和甚至超过当时的国库收入。作为"十三行"首富的怡和行商伍秉鉴更是当时的世界首富，还曾涉足美国西部铁路的投资。

"富甲天下"的十三行商，在封建时代的官本位文化下，往往不惜以重金捐"官"，获赐名誉官衔后，或投资兴学或自办家塾，聘请名师教子孙读四书五经，然后参加科举。因着此，以商为主的"十三行"一带也颇有一些当时的读书人或官吏居住。

当时在粤为官的我外高伯祖唐镜沅和李征庸、李准父子就是其中的三位。

"太平街"（现名"光复南路"）本名"打铜街"，因这条街聚集了很多的打铜店铺而得名。当时西关人多密集，常发生火灾，往往火烧成片，损失惨重。粤人多信风水，街坊们觉得正是以打铜业为主的"打铜街"犯了火星，于是将街名改成"太平街"。

当年在太平街与唐镜沅对门而居的李准，生于四川邻水老家，十七岁时入粤与父亲李征庸团聚。历任广东河源、香山、揭阳、海阳、南海知县的李征庸，最后也是在广州太平街的寓所去世。他的曾孙李昕，即李准之侄孙，从三联书店总编辑任上退休后，书写并出版了记录李家四代人生的《百年家事》，与同在壹嘉出版书友群的我相谈甚欢，互加了微信，也算再续了祖上的缘分。

作为清末最后一任广东水师提督，李准曾于宣统元年（1909年）亲率三艘军舰从海南岛榆林港出发，前往列强虎视眈眈的西沙群岛巡视。每到一岛，他皆令随行工匠刻字于珊瑚石上，"大清宣统元年广东水师提督李准巡阅至此"，还在岛上建了椰子树屋，屋前立了桅杆，鸣炮升旗以宣示中国对西沙的主权。他一共探明岛屿15个，逐一命名，以舰名、物产名及随行官员的籍贯命名。如"伏波""甘泉""珊瑚""宁波""番禺"，还在一些岛上留下随船带来的牛羊。之后，他写成《广东水师国防要塞图说》一书，得到清廷嘉奖。

在粤历任崖州、佛冈、顺德知州并曾代理河源知县的唐镜沅，在榆林港也有一段故事。光绪十五年（1889年），两广总督张之洞收到崖州知州唐镜沅和琼州镇总兵李先义等人的报告，"有法国兵轮驶进崖东百里之榆林港，沿港量水，由港西上岸钉桩四处，港口有石桩均用石灰涂，东西两岸分插红白四小旗；十七日复来插标十五处。"法国窥伺榆林港已非一日。中法战争期间，曾有18艘法国军舰在榆林港停泊操演，在此之前法船就曾屡往窥探量水。作为守土有责的地方官员，唐镜沅保持了足够的警惕。从中法战争开始便与之常有函电往来的张之洞，得报后非常重视，立即请总理衙门与法国公使严正交涉，并令琼州总兵将法军所插标旗清除干净，妥善解决了这一隐患。

当年的崖州，即今日的海南三亚。今日的榆林港，仍然是南中国最重要的海防军港。

2017 年，《三亚日报》登载了一篇名为《崖州人物春秋》的文章，其中一章以"唐镜沅：无量功德 有口皆碑"为题，盛赞其人、其政。2018 年夏，广东梅州的《梅州侨乡月报》也有报道说，清光绪二十年（1894 年），嘉应州（今梅州）石扇堡巴樟约（今巴庄村）民众特意立了"候补府（知府）正堂广西唐镜沅先生神位碑"，以感念为他们主持公道，将前后历时七十五年、从嘉应州打到省城和京城、号称"广东三大案"之一的"巴樟案"重审结案的广东按察司巡道官唐镜沅。此碑于 2018 年重现人间后，当地民众特意将其重新竖立，同时另刻两块新碑并排而立，以说明古碑历史和失而复得的经过。

为当地做过好事的地方官，一定不会被后人遗忘。作为清末广东的两位能吏，李准和唐镜沅都以不同的形式在这片他们曾为官多年的南粤热土上留下了自己的痕迹。

绍兴师爷聚居的豪贤街，
随山馆中的汪精卫、朱执信

在榨粉街居住时，阿华和我常去近在咫尺的豪贤路买菜。

豪贤路是一条大约八百米长的小街，与德政北路和仓边路相连。这几条路的建筑特色是广东、广西、福建、海南常见的骑楼。这种连体式的大片西式骑楼，我小时候在桂林王城附近的十字街就见过，一般都有三层高，都是二楼三楼住人，一楼作商铺，临街的柱廊就像是房子长了脚"骑"在人行道上一样，故名"骑楼"。

骑楼最初起源于印度。十八世纪后半期，来自欧洲岛国的英国殖民者来到位于南亚次大陆的印度后，很难适应这里的热带季风气候，故在建造住宅时采用居室前加走廊的方法来挡避炎热，称为"廊房"。这种适合热带和亚热带地区的外廊式建筑不久就传到东南亚和华南，是为"骑楼"。

广州的骑楼是华南保存得最为完好的，大都建于二十世纪二十年代，颇具广东的商业特色，一楼的商铺都利用门前的柱廊空间来陈列商品，等于延伸了铺面，门廊则串通成半开放的商业廊道。这样的设计好看又好用，而且特别适合广州的气候，让顾客在行走时免去了日晒雨淋之苦，所以风靡一时。广州的骑楼街在最盛时长达四十公里，有商铺两万多间。

骑楼之于广州，是一种文化，更是一种街景。

对于很多广州人来说，骑楼是他们童年的温馨记忆。旧时在骑楼底，"细佬仔"（小孩子）拍公仔纸、跳橡筋、买糖画风车，成人叹茶、乘凉，悠闲自得。今时今日，仍有不少老一代的广州人住在这种老式的骑楼中。这些经历了百年风雨的骑楼，建筑风格有哥特式、罗马式也有巴洛克式，外墙有清水墙也有红砖面，装饰有石雕、砖雕、灰塑也有彩画、彩色玻璃、彩色水磨石，楼顶有西式小尖塔也有中式小凉亭，各具特色，中西合璧。

我们当年常去的"豪贤肉菜市场"，就位于豪贤路的骑楼群中。这是广州老城区的一个有名的室内菜市场，规模相当大。扎成捆的绿叶菜，垒成堆的土豆，色彩鲜艳的番茄甜椒，铁丝悬挂的鲜红纹理的猪肉，铁笼里的鸡鸭，塑料盆里的鲫鱼……连同空气中的鱼腥味、蔬果味，系黑皮围裙、穿黑色水靴的档主们的叫卖声，熟口熟面的老主顾们的讨价还价声，构成了一幅鲜活热闹的人间烟火图。

看上去充满生活气息的豪贤路，其实很有历史沉淀。

这条街最初名"濠弦里"，因位于北护城濠的南沿，形似弓弦。后为纪念在这条街出生的一位豪贤（南明兵部主事黎遂球，与清兵作战牺牲后赠兵部尚书、谥"忠愍"），改名"豪贤街"。另一位抗清志士，曾与岭南"南明三忠"中的陈子壮、陈邦彦一起反清复明的南明翰林院庶吉士方国骅，也曾是濠弦里的住户，其宅便以"濠弦草堂"为名。

豪贤街在晚清时期再度成为反清志士的聚集地。孙中山的几位亲密助手汪精卫、朱执信、胡汉民都是从这条街走出来的。其中，汪精卫和朱执信这对舅甥都是游宦广东的"绍兴师爷"之后，从小一起在豪贤街的"随山馆"长大。

"绍兴师爷"是明清时期中国官场特有的一种现象。从总督到县令的各级官员，赴任时都需聘请俗称"师爷"的私人幕僚，平时代为拟稿、谋划、会客、应酬，并在衙门里处理司法、刑名、钱谷等公事。浙江绍兴府就是一个盛产师爷的地方。绍兴文风鼎盛，但地狭人稠，除了少数"学而优则仕"的幸运儿，大多数人只能外出谋生。绍兴人处事精明，行事周密，很适合做师爷，加之同乡之间互通声气、互给面子，便于上下联系，故官员们皆乐于聘请，号称"无绍不成衙"。

晚清时的广东，相对富庶、开放，是绍兴师爷的主要目的地之一。在粤游宦、游幕的外省人，在省会广州（辖番禺、南海两县）住久了，有庐墓在此，子孙也不返回原籍应试，就会向县衙禀请落籍，报告家世状况、子孙姓名等，经调查批准，成为"捕属"（即归入捕厅所属）。当时广东的各级衙门大多位于番禺境内，故在这些衙门中当差的绍兴师爷大多落籍番禺，是为"番禺捕属"。山阴汪氏，即汪精卫家族，是其中最有影响的一家。

汪氏祖籍徽州婺源，元末迁到浙江绍兴府山阴县，累世以教书、游幕为生。嘉庆十四年（1809年），汪精卫的曾祖父汪炘入粤效力于广东按察使司，是为山阴汪氏游幕广东之始。之后，汪炘之子汪鼎及其兄弟、子侄亦相继入粤游幕。汪鼎之子汪瑔在广州长大，历任两广总督刘坤一、裕宽、曾国荃、张树声幕僚，深受倚重。他的堂兄汪瑺（汪精卫之父），于道光二十六年（1846）入粤，先后在东莞、三水、曲江、陆丰、英德等十多个县做师爷。

汪精卫的堂叔汪瑔于光绪元年（1875）携子侄落籍番禺。他在豪贤街的住宅名为"随山馆"（李白《过汪氏别业二首》中有"随山起馆宇"句），藏书数万卷，远近闻名。今天的豪贤商务大楼，即当日随山馆之所在，也就是"番禺汪精卫"的"祖屋"。

汪瑔不但学问深邃，还通晓西学，诗词水平也很高，与叶衍

264

兰、沈世良并称"粤东三家"。他曾有一首描绘广州市井风情画的诗，颇有味道：

闲街吹过绿槐风，有客承蜩技最工。
知了一声天正午，儿童争买荔枝虫。

汪瑔在随山馆开了私塾，教汪家和亲朋的子弟读书，培养出不少人才。其子汪兆铨，中举后做过广东陆路提督马维骐和水师提督李准的幕僚，也曾是广雅书院"总校"（校长）和广东教育总会会长。其婿朱启连，曾任两广总督张之洞幕僚，精通琴律，人称"琴王"。其堂侄汪兆镛，夙承家学，也是岭南名学者陈澧的得意门生，光绪十五年中举，后成为两广总督岑春煊的首席幕僚，于经史、金石、书画、诗文皆有深厚造诣，名动广州。

汪兆镛是汪瑔的嫡长子。他的生母卢氏去世后，汪瑔娶了十七岁的番禺女子吴氏为妾，又生了六个子女。其中幼子汪兆铭（即汪精卫）自小聪明，很受老父宠爱，五岁就开始教他认字，七八岁时就能为父诵读王阳明的《传习录》和陶渊明、陆游的诗集。兆铭十三四岁时双亲相继去世，自此由大他二十二岁的长兄教养。

汪兆镛思想古旧，对这个幼弟的管束近乎苛刻，在学业上更是督促甚严。汪兆铭虽在背后难免有微言，成年后还是很感激长兄对他的教育和关怀。

汪兆铭十六岁那年，长兄为他定了亲。当时正在岑春煊身边做幕友的汪兆镛，因与同事刘子蕃交好，遂为幼弟与刘子蕃之妹、亭亭玉立、知书达理的刘文贞订了婚约。

光绪二十八年（1902 年），十九岁的汪兆铭参加广州府试，考中"案首"（头名秀才）。他的二哥汪兆鋐和侄子汪祖泽（汪兆镛长子）则是第二、第三名，被誉为"玉峰双秀 朱树三花"。当时

位于随山馆旧址上的豪贤商务大楼

的主考官李大纬认为汪兆铭文章锦绣，但以"长幼有序"，将其名次排于汪兆鋐之后。番禺县令钱璞如认为不公，挺身而出，舌战群儒，最后由广州知府龚心湛一锤定音，取汪兆铭为"案首"。

高中"案首"的汪兆铭，在长兄家的生活却并不愉快。

因汪家人口不断增加，随山馆日益拥挤，汪兆镛已在豪贤街中段另买一宅。他的二弟兆钧、三弟兆鋐（与兆铭同母）此时都已病逝，雁行折翼，兄弟之间只剩下兆铭一人。他的夫人对这个唯一仅存的小叔子却不厚道，常以"饭后钟"待之——有时他12点回家，发现家里11点半已经开过饭；第二天他特意提前到11点半回家，又发现家里已在11点吃过了。

在这类寄人篱下的委屈中，他萌生了在朝廷开恩科考举之前先谋一份职业的想法。

他的堂兄汪兆铨，此时正在时任广东省厘金局总办的李准身边做师爷。

这时的李准，正需聘请一位私塾教师。他在父亲李征庸去世后承担了一大家子十余口的养家之责，其中包括他的儿女、弟妹在内的七个孩子都已到了上学的年龄，需有私塾教师看管和教育。

于是，经过堂兄的引荐，当时还是个大孩子的汪兆铭，成为李家的私塾教师。

李家给他的待遇很好。当时，秀才教书每月可拿十二两银子，举人教书也最多不过十六两。李准为了表示厚待教师，每月付白银十六两，过年过节还另有馈赠。汪兆铭对此非常感激，后来谈起此事时曾对人说，以秀才出身任私塾教师，而能享受举人待遇的，除他而外，没有听说过第二个。

在李家教书期间，汪兆铭积攒了不少银子。

他没有等来朝廷开恩科考举，却等到了留学日本的机会。

长兄汪兆镛让他继续等待，而他本人想出国见见世面，开开眼界。他征求李准意见，李准也赞成他出洋，并主动资助了路费。

1904 年，汪兆铭在广州考取由两广总督岑春煊亲自选派留日的官费生，与同时考取的好友胡汉民、古应芬一起东渡日本。

与汪兆铭同龄、同是父母双亡、同在随山馆成长的堂外甥朱执信，则在这次由两广总督岑春煊亲自选派的留日官费生考试中考取了第一名。

朱家来自浙江萧山，也以游幕为生，家境清贫。

朱执信的父亲朱启连，早年随汪兆铭的堂叔汪瑔读书。汪瑔重其才，以爱女招其入赘。

朱执信在汪家的随山馆出世，当天正逢舅父汪兆铨中举。外祖父汪瑔十分高兴，便以"举"为其乳名。父亲朱启连因仰慕康熙年间的著名学者赵执信，为儿子取名大符，字执信。母亲汪若昭（即汪兆铭的堂姐）也读过不少书，常对子女讲述文天祥、史可法等人的英雄事迹。在这样的家庭熏陶下，朱执信自小酷爱读书，十岁时每天下午放学回家，都会坐在门前的台阶上读《汉书》和《史记》，直到日落才回房休息。十几岁时，他父母不幸先后去世，他和弟妹遂由舅父汪兆铨抚养。他感念舅父的恩德，曾赋诗以怀：

> 往我生孤露，托育舅氏门。
> 道义诏我聆，诗书劝我敦。
> 饮食且教诲，有逾父母恩。
> 宅相言以诬，旧闻纪遂愆。
> 十年从征役，永念疏晨昏。
> 况次值乱离，恐劳惊魂梦。
> 长疑遂永诀，负之知何言。

晚清时的中国，处于"三千年未有之变局"，内忧而外患。位于沿海的广东是传播进步思想的一个重要舞台。"番禺捕属"的年轻一代，身为外省游宦之后，在本地别无田产，一般都很努力地读书，更容易接受新知识和新思潮。

汪兆铭、朱执信、古应芬、胡汉民等人就是其中的佼佼者。他们在豪贤街西庵书院组织了群智社，集资购买各种新学书刊，如梁启超主办的《新民丛报》、赫胥黎的《天演论》、亚当·斯密的《原富》、卢梭的《民约论》、孟德斯鸠的《万法精理》，等等。

在东京，他们进入了法政大学学习。其间结识了孙中山，深为其革命理论所折服，一起加入了同盟会。汪兆铭以"精卫"为笔名，在同盟会机关报《民报》上发表了《民族的国民》《论革命之趋势》《驳革命可以召瓜分说》等文章，文采飞扬，名噪一时，也引起了清廷的注意。

对此有所闻的两广总督岑春煊，有一次喝醉了酒，硬要作为其幕僚的汪兆镛把这个不肖弟弟交出来，不然就要对不住了。为了不连累国内的亲人，汪精卫特地写信给长兄，"事已发觉，谨自绝于家庭，以免相累"，并与未婚妻刘文贞解除了婚约。

宣统元年（1909 年），汪精卫赴京刺杀摄政王载沣，未遂被捕。

他在狱中留下了著名的《被逮口占》，激励了无数仁人志士，传颂一时。

> 衔石成痴绝，沧波万里愁。孤飞终不倦，羞逐海鸥浮。
> 姹紫嫣红色，从知渲染难。他时好花发，认取血痕斑。
> 慷慨歌燕市，从容作楚囚。引刀成一快，不负少年头。
> 留得心魂在，残躯付劫灰。青磷光不灭，夜夜照燕台。

在赴京行刺之前，汪精卫给好友胡汉民留下了一幅手书，上面只有八个大字，以鲜血写就："我今为薪，兄当为釜。"胡汉民一望而知，汪精卫的意思是，此行便是去为革命燃烧自己，决意献身——他曾在《民报》上发表一篇题为《革命之道德》的文章，其中提到，"革命党人只有二途，或为薪，或为釜。薪投于灶火，光熊燃，俄顷灰烬；而釜则尽受煎熬，其苦愈甚；二者作用不同，其成饭以供众生之饱则一。"

汪精卫的堂外甥朱执信，则常对人说"沙煲有用以煮饭，经岁月而后损坏的；又有用以盛炸药，掷向盗贼，随用随毁的"，可谓殊途同归。宣统三年（1911 年），他参加了黄花岗起义，作为"选锋"（敢死队）随黄兴进攻两广总督署，在激战中将所携两颗炸弹掷完后，又捡取牺牲同志的手枪继续作战，右手及胸部均被炸伤，血染素衣，幸得脱身撤往香港。

从豪贤街随山馆走出的这对舅甥，其时都无愧于自己的国家民族。

可惜的是，他们后来的结局完全不同。

朱执信为革命而牺牲，被孙中山誉为"革命的圣人""最好的同志"。其遗体下葬广州驷马岗时，孙中山亲自步行执绋。而在中华民族生死存亡之际投靠日本的汪精卫，成为"国人皆曰可杀"的大汉奸，身后还被挫骨扬灰，与其妻陈璧君一起被铸成如同秦桧夫妇一样的跪像，遗臭万年。

广州一直保留着纪念朱执信的"执信中学"和"执信路"。而他的"四舅"（汪精卫在汪家排行第四），则连自家的族谱都难以容纳。以儒学立身的汪氏家族，在汪精卫投敌之后深感羞愧，几十年都抬不起头。长兄汪兆镛将这个不肖弟弟开除出汪氏家族，并避居澳门，拒绝与之相见，临终前仍然告诫儿孙："汪氏子孙，坚决不能投敌卖国当汉奸，无论如何都不能当民族的罪人！"

据豪贤路的老街坊说，当年汪家在此有四间大宅，分别属于汪兆镛、汪兆铨、汪精卫等。朱执信故居则位于豪贤街与仓边街交界处，即今日广东省国土局信息咨询服务大厅所在。当年朱执信去世后，古应芬在自家（今仓边路红苑酒家之所在）后面为其妻儿购置了一栋有水池亭榭的四层红砖大屋，人称"朱执信故居"，二十世纪九十年代与汪精卫故居一起被拆除。

越华街的林则徐、黄兴，
万木草堂的康有为、梁启超

与豪贤路隔着仓边路相连的越华路，也以骑楼式建筑为主，是一条大约六百米的小街。

当年，我和阿华常在周末的夜晚步行去北京路青年官看电影，每次都是经豪贤路、越华路来回。越华路上的清凉晚风，以及那些古老而安静的骑楼廊柱间透出的历史气息，一直留在我的记忆里。

越华路是广州最古老的街道之一，在清代分为两段，东段称"司后街"（因位于广东布政司署后方而得名，又因有一座东岳庙，亦称"东岳街"），西段称"制台前街"（因位于两广总督署前方而得名）。民国时期，东西段合为一街，以附近有越华书院故址（今越华路小学所在地）而得名"越华街"。

越华书院始建于清乾隆二十年（1755年），由盐运使范时纪及盐商共同出资购买司后街的一座旧园林改建而成，主要招收商人子弟，与粤秀书院、羊城书院、应元书院并称广州四大书院。

越华书院曾是钦差大臣林则徐在广州禁烟时的行辕。

清道光十九年（1839），林则徐抵达广州，驻节于越华书院，以便就近与时任越华书院监院的原粤海关志局总纂梁廷楠接触。他借阅了梁廷楠著的《粤海关志》，了解了广东的海防与涉外商务，还请来一些乡绅和行商当面咨询广州的鸦片贸易和民众受荼毒的苦况。

林则徐还让梁廷楠召集越华、粤秀、羊城三所书院的 645 名学子到贡院进行"观风试"（清制，督抚到任后为了解民情，可命题考士子，称"观风试"）。他在每份试卷中都夹入一张纸条，要求学子们回答所知的鸦片集散地及经营者姓名、零售商、过去禁烟的弊端及禁绝之法，答卷均严格保密，直接送到他手上。他根据这些线索，派人突击了各烟馆和买卖鸦片的商馆，抓获了不少烟贩，并逮捕了一批纵容鸦片走私、从中牟利的官员。

禁烟运动就此在越华书院拉开了帷幕。林则徐还特地在书院亲题了一幅楹联自勉：

海纳百川有容乃大　壁立千仞无欲则刚

之后，就是震惊中外的"虎门销烟"。

彪炳千秋的"三·二九起义"（即黄花岗起义），也发生在越华路。位于越华路 116 号的广东省民政厅大院，即当年黄花岗志士们冒死进攻的两广总督署旧址。据附近的街坊说，民政厅的大门前原有两只石狮子，狮身有明显的 23 处弹痕，就是在"三·二九"战斗最激烈时受的"伤"。

"三·二九起义"的指挥部，则位于越华路的小东营 5 号。

小东营，这个带着军营气息的名字，在历史上就是刀剑金戈之地。明朝成化年间，两广总督韩雍从南京调了大量军队来广州驻防，其中包括一支一千多人的回民队伍，设大东、小东、西营、竹筒四营安置，俗称"回回营"。小东营街即小东营旧址，因此得名。

当年，起义负责人黄兴从香港潜入广州，选定了小东营街的一处秘密机关作为指挥部。

这是一座四进三开间的青砖大屋，曾是某官员的住宅，称为朝议第"，门脸并不大，从外面看很普通，但院墙高深，每进之间均有天井相隔，便于隐蔽，可容纳百多人。最有利的是，这里与起义的首要目标两广总督署近在咫尺，只有大约四百五十米远。

当时住在"朝议第"的，除了起义领导人黄兴，还有后来在起义中殉难的林文烈士。

根据历史记载，起义当日，朝议第张灯结彩，伪装成办喜事的样子。参加起义的选锋（敢死队员）陆续以贺客身份混入。为免人数过多会引起怀疑，也有一些选锋从附近的城隍庙潜入。起义所用的枪械子弹也以红布包裹，放在花轿内运进朝议第。

出发前，黄兴在朝议第的天井里发表了简短的讲话，然后他和朱执信、林觉民、林尹民四位通晓日语的同志分乘四轿，在扮成侍从的选锋们的簇拥下，从朝议第走向两广总督署，上演了惊天地、泣鬼神的黄花岗起义。

半年后，辛亥革命成功。

如今挂着"三·二九起义指挥部旧址纪念馆"牌子的"朝议第"，仍保持着当年的格局。原两广总督署大门前那两只身中多弹的石狮子也作为镇馆之宝在此展出。

广州光复后，革命党人在原两广总督署成立了广东军政府。1918年，在原清代广东布政司旧址上建了广东省财政厅大楼。这幢具有欧洲古典风格的大楼至今仍保持完好，是北京路的经典建筑之一。

北京路是广州最繁华的商业街，就如王府井之于北京，淮海路之于上海。当年，我每次去北京路都是经中山四路而去，中途总是会在文德路停留。文德路有"广州文化第一街"之称，集中了三百多间古玩、字画、古籍店，店面都不大，但布置得颇有文化氛围，充满纸香与墨香。这条街自古就是文人荟萃之地。北宋庆

三·二九起义指挥部旧址（这对石狮即起义进攻的两广总督署门前原物）

三·二九起义进攻的两广总督署旧址（今广东省民政厅大院）

历年间，广府学宫在此创立，历经宋、元、明、清，人称"岭南第一儒林"。学宫的东西两侧各有一条小街，西边为"府学西街"，东边为"府学东街"。明清时期，广东贡院和广东学政衙门也在这一带。来省城应考的读书人一般都在附近的几十间书院落脚，周围因而渐渐形成书市，在清末达到鼎盛，共有几十家裱字画，卖古董、书籍和文房四宝的商铺，鳞次栉比。

位于今日中山四路长兴里 3 号的邱氏书室就是当年众多书院中唯一保留下来的一间，由"广东十府十州八十县"的邱氏族人于嘉庆十三年（1808 年）集资建成，供广东各地邱氏子弟来省城参加乡试时寄宿，同时兼作邱氏祠堂，在清末成为著名的"万木草堂"办学地。

光绪十六年（1890 年），康有为举家迁到广州，在曾祖父留下的产业"云衢书屋"中设馆收徒。他写了一张招生启事贴在门外，但半月都无人问津，有好事者还以淡墨在旁写下"监生（秀才）亦居然出而教馆乎？"不料，前来拜这位监生为师的，不但有广州最高学府学海堂的学生陈千秋，还有他的同学、十七岁即取得举人功名的梁启超。

梁启超日后曾回忆说，他第一次与康有为见面时，本"以少年科第"沾沾自喜，不料自己的学问却被康有为批评为"数百年无用旧学"。两人聊了近十二个小时，康有为猛烈地抨击了旧教育的积弊，并提出维新变革、"经世致用"的新理论，"以大海潮音，作狮子吼"，让梁启超感觉如"冷水浇背、当头一棒"，于是心悦诚服地拜在康有为门下，为此不惜从学海堂退学。

到了年底，慕名前来的学生已达二十余人。云衢书屋已难以容纳，陈、梁二人遂建议老师租借长兴里的邱氏书室办学，称为"长兴学舍"。随着求学者日益增多，学堂两年后又迁到邝家祠（今广州市第十三中学），次年再迁入广府学宫（今广州市第一工人文化宫）里的仰高祠。

在仰高祠，康有为接纳陈千秋的看法——"将倾之大厦，必须有万木扶持，而非一木所能胜任，故欲集天下英才而教之，冀其学成，群策群力，以救中国"，将学堂正式命名为"万木草堂"。这所先后在三址办学的学堂统称万木草堂，但只有邱氏书室旧址保留至今。

如今已然身处闹市的邱氏书室，是一座清代广府地区典型的祠堂书院式建筑，入门后转过照壁为一宽阔天井，后面的大堂便是当年康有为的授课之地，堂上摆着十几张旧式桌椅，悬挂着孔子的画像和康有为亲题的"万木草堂"匾额。大堂四周是上下两层的木楼，共有几十间厢房，当年为学子住宿之所。与一般学堂不同的是，大堂前架有一面鲜红的大鼓。当年康有为在每日晌午后升座讲课，之前必让人击鼓三下，学生听到鼓声就会来听讲。

关于康有为的人品和历史评价，历来不乏争议，但不可否认的是，他在万木草堂办学时绝对是一位好老师，一位优秀的教育家。他招生时都是亲自面谈，吸收的都是具有一定文化水平、有志于维新的学子，年龄最大的五十多岁，最小的十六七岁。每年的修金（学费）为十两银子，相当于当时广州书院的标准，家境贫穷者则免费。他讲课不用教材和讲义，都是信手拈来，主要讲古今学术源流，援古证今，会通中外，一讲就是几个小时。梁启超日后曾回忆说，"其授业也，循循善诱，至诚至恳"。万木草堂不设考试，每个学生发给一本记录读书心得或疑问的功课簿，每半月呈交一次，康有为总是长篇批答，因材施教。除了文化课，还有体育课、音乐课和舞蹈课。专门设了"干城科学长"，负责带领同学每隔一天做一次体操，在中国的非军事学堂中首开体操课

康有为当年办学的万木草堂

之先河。

　　康有为还在万木草堂建立了书藏。他捐出康家数代的藏书，并发动弟子们捐书，还购买了三千多本江南制造局出版的西学书籍（如声、光、化、电等科学译述和容闳、严复等人的译著）供学生阅读。书藏的管理员由同学担任，每人轮值一个月，借书、还书都有记录，类似于现代的图书馆。学生的功课簿写满后也送入书藏，供新来的同学阅览。草堂里还有一个礼乐器库，有钟、鼓、磬等乐器，学生们每月演习一次。草堂每半月有一次演说会，让学生们自由演讲，共论国是。师生也常一起出游，在郊野之中同游同乐并讨论文章时事。当时，蓝布长衫和散脚裤是康门弟子的标志性装束。

随着康有为、梁启超北上应试时发动"公车上书"，万木草堂名闻全国，全盛时期有学生千人。康有为亲授的182名弟子中，后来任报社编辑、主笔或评论员的有17人，执教于大学中学的有19人，如暨南大学创始人之一郑洪年和毕生致力于港澳两地平民和妇孺教育的卢湘父。随着戊戌变法的失败，万木草堂也被查封，邱氏书室一址被归还给邱氏。祖籍广东蕉岭的邱逢甲，任两广学务处视学、广州府中学堂监督期间也曾长时间在此居住。

作为戊戌变法的策源地，万木草堂在近代中国的思想文化史、教育史、政治史上都有着重要位置。正如商务印书馆创办人张元济的评价：

> 南洲讲学开新派，万木森森一草堂。
> 谁识书生能报国，晚清人物数康梁。

中山四路的番禺学宫，
毛泽东主办的广州农讲所

在榨粉街住的那几年，我经常去近在咫尺的广州图书馆借书。

位于德政北路和中山四路交界处的广州图书馆，是一座苏式风格的建筑，屋顶上有一个红色的火炬，在附近骑楼林立的环境中显得非常特别。据老街坊说，这座建筑是 1969 年落成的，本名"星火燎原馆"，1982 年改为"广州图书馆"馆址。

20 世纪 90 年代的社会风气虽然没有 80 年代那样崇尚读书，来借阅的读者还是不少。外借书都陈列在一楼大厅的一排排书架上，数量很多，却大都很旧，有的甚至有些脏，就阅读感而言无法与自购的新书相比，但我仍然一次又一次地带着自制的书皮（我们 70 后大概是最后一代会用挂历制书皮来保护书的人）去借——对于一个自小在图书馆借书的人来说，那种特有的沉静氛围实在太亲切，太舒心了。

那几年，几乎每周都会去借两本书。其中印象最深的，是奥地利皇后伊丽莎白（茜茜）的传记，与我读中学时不惜逃课去看的电影《茜茜》三部曲有很大的落差，读到时颇为震撼——与童话故事般的电影相比，这才是真实的历史。

广州图书馆的广场不大，种着一些冬青树，还有一些水泥砌的花坛。隔墙就是中国近代革命史上著名的广州农民运动讲习所（简称"农讲所"）旧址。这是一组红墙黄瓦的古建筑，古朴幽静，绿树成荫，在车水马龙的中山四路上是一个闹中取静的所在。牌坊形状的大门是棂星门，挂有周恩来亲题的木匾——"毛泽东同志主办广州农民运动讲习所旧址"。门边有两株据说已两百多岁的高大木棉树，花红似火。门后是泮池，池中有一座石拱桥。过桥后有石板路通大成门，门后是一个草木葱茏的院子，有菩提、龙眼、九里香等古树。花岗石砌成的台基上是大成殿。沿着大成殿两侧的通道向前是崇圣殿，有东西两廊。

据老广州人说，这里本来是"番禺学宫"，广州图书馆的广场东部即当年番禺学宫之西斋。

番禺，是广州的古称。"学宫"，顾名思义，学子上课之所也。

最早的学宫出现在战国时期。著名的"稷下学宫"不但是当时列国学子向往之地，也是学者云集、百家争鸣的学术中心。后来的学宫泛指官学。随着儒学和孔子地位的确立，各州、县皆立孔庙，祭孔成为官学的重要内容，孔庙也是儒学教官的衙署所在，庙、学逐渐合一。明清时期，地方官学分为府、州、县学，学宫也称孔庙或文庙。明洪武三年（1370年），朝廷下令各地兴县学。番禺知县吴忠遂在县衙（即广州图书馆所在地）东侧兴建番禺学宫，即番禺县学，同时也是祭祀孔子的文庙。

明清时期的学宫，按人数多少分为大、中、小学。番禺学宫是大学，每次取生员40人。儒生必须连续通过知县主持的县试、知府或知州主持的府试、本省学政主持的院试，取得生员资格（秀才）后才能入读。入读学宫的生员分为文生和武生，课业不同。成绩优异的文生，经乡试、会试、殿试，中举人、贡士、进士，步入仕途。有的则通过贡举，成为贡生，入读国子监，再酌情授官。

明清两代，番禺学宫共有一千四百多人中举，被誉为"岭南第一学府"。

清末废除科举后，番禺学宫改为新式学堂。清光绪三十二年（1906 年），邑绅吴道镕等筹设番禺公立中学堂，以番禺学宫为校址。翌年，番禺公立中学堂改为私立八桂中学堂。

到了国共合作的大革命时期，国民党中央执行委员会接受共产党人彭湃等的倡议，决定在广州开办农民运动讲习所，以"养成农民运动之指导人才"。从 1924 年 7 月至 1926 年 9 月，广州农民运动讲习所共举办了六期。第一、二期在越秀南路的惠州会馆举办，三至五期在东皋大道 1 号（今中山三路永兴街 6 号）举办。第六期便是在番禺学宫。

第六期农讲所是 1926 年 5 月开学的。所长是毛泽东，教务主任是萧楚女，政治训练主任是高语罕。学员来自全国二十个省，有 327 人，大部分是工人、农民、小学教师和青年学生。课程共 25 门，涵盖农民问题的革命理论、中外历史和社会政治经济等。其中，毛泽东讲《中国农民问题》《农村教育》《地理》；彭湃讲《海丰及东江农运状况》；周恩来讲《军事运动与农民运动》。恽代英、林伯渠、李立三等也都曾参加授课。

我的二姑爷爷唐正作，又名唐真如，当年正是农讲所第六期学员之一。

当时农讲所的学习和工作条件是比较艰苦的。因房舍不够使用，在大成门左右两侧用杉木板隔成了教务部、值星室、庶务部。东耳房是所长毛泽东的住室兼办公室，西耳房是图书室。大成殿是课堂。崇圣殿是膳堂，前院两庑和后院两廊是学员宿舍。

当年毛泽东的住室十分简陋，就是一张木板单人床，一对存放衣物、书籍、用具的湖南方形竹箱，一张办公桌，一把椅子。办公桌上堆满了学员的作业、书报和文稿。

毛泽东授课时激情洋溢，不拘泥于教材，擅于将知识点化抽象为具体。比如，讲授《中国社会各阶级的分析》时，他专门在黑板上画了一座多层塔，将工人、农民、小资产阶级、地主阶级、帝国主义等自下而上地一一罗列出来，比喻为"压在工农劳苦大众身上的几座大山"，鼓励学员说，"只要大家齐心团结，劳苦大众起来斗争，何愁塔不倒！"

农讲所很注重理论与实践结合。毛泽东曾带50个学员到曲江县（今韶关）实习一周，并考察当地农民运动，也曾带全体学员到海丰县实习两周。学员们还旁听了广东第二次全省农民代表大会。农讲所还按不同的省份成立了十三个农民问题研究会，每周组织学员就农村的实际问题展开研讨。

农讲所也很重视军事训练。军训就占了总课时的三成。有时会进行夜间紧急集合，有时会到位于市郊石井的广东兵工厂进行实弹射击，也会去黄花岗、白云山进行军事演习。平时也实行军事化管理。全体学员编为一个总队，下分两个中队、六个区队。每天清晨军号一响，立即起床，在五分钟内穿好军装、打好绑腿，背着步枪到操场上出操，学习射击、刺杀等军事动作。进入课堂、食堂，都要整队。学员轮流站岗放哨。学员外出都必须请假。

广州农民运动讲习所共培养了八百多名学员。他们毕业后奔赴全国各地开展农民运动，组建农民协会、农民自卫军，成立地方性的农民运动讲习所，成为中国农运的骨干力量。

当年，二姑爷爷从农讲所毕业后就回到他的家乡——广西全县（今全州）开展农民运动。据《全州县志》记载，1926年冬，唐正作在全州国民党县党部任农民部长，组建了白宝岭、河口里、彰家村、小塘前等农协组织。后来，他曾担任过农讲所同学韦拔群组建的广西农民自卫军第一师政委（该师在广西东兰县，韦拔群任师长）。"四一二"事件后，他与党组织失去了联系，后加入桂军，在李宗仁身边负责机要通讯，参加了台儿庄战役。

忆往昔峥嵘岁月稠。

指点江山，激扬文字，粪土当年万户侯。

问苍茫大地，谁主沉浮？

无论是对当年的农讲所所长毛泽东，还是对二姑爷爷这样的普通学员来说，这都是一段风云激荡的峥嵘岁月。

古老的番禺学宫，就此作为日后家喻户晓的"广州农讲所"走入了中国近代史。

国民党"一大"的会场，国立中山大学的旧址

从中山四路往南，入德政中路，直行约五百米，有一条小巷。巷口有一个仿古的门楼，上面刻着"玉带濠"三字——当年，我每次去中山图书馆都会经过这里。

这条看似寻常巷陌的小巷，曾是广州城中的重要河涌，最盛时期的河面宽度超过二十丈，两岸商贸繁密，佳木缤纷。元末明初广州城南最有名的一处园林——"南园"便位于玉带濠畔，曾有五位诗人（孙蕡、王佐、黄哲、李德、赵介）在此结"南园诗社"，开岭南诗坛清刚雄直之风。赵介的《听雨》便描绘了当时有玉带濠的清澈溪水潺潺流过的南园美景：

池草不成梦，春眠听雨声。吴蚕朝食叶，汉马夕归营。
花径红应满，溪桥绿渐平。南园多酒伴，有约候新晴。

直到清同治年间，玉带濠仍可走轮船。1874年，近代广州第一家军工企业——广州机器局在这里成立，除制造枪炮等武器装备外，还能生产小型的内河巡艇。1888年，两广总督张之洞在已停业的机器局旧址上创办了晚清著名的官书局——广雅书局，书局的藏版楼便在南园中。1912年，以广雅书局的藏版楼为基础成立了广东图书馆，后改名中山图书馆，之后迁到文明路，位于清代的广东贡院和民国的广东大学、中山大学旧址之上。

清末废除科举后，两广总督岑春煊在贡院旧址上筹办两广优级师范学堂，兴建了可容五百名师范生和五百多名附属中小学生

的新校舍。民国成立后改称广东高等师范学校。1924 年，孙中山以广东高等师范学校为基础成立了国立广东大学，任命老同盟会员邹鲁为校长，并亲自题写了校训"博学、审问、慎思、明辨、笃行"。1926 年，国立广东大学改名为国立中山大学，以纪念前一年去世的孙中山。

当年位于文明路的国立中山大学，曾是我外公在八十高龄时的深情回忆。少年时代的他曾在中大附中读初中。当时，他的大哥唐现之是国立中山大学教育系的副教授，同时兼任中大附中主任（校长）。当年的中山大学颇蒙国民政府重视和投入，校长是戴季陶，副校长是朱家骅，教育系所聘教授几乎都是当时教育界的名人。

我第一次踏足这个有着祖辈足迹的地方，是在1994年的夏天，来此参加广州第一个读书会——七星读书会的成立大会。

一进中山图书馆的大门，就看到一幢明黄色砖木结构的西洋古典风格的钟楼，挂着"鲁迅纪念馆"的牌子。这就是当年国立中山大学的校本部，至今仍在中山大学的校徽上。不过当年的国立中山大学并不止于此，而是一组西式风格的学府建筑群，广场中间是一片大草坪，东西两端各有一个大讲台，中间是钟楼，左右为教学楼，后面有天文台与宿舍等。鲁迅在中山大学任文学系主任时，就住在钟楼的二楼。

钟楼是一个有历史的地方。

1924 年 1 月，国民党第一次全国代表大会在这里举行。孙中山在台上以粤语重新阐述三民主义，确定了"联俄、联共、扶助农工"的思想。

黄埔军校的招生考试也是在这里举行的。

钟楼前的大草坪，即当年广东大学的操场旧址，大革命时期广州的很多重要集会都在此举行，如省港大罢工大会、纪念列宁逝世周年活动、廖仲恺追悼大会等。孙中山曾在此对民众发表演说，国民革命军也是在此誓师北伐。

当年的钟楼礼堂，还曾挂过这样一幅对联：

把中国民族从根救起来
把世界文化迎头赶上去

置身其间，遥想当年那些风云激荡的历史，真有"一时多少豪杰"的感慨。

七星读书会是在中山图书馆的会议厅成立的。读书会的创办人是活跃于广州文化圈的一对诗人夫妻——朱子庆和马莉。他们都毕业于中山大学中文系，当时分别在花城出版社和南方周末做编辑，是同学也是同行，是夫妇也是文友，志同道合，比翼齐飞，很有些李清照和赵明诚的感觉。

我和他们的相识、相交，也颇有些文艺气息。

当时还是"初生牛犊不怕虎"的我，不时会在读完书或报刊文章后直接写信给编辑转作者，表示赞赏或批评之意。记得当时批评过的就有青岛出版社出版的《宋美龄全传》（陈廷一著），史实错误之多，到了令人忍无可忍的程度，于是洋洋洒洒写了十页纸，一一指出，要求转给作者。结果，该书的责任编辑代表青岛出版社回了一封长信，检讨在编辑该书时的疏漏，称已转给作者，并以"何倩同志，您信中透出深厚的文史功底"，诚恳约稿。当时拿着来信在办公室欢呼胜利的那个黄毛丫头，只觉过瘾，哪有写书的耐心。

同样，我在一本广东出版的刊物上读到一篇署名为"马莉"的文章，很感共鸣，便写了一封赞扬的信给责任编辑，要求转给作者。

那位姓林的责任编辑收到信后，也回信邀请我为一家报纸写稿，同时告知，马莉也很欣赏我的文笔，打算邀请我参加她和她丈夫朱子庆正在筹办的七星读书会。果然，我很快就收到朱子庆寄来的七星读书会会员登记表。

在七星读书会成立会的会场门口见到当时三十多岁、一口北京话、书生气很重的朱子庆时，他显得很吃惊，"你的文字很老练，我们以为是个中年人，结果竟然是个小姑娘"。正在会场内打理的马莉则一见如故，向我介绍了七星读书会的由来——原来，朱子庆不久前在《读书》杂志上读到一篇介绍美国的每月读书会的文章，为之神往，决心办一个类似的读书会为广州的读书人服务，还拟编印《七星读书报》为会刊。

七星读书会的成立大会相当隆重，有很多文化人出席。广东电视台也作了专门报道。

会后，我抱着一大沓书回家——读书会会员购书享有七折优惠，所以我根据寄来的书单订了十几本，包括一套厚重的《资治通鉴》。朱子庆当日是骑着自行车运来会场给我的。这份不辞劳苦，令人感动。他是个真爱书的人。

朱子庆后来在广东电视台担任了全国第一个电视读书栏目《每周一书》的主持人，并开设了一间"七星书舍"，每周三在书舍举办学术沙龙。可惜，我那时每晚必追香港无线电视的连续剧，因而一次都没去过。有一次，朱子庆特地来电话告诉我，当晚在博尔赫斯书店有个很好的讲座，让我一定参加，我还是推了，辜负了他一番好意。博尔赫斯书店后来成为广州的文化地标之一，并被评为"全国最佳小书店"。

年少无知，说的就是我这样的吧。

2005 年，已经历了留美多年摔打的我，再度踏上了国立中山大学的旧址。

这一次，是在位于国立中山大学石牌旧址的华南农业大学接受社工系的面试。我以 ppt presentation 的方式讲《美国的社会工作》，得到包括系主任和人文学院院长（原来的系主任）在内的全系教师的一致好评。社工系当天就向校人事处打报告要求进人。

不巧的是，那时正遇社工系从人文学院转入新成立的公共管理学院，加上行政人员的衙门作风，我的调动手续（只需从出国后档案寄存的广州市人才中心调入，相对简单）竟拖沓了八个月。我因而不想去了。系主任得知后，立刻积极奔走，并请原为校宣传部部长的公共管理学院书记出面和人事部门交涉。当时，系主任说了这样的一句话："如此主动和努力地调入一个教师，对我系来说还是第一次，因为你的确很优秀。"

这之后，冗长的调动手续总算办成了，我成为华南农业大学的正式教师。

被广州人简称为"华农"的华南农业大学，与"中大"（中山大学）"暨大"（暨南大学）"华工"（华南理工大学）"华师"（华南师范大学），并列为广州最好的五所大学。五校之中，中大、华工、华农、华师都是国立中山大学的血脉，分别由国立中山大学的文理学院、工学院、农学院、师范学院发展而来。华农和华工还共同继承了位于广州石牌的国立中山大学校园，其中华农约占70%。位于康乐村的中大则是原来岭南大学的旧址。

1932 年，国立中山大学校长邹鲁鉴于文明路校园比较狭小，影响学校发展，着手在广州东北郊的石牌地区建设新校。从选址、筹款到规划、设计、施工，他都全力以赴，立志打造成"国内最好的校舍"。邹校长后来曾很有感触地对人说，为了筹款建校，他除了没有叫人爸爸和给人叩头外，可以说一切都做到了。当时主政广东的陈济棠，也很支持中大在石牌建校，特地要求广东的军政人员为此捐出一个月的薪水。

石牌新校的设计师是南京中山陵的设计者、有"中国近现代建筑的奠基人"之称的吕彦直。他设计的石牌校园占地约八千亩，其中最引人注目的是兼具中西建筑之美的十座学院和教学大楼，人称"十大建筑"。

如今分别位于华农和华工校园内、依然保留着原貌的"十大建筑"，都有古色古香的宫殿式大屋顶，包括绿色双龙头含琉璃的正脊和有狮、羊、貔貅、麒麟、鹏的垂脊，屋檐有绿色琉璃瓦当和如意形的滴水，檐下饰以红、蓝主色调的宫廷彩绘，风格雍容大气且肃穆典雅，是今日广州最具代表性的民国老建筑。

据老校工回忆，当年国立中山大学（石牌）校园内的多处山丘湖泊均以中国的名山大湖命名。文学院所在山头为"衡山"。法学院所在山头为"萌渚山"。还有"武夷山""凤凰山""罗浮山""大庚山""五指山"等。校园内最大的湖泊是"洞庭湖"，也有"鄱阳湖""洪泽湖""昭阳湖""巢湖""青海湖""梁山泊"等。当年石牌校园内的道路也各具特色，有以地名命名的"番禺路""顺德路"，有以铁路命名的"粤汉路"，还有在"九一八"事变后改名的"九一八路""松花江路""北大营路"等。

继承了国立中山大学（石牌）的大半个校园的华农，是广州的大学中最大也最美的。

在华农时，每逢有课的日子，我总是提早到达，在校园清新的空气中，行走于长长的椰树大道、安静的碧湖、中西合璧的民国老建筑、草坪上青春焕发的莘莘学子之间，在自幼熟悉的学府气息中，在历史与现实之间感受那份与先人精神同在的巨大喜悦。对于自小在校园里长大、对校园和讲台有着百年家族情结的我来

当年国立广东大学、国立中山大学的校本部（现为"鲁迅纪念馆）

国立广东大学钟楼内的国民党"一大"会场

华南农业大学校园内的民国老建筑

至今保留着"国立中山大学"石牌坊的华农老校门

说，没有比这更快乐、更幸福的了。

那时，我真的以为，会像我敬爱的祖辈一样，在讲台上教书育人，奉献一生。

可惜，理想很丰满，现实很骨感。

童年和少年记忆中清新纯真的校园，与"教育产业化"后金钱挂帅的校园，气氛完全不同。用一位也是从小在大学校园长大、博士毕业才半年就被"吓走"的朋友的话来说："现在的大学越来越像菜市场了"。继承了祖辈的清高与傲骨的我，对此感到无法忍受，终于也决定辞职远走，以保留心中那份美好的感觉。

2006年6月，我所教的"04社工"的三个大班（每个大班70人）在我最后一课后分别举行了隆重的送别会。这些可爱的学生，除了当场派两个同学用DV和相机把我的"最后一课"拍下来作为纪念外，竟然在一个月前就已私下串联、策划，各自在校园或去白云山、南湖拍摄同学合影和全班合影，加上个人致辞和班级感谢信，配上幽雅的背景音乐，制成精致的CD相册，前一晚由一个学生通宵统筹制作，在送别会的掌声雷动中上台播映，然后郑重赠予我作为临别礼物，以表他们的心意。

学生们所送的CD相册和感谢卡，我一直珍藏到如今。

长达数页的学生感言，字字见情，读之温馨。这是其中的一些摘录：

送给您，我们最重要的东西，我们的回忆，而这回忆中有您……

您具有亲和力的笑容让我们备感温馨。您的学识和修养让我们敬佩。您带给我们更多的是思想上的触动。您更像一位亲切的朋友。

我们对您的离开都十分的不舍。感谢您的悉心教导，我们从您的身上学到了许多，不只是知识，更重要的是如何做人。感谢您一直以来对我们无条件的接纳，尊重和理解。您让我们体会到了社工专业的价值和意义。一种价值观念是无法通过讲授而获得的，同时，您对我们的影响是难以用语言表达出来的。

愿您能带着自己的追求，"化鲲鹏之境，任逍遥。"——先生之风，山高水长。

老师，我们有数不尽的祝福，恐怕来不及一一诉说。不怕，只要思念还在，您会每天听到我们对您的祝福。

老师，您让我们重新感受到什么叫老师学生无界限。这种感觉源自于老师的独特见识、修养。谢谢老师。

感谢老师对我们的认真负责，对我们的宽容与厚爱。谢谢老师。祝福老师。

中国的儒雅传统＋国外的自由平等＝勇于追求又不失内涵修养的何倩老师

第一次上您的课就被您的文学功底所震撼，一个在美国生活多年还这样热爱中国文化的您深深打动了我。祝您一路顺风，工作顺利！

"凌云壮志八斗才，天高地阔任来去"，说的正是何老师。坚持自己该做的事，是一种勇气。相处很短，思念很长……祝您平安！

十年后，或更久，纸张会变黄，记忆会褪色，语言会无力，文字会苍白，但，您对我们的教诲，相伴今生……

某年某日，当我回忆起大学生活，一定会记得当时有个老师见识广博，爽朗而潇洒，有种特殊的吸引力。老师，谢谢您所教的，不论课内课外的知识及道理。愿您在异国幸福，安康！Miss you！

....

那是我今生最珍贵的回忆。

此生足矣。

在讲台上的"最后一课"（2006 年 6 月）

学生们为我送行

www.ingramcontent.com/pod-product-compliance
Lightning Source LLC
Chambersburg PA
CBHW021216130626
46554CB00004B/1243